房地产开发新兵入门丛书

购物中心新兵入门

刘丽娟　主编
天火同人房地产研究中心　策划

中国建筑工业出版社

图书在版编目（CIP）数据

购物中心新兵入门 / 刘丽娟主编；天火同人房地产研究中心策划 .—北京：中国建筑工业出版社，2015.8
（房地产开发新兵入门丛书）
ISBN 978-7-112-18223-7

Ⅰ.①购… Ⅱ.①刘…②天… Ⅲ.①购物中心—房地产开发—基本知识 Ⅳ.①F293.3

中国版本图书馆CIP数据核字（2015）第141734号

本书围绕购物中心的概念、发展特点、国内外经验，以及其前期策划、规划设计、营销推广、招商运营等多环节的开发特点，进行了系统的介绍和阐释。全书包括8章内容，特别是详细梳理了美国、英国、日本等发达国家购物中心的发展历程，对国内购物中心的发展现状、典型案例进行了重点剖析。对于购物中心地产开发经营的从业人员来说，是难得的优质读物；也为大专院校相关专业师生教学提供了很好的学习材料。

责任编辑：封　毅　周方圆
责任校对：李欣慰　党　蕾

房地产开发新兵入门丛书
购物中心新兵入门
刘丽娟　主编
天火同人房地产研究中心　策划

*

中国建筑工业出版社出版、发行（北京西郊百万庄）
各地新华书店、建筑书店经销
北京京点图文设计有限公司制版
北京中科印刷有限公司印刷

*

开本：787×1092毫米　1/16　印张：19½　字数：311千字
2015年11月第一版　2015年11月第一次印刷
定价：68.00元
ISBN 978-7-112-18223-7
（27463）

版权所有　翻印必究
如有印装质量问题，可寄本社退换
（邮政编码　100037）

本书编委会

策划

 天火同人房地产研究中心

主编

刘丽娟

编委

刘丽娟	龙　镇	肖　鹏	张连杰	成文冠	孙权辉	金　毅
周国伟	吴仲津	曾庆伟	林樱如	陈秋珊	杨春烨	邓钰彬
樊　娟	叶雯枞	杨　莹	卜鲲鹏	曾　艳	刘丽伟	王丽君
卜华伟	张墨菊	林德才	林燕贞	陈越海	冯　墨	董　丽
			王晓丽	李林发	张展飞	廖金柱

执行主编

吴仲津

美术编辑

广州恒烨广告设计有限公司

前言

购物中心的开发建设始于19世纪的美国，至今已有100多年的历史。20世纪20年代，美国开始出现各种形式的现代购物中心，小到郊外小型条状购物中心，大到百万平方英尺的超级地区摩尔。一直以来，美国购物中心的建设始终居于世界领先地位。

直至20世纪80年代中后期，我国才开始出现购物中心的雏形——百货公司。90年代中期，香港房地产巨头的投资，才让我国出现真正意义上的购物中心。

我国购物中心起步慢，但是发展速度迅猛。短短20年的时间，各种形式的购物中心在我国遍地开花，无论是一线城市还是二线城市，甚至是三四线城市，购物中心的身影都无处不在。然而，行业的迅速发展却使市场出现盲目投资建设的乱象，各地购物中心的开发水平良莠不齐，部分地区甚至出现开发体量过剩的情况。

基于购物中心的开发背景，在总结国内外购物中心开发成败经验的基础上，本书以购物中心的开发流程为基本线索，梳理出一套购物中心开发建设的知识体系，并提出很多对开发建设者具有实际意义的问题。在购物中心的选址中，探讨了6种不适合开发购物中心的地形；在购物中心前期策划过程中，考虑业态组合应注意哪6个原则；在购物中心的规划设计中，要处理好哪8种矛盾；购物中心的营销推广有哪3类目标客户群体；购物中心招商工作有哪3个基本步骤；购物中心有哪3种租售模式等。

以上问题的探讨，来源于对过往购物中心开发的经验总结，虽然不是购物中心开发的铁定标准，但却基本涵盖了购物中心开发建设必然要面临的问题。如果你是即将进入购物中心开发市场的读者，希望本书可作为您投资决策的参考依据之一；如果您是已经进入购物中心开发市场的读者，希望本书可成为互相交流的平台；如果您对购物中心一无所知，本书将会是您入门购物中心的一个绝佳窗口。

目录 CONTENTS

01 解读购物中心　　007
第一节　购物中心概念解读…………………………………………………008
第二节　购物中心开发流程要点……………………………………………022

02 购物中心发展概况　　033
第一节　美国购物中心发展概况……………………………………………034
第二节　英国购物中心发展概况……………………………………………040
第三节　日本购物中心发展概况……………………………………………045
第四节　中国购物中心发展图谱……………………………………………048
第五节　中国香港购物中心发展概况………………………………………052

03 购物中心选址分析　　059
第一节　购物中心开发位置选择……………………………………………060
第二节　购物中心商圈选择分析……………………………………………074

04 购物中心前期策划　　079

第一节　购物中心市场调查的主要流程…………………… 080
第二节　购物中心项目定位………………………………… 091
第三节　业态组合…………………………………………… 103

05 购物中心规划设计　　113

第一节　购物中心规划设计概要…………………………… 114
第二节　购物中心规划设计核心技术……………………… 125

06 购物中心营销推广　　149

第一节　购物中心营销思路………………………………… 150
第二节　项目开业筹备营销推广…………………………… 164
第三节　项目运营阶段营销推广…………………………… 168

07 购物中心运营管理　　181

第一节　购物中心招商管理………………………………… 182
第二节　购物中心租售管理………………………………… 201
第三节　购物中心开业运营管理…………………………… 209

08 特色购物中心开发借鉴　　227

案例1. 北京金融街购物中心——最具时尚品位的购物场所…………… 228
案例2. 上海K11购物艺术中心——最大的艺术互动乐园……………… 250
案例3. 广州太古汇——国际一线精品购物中心………………………… 267
案例4. 深圳益田假日广场——国际化体验式购物中心………………… 289

购物中心新兵入门 01

解读购物中心

操作程序

第一节　购物中心概念解读
第二节　购物中心开发流程要点

本章使用指南

　　购物中心经历了100多年的发展历程。其发展演变主要受两个方面影响：一是经济发展和社会进步；二是购物中心传播过程中与各地具体情况相结合的结果。
　　在不同的国家、社会和经济水平下，购物中心的发展模式既有自身的特点，又彼此影响。其中美国购物中心的建设始终居于领先地位，对欧洲、大洋洲和亚洲国家产生了显著的影响。

第一节　购物中心概念解读

在美国，Mall 全称 Shopping Mall，意为大型购物中心，属于一种新型的复合型商业业态。部分西方国家也称为 Shopping Center，即"购物中心"，但和国内通常所指的购物中心（实为百货店的另一种称呼）含义不尽一致。

严格意义上讲，面积小于 10 万平方米的，叫作购物中心，大于这个面积标准且业态复合度高的方可称作 Mall（摩尔）。大于 20 万平方米的，可叫作 Super Mall（超级摩尔购物中心）。

一、不同地区的购物中心定义

在不同地区，购物中心有不同的定义。

1. 国际购物中心协会定义

购物中心是由单一产权所有者所拥有并实施计划、开发和管理的零售和其他商业设施的组合。购物中心提供泊车位。购物中心的大小和定位一般由该中心所服务的商圈市场特点来决定。

2. 美国购物中心协会定义

由开发商规划、建设、统一管理的商业设施，有大型的主力店、多元化商品街和宽广的停车场，能满足消费者购买需求与日常活动的商业场所。

3. 日本购物中心协会定义

由一个单位有计划地开发、所有、管理运营的商业和各种服务设施的集合体，并备有停车场，按其选址、规模、结构，具有选择多样化、方便性和娱乐性等特征。并作为适应消费需要的社交场所，发挥着一部分城市功能。

4. 中国商务部定义

多种零售店铺、服务设施集中在一个建筑物内或一个区域内，向消费者提供综合性服务的商业集合体。这种商业集合体内通常包含数十个甚至数百个服务场所，业态涵盖大型综合超市、专业店、专卖店、饮食店、杂品店以及娱乐健身休闲等。

二、摩尔购物中心的特征

摩尔购物中心特指规模巨大，集购物、休闲、娱乐、饮食等于一体，包括百货店、大卖场以及众多专业连锁零售店在内的超级商业中心。

摩尔购物中心面积在 10 万平方米以上，由专业购物中心管理集团开发经营，业态业种的复合度极度齐全，行业多、店铺多、功能多，商品组合的宽度极宽、深度极深，定位于家庭的特大型综合购物娱乐中心。

图 1-1 摩尔购物中心的 4 个特征

特征 1. 复合度齐全

全业态、全业种／行业经营，表现出高度专业化与高度综合化并存的成熟性结构特征。

特征 2. 商品组合的宽度极宽深度极深

商品高中低档必须齐备，以保证商品品种齐全。商品组合的极大宽度，由多家不同定位的大型百货公司、超市大卖场实现。商品组合的极大深度，由无数各类品牌专卖店、不同专业行业主题大卖场实现。

特征 3. 家庭式消费为主导方向

通过设置大面积百货和超市大卖场及大量不同行业的各类专卖店、家居家电类、儿童及青年游乐设施、文化广场、餐饮以覆盖老中青幼四代各个层次不同类型的顾客；再辅以各类专业店针对各类消费者需求，此外还设置各类特色店以吸引国内、国际游客，能满足全客层的一站式购物消费和一站式享受，比如，文化、娱乐、休闲、餐饮、展览、服务、旅游观光等。

特征4. 具有长廊、广场、庭院的特点

与Center、Mall相似，其他常见的英文名词还有：Plaza、Galleria，指出了摩尔的特点，具有长廊、广场、庭院的特点，就是在建筑物的遮蔽下，不论天气如何，都可以进行休闲、购物或聚会。

Shopping + Center、或Mall、或Plaza、或Galleria两词的结合，表示出购物空间带给消费者愉悦的感受，也区分出百货公司（Department Store）只是针对货品进行分门别类的商店，但无法提供如漫步在长廊、广场、庭院般悠闲的购物享受。

三、不同国家地区类型的摩尔购物中心

摩尔购物中心因国家、地区不同，形成了各自独特的开发模式。图1-2是五种典型的摩尔购物中心。

图1-2　五种典型的摩尔购物中心

1. 美国式购物中心

欧洲人中常用Shopping Center，美国人较多使用Mall，法文为Centre Commerciaux，美国购物中心建在市中心和郊外高速公路旁，但以郊外高速公路旁居多。加拿大、菲律宾、西亚海湾地区的购物中心大多是美国式的购物中心。

（1）规模大，顾客选择度高

很多美国式Mall外观似大仓库或大工厂，简朴无华，但内装修较现代化，也很人性化、很舒适，并不追究过高档次，从而做到实用不浪费。美国很多购物中心就是利用特大旧厂房改建的，外观也不豪华甚至不太显眼，但内部充满了人性化和舒适的设计和装潢。

01 解读购物中心

（2）有集客力非常强的主力店与专卖店

美国购物中心都要用集客力非常强的 1～6 家大百货商店或大型服装专业店作为主力店，常见的主力店有：梅西、彭尼、西尔斯、诺德斯特龙、五月、布鲁明代尔等名牌店铺。这些名牌店铺在购物中心占不少于 1/5 的面积；同时，Walmart 之类的大卖场也是主力店，但大卖场在购物中心仅占不大于 1/10 的面积。因购物中心中汇集大量专卖店，购物中心内的百货店一般不采用专柜式经营。

除了主力店之外，美国的购物中心还常设有几十家或上百家的名牌专卖店，包括服装、鞋帽、首饰、眼镜、文具、化妆品、图书、音像、电器、体育器材等。购物中心内都设有快餐店、小吃店，包容世界各国风味的餐馆，自然会让人产生周游世界的感受。吃饱喝足后还可以继续购物，同时可以去电影院或录像厅，或选择去健身房。

美国购物中心的主力店与法国有很大不同，法国购物中心的主力店大多是大卖场，百货店很少，主要店铺为家乐福、安得马榭和欧洲马榭等，其面积常常占到购物中心整体的 1/3，甚至 1/2。

（3）满足人们聚会与休闲的需要

购物中心一般全是室内建筑，但大多数是走廊式布局，有很多的绿色植物，有街心花园，花园里有鲜花和喷泉，各类休闲椅，走在购物中心如同走在有林荫的商业街上。

（4）功能越来越综合

虽然商店有越来越专业化的趋势，但购物中心却越建越大，功能越来越综合。美国最大的购物中心位于布鲁明顿市的明尼那波利斯郊区，总面积达 39 万平方米，大小商店 400 多家。这是未来购物中心的模式：像杂耍场，又像一座城市，集中着应有尽有的消费品和众多的消费者，服务项目可以从出售汽车到举行婚礼无所不包。

2. 欧洲式购物中心

欧洲购物中心与美国式购物中心大体上较相像，但欧洲购物中心的规模一般比美国购物中心小许多。

欧洲购物中心与美国式购物中心的不同点如图 1-3 所示。

第一，欧洲购物中心都建在城乡交界处，美国的购物中心有的在城中有的在城郊。

第二，法国购物中心里主题店以特级市场为多，不像美国购物中心里主题店以百货商店居多。

第三，欧洲购物中心较实用，以经营日常生活用品为主，而不像是美国购物中心以选购品为主。

第四，英国与法国不同，英国的购物中心大多位于市区。

```
        欧洲购物中心                          美国购物中心
    ┌──────────────┐                    ┌──────────────┐

    □ 购物中心都建在城乡交界处              □ 有的在城中有的在城郊

    □ 法国购物中心里主题店以特级市场为多    □ 主题店以百货商店居多

    □ 较实用，以经营日常生活用品为主        □ 以选购品为主

    □ 英国的购物中心大多位于市区
```

图1-3　欧洲购物中心与美国式购物中心的不同点

3. 日本式购物中心

韩国、中国台湾的购物中心大多是日本式的，属于特大百货商厦型购物中心。日本式购物中心与美国式购物中心的不同点如图1-4所示。

```
        日本购物中心                         美国购物中心
    ┌──────────────┐                    ┌──────────────┐

    □ 大多建在都会市中心                   □ 有的在城中有的在城郊

    □ 大多由大型百货公司投资建设或扩充而来  □ 由专业购物中心集团投资建设或管理

    □ 营业楼层较高                         □ 营业楼层较低

    □ 占地面积较小                         □ 占地面积极大

    □ 停车场一般位于地下3至7层             □ 有大型室外停车场及大型停车场附楼
```

图1-4　日本式购物中心与美国式购物中心的不同点

第一，传统的日本式购物中心大多建在都市中心，美国的购物中心有的在城中有的在城郊。

第二，日本式购物中心大多由大型百货公司投资建设或扩充而来，营业楼层较高（达到地下2至3层，地面7至13层），但占地面积较小，停车场一般位于地下3至7层。美国购物中心都由专业购物中心集团投资建设或管理，营业楼层较低（地下1层，地面2至4层），占地面积极大，有大型室外停车场及大型停车场附楼。

4. 中国香港、中国台湾、新加坡式购物中心

中国香港、新加坡购物中心大多建在市中心，大多由房地产公司巨头投资建设，普遍称为购物广场（Shopping Plaza），营业楼层较高（达到地下2至3层，地面5至7层），停

01 解读购物中心

车场一般位于地下 3 至 5 层。经营管理方面通常由专业购物中心管理公司负责。

中国台湾的多家购物中心也是聘请新加坡的专业购物中心管理公司管理的。

5. 东南亚式连锁摩尔购物中心

以菲律宾、泰国为代表的东南亚式购物中心很像美国式购物中心，但自身连锁的特点鲜明：

第一，由专业连锁购物中心集团开发并经营管理，面积庞大，自营比例较高（50%～70%左右）。自营百货公司、超市、影城、美食城等，业态业种的复合度极高，商品组合的宽度最宽，深度最深，定位于家庭（全家/全客群），能满足全家的一站式购物消费和一站式文化、娱乐、休闲、餐饮享受。

第二，连锁购物中心可解决购物中心的招租难题，迅速实现购物中心的全面开业，且管理促销的力度和号召力比普通购物中心高许多。

第三，东南亚的摩尔位于市中心和郊外的都有。

四、不同标准的购物中心分类

购物中心的分类可按照如图 1-5 所示的 7 种标准来划分。

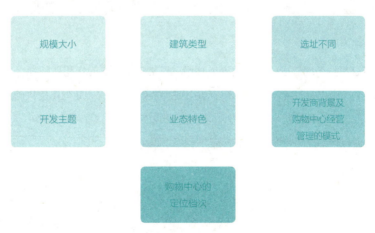

图 1-5　购物中心的划分标准

1. 按规模大小分类

按规模大小可将购物中心划分为邻里中心、社区中心、区域中心、超级区域中心（表1-1）。

按规模大小划分的购物中心特征　　　　　　　　　　　　表 1-1

类型	商圈规模			店铺构成	店铺数量（家）	停车能力（辆）
	服务半径（km）	到达时间（min）	服务人口（万人）			
邻里中心	1～2	3～5	1～2	超级市场	1	50～100
				专卖店	10～20	
社区中心	3～5	5～10	5～10	超级市场	1	300～500
				便民中心	1	
				专卖店	20～40	
区域中心	10～20	10～15	50～100	百货店	2	2000～5000
				专业超市	2	
				专卖店	100～200	
超级区域中心	30～40	20～30	200 以上	百货店	2～6	5000～10000
				专业超市	2～3	
				专卖店	200～400	

（1）邻里中心

邻里中心主要为周边居住区居民提供满足其日常生活需要的便利性购物。此类中心约有半数由一个超市作主力店，大约 1/3 由药店作主力店。这些主力店通常提供药品、健康产品、便利食品、日常杂货和个人护理。邻里中心通常的形态是直线型条状中心（Strip），没有闭合的走道，但可能会有连接店铺前面的开敞式顶棚。

（2）社区中心

社区中心通常提供比邻里中心更多的服饰和日用物品。通常，其主力租户是超市，超级药店，折扣百货。有时，社区中心还有服饰、家居/建材、玩具、电器和体育用品的折扣商品零售店。

社区中心通常的形态也是条状中心（Strip），呈直线、L 或 U 形。在所有八种购物中心类型中，社区中心的类型最多样化。例如，有以大型折扣百货作为主力店的社区中心，也称为折扣中心（Discount Center）。其他含有较多折扣零售商（Office-price Retailer）的社区中心成为另一种类型的折扣中心（Off-price Center）。

（3）区域中心

区域中心提供较全面和多样化的商品（主要是服饰）和服务。它的主力店非常具有客流吸引力，如传统百货、综合卖场、折扣百货或时尚专卖店。通常，区域中心是封闭式的，所有店铺朝内，由共同通道连接。商场外围设置停车场。

（4）超级区域中心

超级区域中心与区域中心类似。但是，由于体量较大，超级区域中心提供更多的商品和主力店，吸引更多的消费者。在形态上主要以多层的封闭式购物中心为主，与区域中心也比较类似。

图 1-6　不同规模购物中心的形态

2. 按建筑类型分类

按建筑类型可将购物中心划分为集中型购物中心和街区型购物中心（图 1-7）。

图 1-7　按建筑类型划分的购物中心

（1）集中型购物中心

以独体或裙楼形式实现的集中型商业建筑，如西单大悦城、金源新燕莎 MALL 等大多数购物中心。

（2）街区型购物中心

开放式街区型组织形成的商业建筑群，如，北京蓝色港湾、三里屯 village、上海 Fox Town 等。

3. 按选址不同分类

按选址不同可将购物中心划分为城市型购物中心和郊区型购物中心。城市型购物中心又可分为都市型购物中心、区域型购物中心、社区型购物中心（表1-2）。

按选址不同划分的购物中心特征　　　　　　　　　　　表 1-2

类型		定义	案例
城市型	都市型	处于市级商圈或规模巨大，或商业具有市级影响力和渗透力。东亚日本、中国香港、中国台北一带多为都市型购物中心，位于市中心黄金商圈且连通地铁站。一般楼层较高：营业楼层达到地下2至3层，地面8至12层，地下3至5层为停车场	台北京华城、上海正大广场、香港时代广场
	区域型	处于非市级商圈或城市新兴商圈，商业难以渗透到全市	宁波万达广场、成都SM城市广场
	社区型	处于城市较大型生活社区中，或规模较小，无较大商业渗透力	北京望京国际购物中心
郊区型		处于城市边缘或郊区，商业渗透范围一般较大。一般楼层较少：营业楼层为地下1层，地面2~4层。室外停车场巨大，达到1000车位以上；甚至还有1000车位以上的大型停车场附楼	上海莘庄购物中心、华南Mall

4. 按开发主题分类

按开发主题可将购物中心划分为节庆型购物中心、景观型购物中心、城市再开发型购物中心、休闲娱乐型购物中心（图1-8）。

图 1-8　按建筑类型划分的购物中心

（1）节庆型购物中心

以创造生活的乐趣与活力，并使之与购物功能相结合为经营理念，打造节庆氛围，让购物者在浓郁的节日欢庆气氛中轻松消费购物。比如，位于美国波士顿的 Faneuil Hall：

01 解读购物中心

Marketplace 就属于节庆型购物中心,拥有不少餐饮店及纪念品店等。

(2)景观型购物中心

购物中心将基地周边的自然景观进行系统性开发,诸如将海景或湖景融入购物中心的建筑空间里,为购物者创造既可以观景,又可以轻松购物消费的氛围。景观型购物中心吸引市场的核心点就在于项目的景观效果。例如,位于美国纽约的 Pier 17 等。

(3)城市再开发型购物中心

由于美国郊区购物中心的发展日趋饱和,而城市里面可以直接用于开发建设的土地资源越来越有限,有些发展商采取对城市著名建筑再开发的方式进行购物中心开发建设,这类购物中心就属于典型的再开发型购物中心。这类购物中心的开发建设往往受到周边地域现状的限制,在规模、规划布局等方面只能量体裁衣。

(4)休闲娱乐型购物中心

通常由区域型、超区域型或超级购物中心加上主题乐园、电影城等娱乐设施组成。这种购物中心在亚洲地区得到市场的广泛认可。随着人们生活水平的提高,休闲娱乐概念日趋被市场广泛关注并接受,这无疑将引起商业地产机构的广泛重视,并在项目运作过程中,加以有机结合。

5. 按业态特色分类

按业态特色可将购物中心划分为能量中心、奥特莱斯、生活方式中心、主题/娱乐中心(图 1-9)。

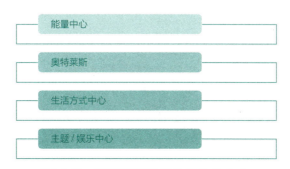

图 1-9 按建筑类型划分的购物中心

(1)能量中心

由几个大型主力店主导的购物中心,这些主力店包括折扣百货、折价店、仓储俱乐部或"品类杀手"型店(指提供大量特定商品品类的店)。能量中心通常由几个独立即互相不连接的主力店及数量较少的一般零售店组成。

（2）奥特莱斯（Outlets）

"奥特莱斯"是英文 Outlets 的中文直译。其英文原意是"出口、出路、排出口"的意思，在零售商业中专指由销售名牌过季、下架、断码商品的商店组成的购物中心，因此也被称为"品牌直销购物中心"。

通常位于乡郊地区，偶尔也位于旅游区，奥特莱斯主要由厂家直销店（折价销售自有品牌）组成。奥特莱斯一般没有主力店，通常以条状中心的形态呈现。也有一些是封闭的购物中心形式，有些则呈现开放式村落的形态。

（3）生活方式中心

能同时满足消费者的商业需求和对生活方式的追求。通常，它们临近富裕居住区，定位较高端。生活方式中心以开放式街区布局为特色，业态上主要由中高端全国连锁品牌零售店、时尚餐饮和娱乐组成。生活方式中心通常有喷泉、街道座椅等便利设施，体现了传统市镇"主街"的氛围。

（4）主题/娱乐中心

通常拥有一个统一的主题，体现在每个店铺的设计上，有时候也体现在出售的商品上。这类中心特别受游客的欢迎。他们通常由餐厅和娱乐设施作为主力店。这类中心通常位于市区，有些是由旧建筑（含历史性建筑）改建而成。它们也可作为综合开发项目的一部分。

6. 按开发商背景及购物中心经营管理的模式分类

按开发商背景及购物中心经营管理的模式，可将购物中心划分为物业型购物中心、百货公司型购物中心、连锁摩尔购物中心（图 1-10）。

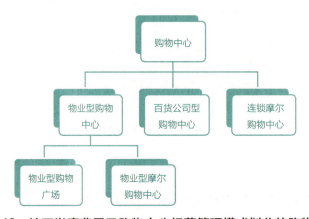

图 1-10　按开发商背景及购物中心经营管理模式划分的购物中心

01　解读购物中心

（1）物业型购物中心

又分物业型购物广场和物业型摩尔购物中心。

物业型购物广场

一般由大房地产开发商开发，建在市中心黄金地段，实行租赁制。面积一般在 5 至 10 万平方米左右，由于面积还不够大，故其定位必须突出某一目标顾客群体。所以，入驻的业态一般不齐备即业态业种的复合度不够（通常定位于高端市场，大租户以高级百货为主，许多业态没有引入），还称不上真正的摩尔购物中心。

物业型摩尔购物中心

又称普通摩尔购物中心。普通摩尔物业所有者一般不进行零售经营，而是将场地出租给专业零售商，委托专业管理公司管理，实行所有者、管理者与经营者的分离。优势有三点：一是经营和管理双方的优势互补，既保证和提高管理水平，又使摩尔以一个统一的社会形象面对消费者；二是摩尔内的各零售商可以分别经营自己的产品，充分展示自己独特的品牌形象和经营风格；三是一种隐性的促销思想。这种购物场所的组织和构造形式，包含着一种促销思想，即要让消费者在购物场所尽可能停留较长时间。

普通摩尔购物中心 MALL 由大房地产商按 MALL 的要求设计开发，建在市中心黄金地段或城郊居民聚居区，实行租赁制。其面积比购物广场大许多，一般在 15 万至 30 万平方米；业态业种的复合度高，一般为全业态全业种经营。

（2）百货公司型购物中心

由大型连锁百货公司发展或扩建而成。面积一般在 10 至 15 万平方米左右，由于面积还不够大，故其定位还必须突出某一目标顾客群体，入驻业种一般很齐备但业态复合度还不够（通常定位于高端市场，以自己的百货公司为主，虽然百货公司自身的超市一般也很大且很有特色，但一般没有引入大卖场、家具城、玩具反斗城大卖场等业态），仍称不上真正的摩尔购物中心。

随着百货公司型购物中心不断扩建及兴建 2 馆 / 别馆等，不同业态也正被引入百货公司型购物中心内，迈向真正的摩尔购物中心。

百货公司型购物中心比纯物业型购物中心的优越性体现在百货公司由于信誉佳、客户关系多、营销促销管理水平高，故招租招商较容易，一般业绩也较佳。

（3）连锁摩尔购物中心

连锁摩尔购物中心是指：由专业连锁购物中心集团开发并经营，自营比例较高（自营百货公司、超市、影城、美食城等），业态业种的复合度极高，商品组合的宽度最宽、深度最深，定位于家庭（全家 / 全客群），能满足全客群的一站式购物消费和一站式文化、娱乐、休闲、餐饮享受的特大型购物中心。这类购物中心一般由专业连锁购物中心集团开发并经营，自营比例较高（50%至70%左右）。专业连锁购物中心可解决购物中心的招租难题，迅速实现购物中心的全面开业，且管理促销的力度和号召力比普通购物中心高许多。

7. 按购物中心的定位档次分类

真正的"摩尔"由于面积巨大，故定位于家庭（全家/全客群）的一站式购物消费和一站式休闲享受。商品高中低档必须齐备，以保证商品品种齐全；理想档次比例高：中：低为3：5：2（图1-11）。由于所处商圈不同，各购物中心的高中低档比例也可以有所调整。

图1-11 按定位档次划分的购物中心

（1）以高档商品为主

如香港时代广场、上海恒隆广场、马尼拉GLORIETTA PLAZA、香格里拉广场SHANGRILA PLAZA、台北京华城。但如果70%的以上比例经营高档商品，则这个购物中心一般最大只能做到10万平方米。开在国内的话，其集客能力将很有限，一般仅为购物广场，称不上摩尔购物中心（MALL）。

（2）以中高档商品为主

产品档次的高中低档比例协调为3：5：2左右，如广州天河城、马尼拉SM MEGAMALL、台北大远百、马尼拉ROBINSONS PLACE、上海正大广场。

（3）以中低档商品为主

如马尼拉EVER摩尔。但低档商品不能超过60%，否则就成为大型跳蚤市场、小商品市场或批发市场，称不上摩尔购物中心了。

五、购物中心的融合功能

产业融合代表着未来经济发展的客观要求，而大型购物中心融合了建筑开发与商业经营两大领域，既讲求动态规划与设计，又讲求商业行销与推广。购物中心把相关业态进行了有机整合，从而得以满足消费者更高的消费需求、生活需求和精神需求，这是在零售主导权从生产者—营销者—消费者转移之后的必然结果，从而更加深刻地强化了购物中心与来客的互动关系，深化了生活方式的内涵。

购物中心融合功能可以体现在如图 1-12 所示的六个方面。

消费与文化融合	消费与服务融合	消费与休闲融合
• 经常组织一些文化交流活动	• 消费者更需要"以人为本"的现场感觉和精神享受，更完善的贴近生活的高品质服务	• 观光休闲消费（成了消费主流）
消费与教育融合	消费与环境融合	购物中心建设与城市功能融合
• 教育费用在家庭支出中比例大幅度上升	• 把塑造观光的氛围作为吸引顾客的一项策略	• 购物中心具有改造城市面貌的功能

图 1-12　购物中心的融合功能

1. 消费与文化融合

购物中心所经营的已不仅仅是商品，从一定意义上讲，购物中心经营的是一种文化，代表着生活方式的一种转变，它会在很大程度上，满足消费者的精神和文化需求。除了建筑本身的表现手法以外，购物中心还需要经常组织一些文化交流活动，吸引更多的顾客参与各项活动，实现与顾客的互动交流更是购物中心行销推广的重要内容。

2. 消费与服务融合

消费者光顾购物中心的目的，通常不是单纯为了购买一件商品，他们更加需要的是"以人为本"的现场感觉和精神享受,需要更加完善的贴近生活的高品质服务。购物中心的推广，也主要是为了展现自己的商品和服务。英国目前大部分新的购物中心无论是在美食街、美食中心，还是独立的贩卖亭中都包含了许多的餐厅、咖啡厅，呈现出一种向多层次服务发展的新趋势。

3. 消费与休闲融合

居民消费行为的变化趋势是"一次购足，休闲购物"，这被称为 21 世纪的消费主流。随着社会的进步、生产力的提高、收入的增长和工作时间的缩短，人们拥有了更多可以自由支配的休闲时间。近年来国庆黄金周的调查显示，我国市场呈现出日用必需品消费、观光休闲消费、旅游相关消费三足鼎立的态势,而观光休闲消费(成了消费主流)则主要聚焦在了购物中心。

4. 消费与教育融合

种种数据充分表明,教育费用在家庭支出中比例大幅度上升,为购物中心开发寓教于乐的商业空间奠定了很好的基础。

比如,姜杰钢琴城入驻北京新世界中心后,培训活动受到追捧,经济收益节节上升;北京东方广场引进了索尼探梦,科技的感召力量使得索尼探梦在节假日的时候成了备受儿童和家长关注的科普教育园地;新华书店在上海港汇广场也同样占据着重要的位置。

5. 消费与环境融合

购物中心十分注重景观的规划与设计,把塑造观光的氛围作为吸引顾客的一项策略实施。深圳华侨城铜锣湾广场由雕塑公园区、核心购物区、风情酒吧区、生态广场区四个功能组团组成,其"海洋文化+生态景观"成为深圳的一大特色。据统计,华侨城的景点每年将带来 3000 万人的游客光顾。

6. 购物中心建设与城市功能融合

上海新天地以上海近代建筑标志——石库门旧区为基础,目前已改造成为具有国际水平的餐饮、购物、演艺等功能的时尚、休闲文化娱乐购物中心。大连万达在南宁、厦门等地建设的购物广场也是与当地的城市改造结合进行的。购物中心的建设之所以越来越受到政府部门的重视,与购物中心具有改造城市面貌的功能是分不开的。

第二节 购物中心开发流程要点

购物中心的开发无论是其建筑空间还是后期的经营,都非常注重商业氛围的营造。在管理方面,购物中心具有不同于其他商业建筑类型的本质特征。它采用所有者、管理者和经营者分离的管理模式,在统一开发建成之后租赁给不同的承租户经营,实行集中管理的分散经营。

一、购物中心建筑空间设计的三个注意点

购物中心建筑重在突出特色,体现在通过商业空间步行化和室内化,为购物者营造出舒适的环境,并组织好众多的商店和服务设施,以完善的功能和服务满足人们的多种社会需求,以充分的社会化公共开放空间融入社会生活,将商业活动和其他社会活动紧密结合起来。购物中心建筑空间设计的三个注意点如图1-13所示。

图 1-13　购物中心建筑空间的注意点

1. 商业空间步行化

购物中心是商店群的组合,为了协调商店与商店、商店与购物者之间的联系,往往通过一条线型街道来串联商店和组织人流。基于安全考虑,街道完全排除车辆,实现步行化。

商业活动的步行化有其历史渊源。由于购物活动是在步行的购物者和相对固定的商人之间进行,因此,购物活动具有步行的特征,而车辆穿行购物空间是购物活动的一个干扰。欧洲国家对此有较早认知,很早以前就注意到商业区空间的人车分流问题。从历史上看,中国古代的商业活动也基本上处于一种人车相杂的状况。前工业时期的商店或摊位,多数围绕街道和广场布置,为了保证步行者的安全,在一定程度上实现了商业街区步行化,虽然当时马车对人的影响远非后来的汽车可比,但仍然被排除在商业街区之外。从《清明上河图》、《盛世滋生图》到《皇都有积盛图》就清楚地反映了这种特点。

2. 商业空间室内化

步行商业空间室内化是利用屋顶的覆盖功能,将步行商业活动引入室内,并通过人工环境控制,减少恶劣的自然条件对步行活动的影响,从而创造舒适的环境,这正是购物中心建筑追求的目标。自古以来人们对此进行了不懈的努力(图1-14)。

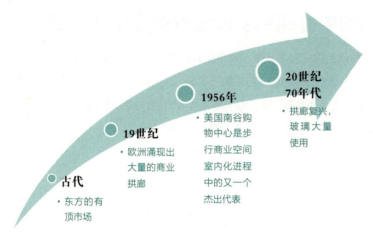

图 1-14　人们对商业空间室内化的不懈努力

古代东方的有顶市场（市场）、巴扎（市集）就是为抵御不良自然环境气候的产物。

19 世纪技术进步迎来了一个室内步行商业空间发展的黄金时期。欧洲涌现出大量的商业拱廊，这是室内化取得突破性进展的有力见证。

大跨技术和采光技术的发展实现了屋顶的覆盖功能，将步行商业活动完全引入室内空间。1956 年秋天在美国明尼阿波利斯郊区伊代纳（Edina）建成的南谷购物中心是步行商业空间室内化进程中的又一个杰出代表，它实现了将整个室内步行商业空间置于人工环境控制之下的目标。

20 世纪 70 年代的购物中心的拱廊复兴，玻璃大量使用，表明对自然采光的重视与日俱增。室内空间由单调、封闭、黑暗转向更加注重与自然景观和地方文化的结合，从而创造自然界化、人性化的室内环境。

3. 公共空间社会化

商业活动同时也属于社会交往活动，它存在于人与人的接触之中，当人们在商业街摩肩接踵的时候，社会交往就出现了。商业活动与社会活动密不可分，这是一种源自古希腊的普遍模式，欧洲城市广场就是它的继承和发展，这里一直是公共活动、买卖、集会、表演和娱乐的场所，商业活动与社会活动相互交织。东方城市虽然缺少城市广场，但城市商业街道和庙前广场具有同样的功能。

在汽车时代，城市街道和广场逐渐为汽车所占据，不再适合人们聚集和社会活动与交往。商业活动与社会活动之间的相互促进作用也随之削弱，同时商业建筑本身促进交往的能力不复存在。亚历山大曾经抱怨说，在传统商店购物时，还能够和店主交谈，且现在商店太大，主人不在，消费者就不能与之有交往，商店是乏味和抽象的，购物不再是交流的一部分，而是单纯购物花钱买东西。

与百货商店和超级市场不同的是，购物中心把纯粹的零售商业活动场所开辟成商业活动和社会活动相结合的场所，这给零售商业建筑带来了新的含义。

二、购物中心运营管理要点

购物中心的本质特点是统一管理和分散经营的管理方式。管理者对购物中心实行统一的集中管理，经营者不参与管理，定期向管理者交纳管理费用，而所有者与管理者不参与经营，租金收入和经营状况并无直接关系。购物中心的日常运行、保安、清洁、维修、进货和促销活动等都由管理者组织。公共空间场所实行统一管理，并供所有的零售商与购物者共享。

在购物中心后期的运营管理中，应把握如图 1-15 所示的 5 个要领。

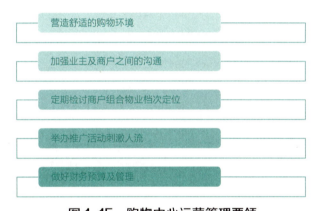

图 1-15　购物中心运营管理要领

1. 营造舒适的购物环境

这是指最基本的硬件维护及管理。购物中心管理团队必须为顾客缔造一个安全、卫生、照明度适中兼空气流通的购物环境，方能让顾客尽享购物之乐。

2. 加强业主及商户之间的沟通

作为业主和商户之间的主要桥梁，购物中心管理团队应定期向商户搜集对购物中心的使用意见，深入了解他们的需求。这些意见可能属于硬件方面，如照明不足、购物中心温度过高/过低等；又或是购物中心整体人流不足，希望可借推广来吸引消费者前来等。管理团队整合各商户的反馈意见后还要加以分析然后向业主提出改善方案，并贯彻执行，务求为商户提供一个有利的经商环境。

3. 定期检讨商户组合物业档次定位

购物中心管理团队应密切留意市场变化,掌握商户的营销状况,增加受消费者欢迎的店铺,以提升购物中心的市场价值。

(1) 掌握商户的营销状况

购物中心管理团队掌握商户的营销状况,是为了衡量商户业绩的好坏及受欢迎程度,这要求管理团队先要为各行业类别制定一个参考基准。该基准可以是商户前一年的营业额,或是其他类似档次的购物中心中取得的参考值。根据该基准作分析比较,各商户的营业状况便能一目了然。

(2) 分类管理不同业绩水平商户

对于业绩有所改善或较同业理想的商户,管理团队可进一步探讨其成功之道,作为借鉴。对于营业额不是理想的商户,则需探讨个中原因,并提出改善建议。

这些业绩评核资料在商户续租或商铺招租时极为重要。对于一些营业额长期低于商场标准的商户,购物中心管理团队有必要研究是否让该商户续租。被时尚潮流或消费者品味改变等市场因素而拖垮的商户,管理团队有责任为业主物色较有号召力的行业或品牌取而代之,以此为购物中心注入新的动力,为整个购物环境增添活力。

(3) 定期比较购物中心整体的营业额

管理团队亦需要定期比较购物中心整体的营业额。考虑是否要因消费潮流改变而重新厘定商户的比对基准。必要时,更可向业主提出提升购物中心档次及定位的建议,务求提高其竞争力。

以香港皇室堡购物中心为例,因应消费市场日趋年轻化,原来位于该购物中心地面的西武百货及地库之百佳超级市场将不获续租,购物中心将被翻新成为年轻人购物点,把铺面拆细,出租予以年轻人为主流消费人群的大型连锁店商户。又如,九龙尖沙咀广东道的大业主九龙仓集团亦随着访港旅客人数上升、零售市场蓬勃发展,而把该处重新定位为高档购物地段,并扩阔行人路、加建树木等工程,积极引入名牌商户,包括连卡佛及爱马仕等。像广东道这样的大变身,需要长时间的策划,而在招揽租户时,商户品牌档次能否配合整个地段的高档形象,比其付租能力更为重要。

4. 举办推广活动刺激人流

购物中心可按照其顾客性质及需求而举办不同类型的推广活动,这类活动的作用有两个:一是提高购物中心的知名度,吸引人流;二是突出购物中心的形象。这些活动可分为两大类(图 1-16)。

01 解读购物中心

单一性活动	主题性活动
• 时装表演 • 歌星演唱 • 钢琴演奏 • 全港区性的"BB 爬行大赛" • 模特儿选举 • 圣诞及新年前夕举办的各项倒数活动	• 当季特点 • 市场热点 • 直播世界杯赛事

图 1-16　刺激人流的推广活动

（1）单一性活动

这类活动通常是不定期的，时间性较短，可能是一天，或数小时。虽然这类活动为购物中心带来的效益较为短暂，但成本较低，对提升购物中心的欢乐/节日气氛有一定帮助。例子包括时装表演、歌星演唱、钢琴演奏、宝贝爬行大赛及模特选拔，甚至是圣诞及新年前夕举办的各项倒数活动等。

（2）主题性活动

主题性活动是以当季特点及市场热点为主题举办的活动。这类活动举行的时间较长，相对单一性推广活动而言，更能吸引其他商圈的人士前来参观，为购物中心带来更持久及可观的收益。以位于港岛区的太古城中心为例，某年暑假便举办了哈尔滨冰灯节，共展出十六组冰雕，包括紫禁城、2008 年北京奥运五环、神舟六号及冰屋等，同时亦建造了冰滑梯让参观者一尝冰滑梯的滋味。冰灯节举行期间，每天都吸引不少市民一家大小前往参观，购物中心人流畅旺。

另一个例子，便是以直播世界杯赛事拉动人流的观塘 APM 购物中心。该购物中心于世界杯期间，不但以大电视免费直播各场赛事，同时亦举办各式各样活动，甚至为顾客提供沐浴设施及睡袋等。结果购物中心该月份的人流超过 880 万人次，较平日增加四成，营业额则达到港币 2.5 亿元，较平日增长两成半，其中运动用品店铺的生意额上升两成，餐饮店上升三成，影音产品店上升两成半。

5. 做好财务预算及管理

购物中心必须具备一定的流动现金，方可确保日常运作及所有推广活动能畅顺进行，健全及稳健的财务管理及预算是购物中心营运的基础，而精确的财务预算亦可作为购物中心未来营运策略的参考。

为维持购物中心的市场价值和营运性，管理团队有必要以市场走势及消费者需求和品味为基础，为业主提供各种改善购物中心营运效益的方案（如之前提及的改建、翻新和更改租户组合等），而相关的财务预算，包括租金回报及开支等，便成为业主决策的基础。

对于以营业额来确定租金的购物中心而言，团队在制定财务预算时，除了顾及水电、保安、日常维护等经常开支外，还需把各大小型推广活动所涉及的特别开支计算在内，并且按不同推广活动的规模及预计人流而计算出不同时期的租金收入，并要评估每一个活动是否能为购物中心带来正面效益。

三、购物中心的三种经营模式

购物中心的经营模式主要有三种：一是纯销售模式，二是租售并举，三是纯物业经营（图1-17）。

图1-17　购物中心的经营模式

1. 纯销售模式

即出售商场的产权和经营权，业内人士称之为"产权式商铺"。它出现在国内购物中心刚兴起时，曾经是商业地产商们手中屡试不爽的"法宝"。以广州为例，就有新中国大厦、名汇商业大厦、康王商业城、蓝色快线等采用此种模式。

一般而言，商业地产商在资金实力不足和追求短期利益的背景下，为迅速回笼资金，通常采取这种纯销售的模式，即把商铺拆零、分割成诸多小产权卖给小业主。这种模式的本质是卖散了业权，经营权无法集中，Shopping Mall 成了一盘散沙式的小商品市场，很容易出现由于商场后期管理缺乏统一的规划，导致"先期销售火爆，后期经营惨败"的现象，商场经营境况相当难看。结果，本来是一种全新的业态，反而成了比传统业态还传统的小商铺集成。

购物中心作为一种零售业的表现形式，其行业特点决定了它必须能够根据市场和消费者的需求，及时做出相应的调整，而做出这种调整的前提就是掌握项目的控制权和所有权。部分 Shopping Mall 采取不持有而是出售物业的方式，无疑成为这种物业的商业运营的隐患。

纯销售模式这种追求快速套现而忽视项目长远持续经营的收益模式，仅在销售过程中获取一次性收益，属于静态收益。这种经营模式，失去了潜在并且更为有利的物业收益，显然是商业地产极不成熟阶段的产物。

很多 Shopping Mall 采取这种纯销售的经营模式,"只卖不租"、"只顾开发不管经营",无疑是当前商业地产运营领域内的最大硬伤。

2. 租售并举模式

这一模式指 Shopping Mall 以出租为主,销售为辅,通过对招商权的多数控制,来达到控制进场业态、业种,形成自己的经营定位。它是一些购物中心在认识到纯销售模式的种种弊端后采取的一种经营模式。

在此模式中,经营者根据前期制定的销售比例和招商情况进行二度调控,在资金回收相对平衡的情况下,以出租为主,出售为辅,从而保持物业的持续经营,并通过产权出售和租金收益来获取双重利润(图1-18)。应当说,在现阶段的经济环境中,租售并举这种模式在操作上较为灵活。

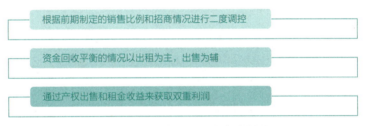

图 1-18　租售并举模式的特点

但这种模式不可避免地存在一些弊端。如经营权的统一性仍然不完全、租售比例的控制难以把握等。

通常来说,一个购物中心的租售比例应控制在 7∶3 之内才能较好地维持资金回笼和持续物业经营。如果出售的比例太高,业主很可能一次次地转让出售店铺,这造成商业形态无法协调,不仅使业主物业无力增值,同时也使出租能力下降,项目难以稳定经营。目前很多购物中心在招商过程中往往把握不好这一点,无疑增大了经营管理的风险。

租售并举模式介于第一种和第三种之间,应当是一种过渡模式。国内不少购物中心,在经历了纯销售模式的种种失败后,已经意识到出租商铺是物业增值的重要手段,但碍于经济实力的局限,现阶段大多采用此种模式。

3. 纯物业经营模式

这是目前国际上通行的正规 MALL 模式,其特点是只租不售,以实现良好的整体管理和整体营销,在当今的欧美国家采用较多,国内部分有实力、有远见的购物中心也正陆续采用此模式。

纯物业经营的操作方式是：购物中心在前期依靠合理的商业运作，获取稳定的租金收益，经过若干年的经营后，或将部分产权出售套现，或包装上市，或通过资产评估而获取金融机构的贷款，当然此时的售价已经远远高于最初的物业价值了（图 1-19）。

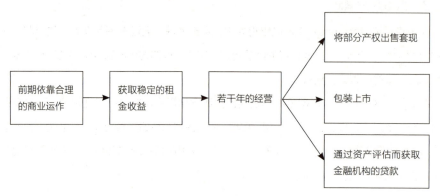

图 1-19　购物中心纯物业经营的操作方式

纯物业经营模式对购物中心资金管理与经营能力要求比较高，主要依靠物业经营来创造良好商业氛围，从而使项目持续获得物业价值提升，为动态收益模式。这种模式虽然资金回笼慢，但是优点也非常明显：一是保持了项目的土地价值增值；二是持续地获得物业价值收益；三是能够确保对物业的长期持有，符合购物中心长线投资、资金回收期长的基本行业属性；四是通过统一管理来保证零售商的效益，不断提升不动产价值。

四、购物中心三大运营特征

购物中心运营有如图 1-20 所示的三个特征。

图 1-20　购物中心的运营特征

01 解读购物中心

1. 购物中心的租金收入与商户营业额息息相关

购物中心的收入来源主要来自商户的租金,而商户能够付出多少租金,取决于其营业额。商户生意好,自然能承担更高的租金,反之,商户生意不理想,便会希望透过减租,或迁往其他较低租金的铺位,以降低营运成本。

对于一般以营业额来确定租金的购物中心来说,这特性就更为明显。商户除缴交基本租金外,还需支付每月营业额的某个百分比作为租金。换句话说,商户的营业额越高,业主的租金收益亦会越高。由此可见,商户与业主之间,或多或少都存在着一种唇齿相依的关系。要令购物中心变得生生有色,购物中心管理团队便需与双方进行多方面的协调和沟通。

2. 购物中心具有非一般的生命力

购物中心与一般地产项目的最大分别,在于其动态及生命力。一般住宅项目只要地点优越、景观理想、质素高、交通方便,再加上优质的管理及大量的宣传攻势,发展商便可以静待收成。

而购物中心,由于物业本身集合了不同的零售行业和品牌,并不断受到潮流新趋势及顾客口味转变等因素的影响,因此物业必须与时俱进,透过改造、翻新、改变租户业态或转换个别品牌等方法去维持购物中心的竞争力。

3. 购物中心营运的三方责任

一般的住宅物业只需在物业落成后,把物业推出市场,然后专注为业主提供物业管理服务,发展商便可以功成身退。然而,购物中心的业主、商户及管理团队,均需共同努力,时刻紧贴市场脉搏,方能使购物中心突围而出。

作为购物中心的所有者,需定期监测购物中心的营运表现,与购物中心管理团队商讨改善的对策;

作为购物中心的商户,应努力为顾客提供优质的产品和服务,吸引他们消费;

作为购物中心的管理团队,是消费者、商户及业主之间的桥梁,需密切留意市场变化,不继推陈出新,举办各种形式的推广活动,以扩宽客源,协助商户提高营业额,从而为业主带来更高的租金收入。

购物中心的所有者	购物中心的商户	购物中心的管理团队
・定期监察购物中心的营运表现 ・与购物中心管理团队商讨改善的对策	・努力为顾客提供优质的产品和服务 ・吸引他们消费	・密切留意市场变化 ・举办各种形式的推广活动 ・协助商户提高营业额 ・为业主带来更高的租金收入

图 1-21 购物中心的运营特征

购物中心发展概况

第一节　美国购物中心发展概况
第二节　英国购物中心发展概况
第三节　日本购物中心发展概况
第四节　中国购物中心发展图谱
第五节　中国香港购物中心发展概况

购物中心已经经历了100多年的发展历程，其发展演变主要受两方面因素影响：一是经济发展和社会进步；二是购物中心传播中与当地具体情况相结合的结果。不同的国家、社会和经济水平下的购物中心发展模式也各不相同，它们之间既有自身特点，又彼此影响。

美国购物中心的建设始终居于领先地位，对欧洲、澳洲和亚洲国家产生了显著的影响。

第一节 美国购物中心发展概况

零售业的一市郊化趋势在美国表现得尤为明显，购物中心作为西方零售业革命的标志之一，在美国首先创立起来。创立的背景有四点：一是新兴工业都市的产生，家庭组织形态的改变；二是住宅区域往都市外围发展；三是美国高速公路系统越来越扩张；四是市场产生了新的需求空间。房地产建造商在风景怡人的城市近郊，修建起大规模的摩尔购物中心。

美国购物中心的发展经历了 5 个阶段，如图 2-1 所示。

图 2-1 美国购物中心发展的 5 个阶段

一、探索阶段购物中心的特点

早在 19 世纪，美国购物中心建设已经拉开序幕。早期具有代表性的原型有 1827 年西鲁斯·巴特勒（CyrusButler）在罗得岛普罗维登斯（Providence，RhodeIsland）建造的三层封闭购物廊，以及 1907 年爱德华·H·博尔顿（Edward H. Boulton）在巴尔的摩建造的罗兰帕克（Roland Park）中心。

接下来，各种形式的现代购物中心，小到郊外小型条状购物中心，大到百万平方英尺的超级地区摩尔，均在 20 世纪 20 年代开始出现。

探索阶段，美国购物中心的特点有：

1. 沿着一条中央大街布置的布局

探索阶段的购物中心比较原始，但也具备了购物中心的基本特征，它们在布局上一般沿一条中央大街布置。1923 年建成的康萨斯城乡村俱乐部广场（The Country Club Plaza）包括 280 家承租户，由互相独立的一系列商店协调开发而成。其建筑、景观和招牌等都有

02 购物中心发展概况

统一风格。1937 年建成的休斯敦奥克斯河中心（The River OaKs Center）有 47 家商店，并有 32500 平方米可出租面积（GLA）。

2. 带形中心是美国早期购物中心的典型代表

20 世纪 20～30 年代，购物中心在设计、开发和运营方面取得了显著进步。

一种较为固定的平面布局方式，即把一组商店围绕小汽车布置，或商店被小汽车包围的方式很快得到重视，并逐渐流行。美国郊区化势头迫使零售商业设施适应汽车需要，向郊区交通枢纽扩散，迎合新的区位选择。开发商尝试将沿街带橱窗的商店组合起来，并在商店群背后设置停车场。

1921 年，西尔斯·罗巴克（Sears Roebuck）公司在芝加哥郊区公路交叉点上建立了一家综合商店，以它为核心形成了带形中心（Strip Center）。带形中心是美国早期购物中心的典型代表，在 20 世纪 30 年代的美国郊区非常普遍。

二、发展成型阶段购物中心的特点

20 世纪 30～50 年代，美国郊区出现大型购物中心，标志着购物中心的发展已经成型。此后，大型区域购物中心在郊区陆续登场。

1. 郊区大型购物中心已经成型

20 世纪 30～40 年代，邻里中心和郊区带形中心的建设，以及堪培拉购物中心的规划思想，为购物中心的设计、建设和管理积累了宝贵的经验。开发商有能力将一组商业设施作为一个整体来规划、建设和管理，规划师和建筑师也能适应郊区要求做设计。政府和私人投资者都为购物中心建设提供了金融支持。零售商乐于在新的商业环境中开展业务，购物者也乐于光顾能够满足多种购物需求的郊区购物中心，这一切是战后购物中心兴起的基础。

郊区购物者要求交通便利、购物空间宽敞和免费停车场地充足的商业设施。购物中心通过增加更多有吸引力的因素，在步行环境中创造社会生活和文化活动的气氛，让郊区居民参与社区生活，创造一种古老的理想社会生活气氛，吸引人们前来购物休闲，在精神上满足人们更多的需求。

郊区大型购物中心的发展，标志着购物中心已经成型。

2. 大型区域购物中心在郊区正式登场

20 世纪 50 年代，现代意义上的大型区域购物中心在美国郊区正式登场，百货商店与小商店群的结合形成了第一个区域购物中心。

郊区集中的人口和购买力足以维持大型购物中心的存在，大规模高速公路建设迎来购物中心发展的黄金时代。大百货商店除了在郊区购物中心开设分店外，还迫切要求建设以自身为核心的购物中心。

50年代中期，郊区区域购物中心的布局和组成已趋于固定，最常见的哑铃形模式出现了。百货公司作为核心商店的角色和地位得到充分认识。此外，通过景观设计和环境设计强化购物行为、增加购物兴趣的一系列设计方法也日臻成熟。

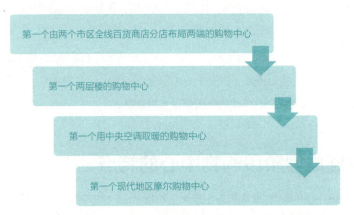

图 2-2　第一次出现在美国郊区的大型区域购物中心

第一次出现在美国郊区的大型区域中心有（图2-2）：

（1）首个由两个市区全线百货商店分店布局两端的购物中心

二十世纪五十年代早期市场出现第一个由两个市区全线百货商店分店布局两端的购物中心，于1950年在华盛顿州西雅图市的"Northgate"（两排面对面商店组成条状的购物中心，中间是步行走道）开业。

（2）第一个两层楼的购物中心

1951年，马萨诸塞州Framingham市的"购物者世界"（Shoppers World）购物中心登场，这是第一个两层楼的购物中心。

（3）第一个用中央空调取暖的购物中心

1954年密歇根州底特律市的"Northland Center"购物中心（第一个用中央空调取暖的中心）对概念作了改进，使用"集束形布局"，即中央是单一的百货店，周围一圈商店环绕着它，停车场环满购物中心四周。

（4）第一个现代地区摩尔购物中心

1956年，在明尼阿波利斯郊区伊代纳（Edina）建成的南谷购物中心（Southdale

Shopping Center）具有重要的历史地位，它有中央空调及采暖，一个舒适的共享区，很多进口商品，两个相互竞争的百货店作为主力店。大多数行业内专家认为"SouthdaleShopping Center"是第一个现代地区摩尔。

作为第一个全封闭摩尔，Southdale Shopping Center 的革新体现在：

①通过人工控制环境，营造舒适宜人的购物环境和花园气氛；②提供开放的公共空间以满足人们社会活动的需要；③提供大面积的免费停车场，并将汽车布局在购物中心周围，在内部建立绝对的排除汽车干扰的步行区。

以上措施使之成为以后购物中心建设的范例。

三、蓬勃发展阶段的购物中心特点

20 世纪 50 年代末期到 60 年代是购物中心蓬勃发展的时期。美国大型郊区购物中心迅速崛起，郊区大面积的廉价土地为购物中心提供了宽松、理想的设计和建设条件，环境工程的进步创造出不受自然环境限制的大型封闭式建筑，舒适的购物条件和环境使购物者纷至沓来，大量以南谷购物中心为蓝本的大型室内购物中心相继建成，遍布美国各大城市。

至 20 世纪 60 年代末，美国大小购物中心数量已经超过 10000 个。

四、发展成熟阶段

20 世纪 70 年代早期，美国出现巨型购物中心。但是 70 年代中期的石油危机给购物中心，特别是郊区购物中心的发展带来巨大冲击。

石油危机之后，人们开始反思城市郊区化和郊区购物中心大规模的建设。购物中心的发展重点从郊区转向城市市区，体现为在规模、类型和设计方法方面都发生了适应性变化，并逐渐走向成熟。

至 1972 年，购物中心的数量几乎增长一倍，有 13174 个。地区性摩尔像"Southdal"和在德克萨斯州休斯敦市的"TheGalleria"在众多的大商场中已有稳固的地位。

美国人开始享受摩尔购物的便利与快乐。

发展成熟阶段，美国代表性购物中心有（图 2-3）：

1. 第一个"节日市场"

1976年，The Rouse Co.在马萨诸塞州波士顿市开发了"Faneuil Hall Market place"，它是建在美国的第一个"节日市场"。这个项目给杂乱的市镇市场赋予了新的活力。市场居

中销售食品和零售专卖。类似的项目建在马里兰州巴尔的摩市、纽约州纽约市和佛罗里达州迈阿密市。购物中心的数量在市区已经领先。

2. 第一个城市型垂直结构的摩尔

"The Bicentennial year"标志着乡村第一个城市型垂直结构摩尔的开始。业内许多专家认为,伊利诺斯州芝加哥市密歇根大道的"WaterTowerPlace"有高档商店、宾馆、办公楼、公寓和车库,是一个保持多功能的卓越项目。

"Water Tower Place"和"Faneuil Hall"的开业显示,购物中心行业又回归城市作为根基。

图 2-3　发展成熟阶段的美国代表性购物中心

五、多样化发展阶段

20世纪80年代是诞生新购物中心的黄金时代。在80年代里,购物中心的改造和更新成为主要工作。以购物中心模式改造旧城商业区得到重视,购物中心建筑常常成为城市景观的主角。购物中心设计除考虑自身的内在功能外,还需要考虑处理与城市的关系,城市市区用地和各种条件的限制促使购物中心类型的多样化。我们之所以总结购物中心的发展阶段特征,是想阐述市场和经济等因素如何影响购物中心以及商业地产发展的。

特征1	·购物中心建设进入新高潮
特征2	·信用危机使得购物中心的发展下降
特征3	·能量中心成为日益受欢迎的零售业态
特征4	·创立了迎合顾客追求生活方式需要的生活方式中心

图 2-4　美国购物中心多样化发展阶段的 4 个特征

02 购物中心发展概况

美国购物中心多样化发展阶段的特征如图 2-4 所示。

特征 1. 购物中心建设高潮期类型趋于多样化

20 世纪 80 年代以来，购物中心建设进入了一个新高潮，这也是 20 世纪最富成效的建设阶段。

这一阶段，购物中心类型趋于多样化，虽然面积变化不大，但类型演变异常活跃，并针对人口分布状况、区位和市场、竞争消费方式的变化做出反应。新的类型和亚类型迅速涌现，彼此影响，从而推动了购物中心的演变。

1984 年到 1987 年间，每年约有 2000 个购物中心开工建设。1980～1990 年建的购物中心超过 16000 个。这一时期超级地区中心（面积大于 800000 平方英尺）日益受到消费者欢迎。1990 年一项盖洛普民意测验（Galluppoll）发现，人们购物最频繁的是去超级地区购物中心和邻里中心；美国人平均每个月光顾摩尔四次。

特征 2. 信用危机使得购物中心的发展下降

1989～1993 年间，新的购物中心的发展几乎下降了 70%，新开工的购物中心从 1989 年 1510 个下降到 1993 年的 451 个。新开工数急剧下降归因于储蓄和信贷危机引发的信用危机。当时美国一些地区已出现小购物中心建造过多的现象。

特征 3. 能量中心成为日益受欢迎的零售业态

20 世纪 90 年代，一种日益受欢迎的零售业态是能量中心。这是一种定义较宽松的购物中心。它的面积在 25 万～60 万平方英尺之间，大约有 75%～90% 的空间由"品类杀手"或特色主力店所占用。能量中心常位于地区中心摩尔或超级地区中心摩尔附近。有超前概念的旧金山 Terranomics 为加利福尼亚州 Colma 的 280Metro Center 增光添彩。1993 年美国有 16 个能量中心开业，而超级地区摩尔仅开业 4 家。

特征 4. 创立迎合顾客需要的生活方式中心

二十一世纪，出现了生活方式中心。生活方式中心主要位于富裕区域，满足区域人群购买商品或讲究生活方式的需要，形成多样的、以消费休闲时间为目标的各种服务，包括餐饮、娱乐等。

购物中心继续显示出其体量的适应性。发展商为保持他们物业的新鲜感不断地改造它们的大小、设计和招商组合以便赢得顾客。设计概念的一种是"生活方式中心"的创立。它有 100 多个现存普通购物中心那么大。大多数"生活方式中心"迎合了零售和商区内顾客追求生活方式的需要。现有的"生活方式中心"大多数定位于富裕居民区，并有大规模的招商组合。

```
多样的、以消费休闲时间为目标的各种服务

体量的适应性

设计概念是"生活方式中心"

迎合了零售和商区内顾客追求生活方式的需要

大多数定位于富裕居民区并有大规模的招商组合
```

图 2-5　生活方式中心的主要特征

不管用怎样的术语来描述生活方式中心的在今天市场中的地位，购物中心的发展商正努力创建能吸引分布在各处购物者的零售项目，并继续改进，为他们的社区服务，满足需求。具有时尚商品、食品、娱乐和各种服务的综合性购物中心现在和未来几年将继续扩大它的社会功能。

第二节　英国购物中心发展概况

虽然英国区域中心的交通改造费用比郊区高，改造起来难度大、进度慢，且消费者进市中心购物的停车费用也相对较高，但这并没有造成市中心区域商店的衰落和商业服务设施的分散化。因为英国商业发展受到当地政府的严格控制，政府不仅控制着商店的数量，还控制着商店的选址。

英国购物中心正是在这一背景下，经由政府干预而有计划地发展起来的。

一、英国购物中心的发展

1947 年以后，政府开始干预零售业的活动，在土地使用规划、零售业用地的控制和批准等方面行使权利。

02 购物中心发展概况

在 40 年代,英国的城市中心和大都市内已经建立了较完善的购物模式,政府开始强调在新建和扩大的城市中,在主要的郊区建立购物中心。政府为这些购物中心的开发,提供咨询或财政帮助。

60 年代中,零售商们和地方政府部门开始批评中央政府过于重视城市中心区的发展和重建,忽视周边地区和新区的购物设施发展。与此同时,英国小汽车拥有量迅速增加,城市的交通拥挤状况愈加严重。

政府因此采取了两方面的措施:一是改善城市中心的交通环境,修建新的道路和多层停车场;二是推动城市社区购物中心的发展。但政府对由此而带来的另一个重大变化,即有独立建筑结构、由私人出资的城外购物中心的发展,却没有给予认真考虑。因此,英国的城外购物中心的发展至少比美国和加拿大落后 20 年。

1965 ~ 1980 年,英国建立了 424 个购物中心,总营业面积达 600 万平方米。平均每个购物中心的营业面积超过 4650 平方米,并都附设有停车场设施。购物中心以超级市场、杂货店或百货店为核心商店。

二、英国购物中心的类型

英国购物中心主要有如图 2-6 所示的 9 种类型。

图 2-6 英国购物中心的 9 种类型

类型 1. 超级商店

超级商店是由一组商店共同组成的,营业面积大于 2500 平方米,多为 5000 平方米,最大可达 1 万平方米。位于市中心或市郊,建筑物一般为一层,结构独立,有良好的停车设施。出售的商品有食品,也有低价非食品类商品。销售形式通常为自助式,出口处设有收款台。

类型2. 超大型市场

超大型市场通常位于市中心以外的区域，销售面积超过5000平方米，大的可达3万平方米。有宽敞的停车场，可停放汽车的数量约为每5平方米销售空间一辆汽车。超大型市场规模比超级商店更大，经营的商品除食品外，还有品种繁多的非食品类商品。此外，还提供各项服务设施。

类型3. 地区购物中心

地区购物中心产生于美国，后传入英国。它是一种有计划建造的购物中心，建筑物自成一体。地区购物中心通常包括1个或更多的百货商店、折扣百货商店、各种各样其他的选购商品商店和方便商品商店，以及一些非零售的服务机构。这些众多的商店群聚集在一个开放的或封闭的林荫道上，附设有地面停车场设施。

地区购物中心是供客户购买选购商品的贸易中心，至少拥有3万平方米可供出租的营业面积，有的可达10万平方米，顾客通常一个月或偶尔光顾一次，选购时装、鞋帽、家具和电器等。服务半径达25英里或更大，服务人口至少有10万～15万人。

地区购物中心与超级商店、超大型市场的不同之处在于，它更强调选购商品，而不是方便商品。此外，与同等规模的超级商店相比，地区购物中心需要更广大的服务区域作支撑。

类型4. 社区购物中心

社区购物中心是英国中、小城市的主要购物中心类型。它的核心商店通常是一个小型百货商店或杂货店，其规模通常在1万～3万平方米，服务人口1万～1.5万人。经营范围除方便商品外，还提供选购商品和一些个人服务项目。

类型5. 街区购物中心

街区购物中心是一种小型购物中心，以一个超级市场为核心商店，经营品种繁多的方便商品，同时向顾客提供个人服务项目，如洗衣、干洗和修鞋等。英国街区购物中心营业面积通常为5000平方米，服务人口为5000～10000人，服务辐射面不超过5英里。

类型6. 专门购物中心

专门购物中心是一种专业化的购物中心，专为满足某一特定顾客而设计建造。这类特殊顾客有：旅游者、办公室工作人员、住在郊区而在市区工作的人以及旅店顾客等。

这类购物中心里面的商店一般都不大，但商品数量和种类都很丰富。英国80年代初建成的科文特加登中心就是专门购物中心的典型代表。该中心是由一座旧市场改建而成，现已发展为一个很吸引旅游者的购物中心。

类型 7. 购物连拱廊

购物连拱廊是一种有拱顶的购物连廊。走廊十分高大，呈狭长形，通常宽 4.5～6 米。走廊两旁设有形形色色的商店，至少有二层建筑结构。这种购物中心的特点是设有休息地点、绿色植物和其他设施。临走廊的商店一般为小型专业商店，如妇女用品商店、珠宝商店、报亭等。

英国典型的购物连拱廊有：伦敦的伯灵顿连拱廊和皮卡迪利连拱廊，以及蒙特利尔的丽村商城（图 2-7）。

图 2-7　英国典型的购物连拱廊

类型 8. 购物林荫道

购物林荫道产生于美国，它比购物连拱廊更宽敞、优雅，质量也更高。购物林荫道通常设有中央绿化园地，还有供顾客休息的场所、人造喷泉装置以及其他一些设施。里面的商店也比购物连拱廊里的规模大。

购物林荫道的闪电两旁走廊约有 3～3.5 米宽，中央走廊约 4～8 米宽，林荫道的总宽度为 10～15 米。英国典型的购物林荫道有：维多利亚中心、诺丁汉、约克戴尔等。

类型 9. 城外购物中心

城外购物中心（Out-of-Town Shopping Centre）也称郊区购物中心，在北美、澳大利亚和法国都比较普遍。由于英国政府采取了限制城外零售业竞争的政策，英国的城外购物中心发展得较缓慢。

英国城外购物中心对顾客有如图 2-8 所示的 4 方面吸引力。

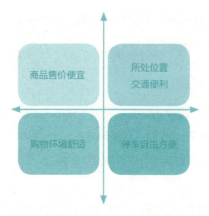

图 2-8　英国城外购物中心对顾客的吸引力

（1）商品售价便宜

城外购物中心的商品售价比其他购物中心便宜得多。原因是城外购物中心的地价便宜，建筑费用低，采用规模经营方式。不搞豪华装饰，例如其仓库式的建筑结构、开放式的搁物架陈列，都减少了经营成本。

（2）所处位置交通便利

城外购物中心虽然在位置上离居民聚居地较远，但它处于主要交通干线上，人们通过高速公路可以非常方便地抵达那里，甚至比去城市中心区更便利。

（3）购物环境舒适

室内设有空调设备，气温适宜，场所干净，宽敞明亮。顾客在这里购物轻松自如，可以在一个屋顶下一次经过而完成购物目的。不仅如此，在城外购物中心还可以享受到购物时间上的便利。许多城外购物中心的营业时间都延长到晚间，这给快节奏生活的广大英国市民带来了方便。

（4）停车自由方便

与大多数市中心的商店不同，英国城外购物中心给顾客提供完全的停车自由和方便，即使在交通高峰时期，去往城外购物中心的道路仍然畅通无阻，没有停车难的问题。这也是吸引顾客的一个重要因素。

第三节　日本购物中心发展概况

第二次世界大战之后经历了10年恢复期，从1956年开始，日本的经济进入了持续高速发展时期，并迅速跻身于世界经济强国之列。随着经济的发展，城市人口迅速向郊区扩散，郊区商业的需求越来越迫切。同时，大众消费市场也日益成熟起来。在此情况下，由美国产生的购物中心这种商业形式，跨过海洋，传播到了日本。

一、日本购物中心发展概况

大型购物中心在日本之所以能够迅速发展，具有两个基本背景条件：

第一，日本是岛国、人口众多，因此追求土地及空间效率的极大化，几乎成为所有日本人一致的追求目标。这种情况下，能在一个特定空间内提供各种消费服务，又能提供定量停车空间的购物中心成为实现这个目标的最佳手段。

第二，日本经济巨大发展下国民消费能力提高，日本消费者在购物时不仅追求方便性、多样性、个人品牌需求，更注重整体购买经历的愉悦，这种趋势促成日本产生了大型购物中心。

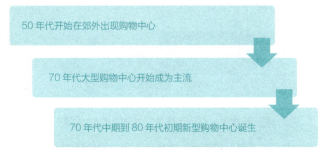

图2-9　日本购物中心的发展概况

日本购物中心的发展概况如下：

1. 50年代后郊外出现购物中心

日本购物中心发展早期，出现了以下3种不同的形态：

（1）车站大楼

日本第一家车站大楼购物中心出现在1950年。美国百货公司首次到郊外购物中心开店，开始布局购物中心的"丰桥车站大楼"，在都市改造的目标下，札幌、水户、京都、金泽、小仓库等约建立了 60 处，1971 年后由日本国铁出资的约有 60 家，1971 年新设的部分，楼面积已达 150 万平方米。为了消除国铁时代的亏损及扩张事业，掀起用分散在全国各地的铁路用地建造购物中心的热潮。

（2）地下街

日本第一家地下街是 1952 年开发的东京车站名店街（52 家店），1957 年"数寄屋桥中心"开幕，1963 年"梅田地下街"（拥有 260 家专柜店铺）面市。现在有"全国地下街联合会"的组织，在与东京八重洲、新宿、横滨车站东、西口，名古屋车站前，大阪梅田、难波、神户三之宫、福冈天神等周边设施的整体关联性上，发挥了转运站的功能。

（3）百货公司

日本购物中心以 1969 年建设的玉川高岛屋为代表，但理念仍未摆脱百货公司的格局，所提供的服务也较为有限并且集中。

2. 70 年代大型购物中心开始成为主流

70 年代初期到中期，经过整体专业规划、景观设计以及经营管理的大型购物中心开始成为主流，其中尤以位于大阪商业区的几个摩尔购物中心最具代表。

例如千里新城的"谢尔西"购物中心、巴恩环购物中心等，它们特殊的建筑景观，例如挑空广场、庭园、喷泉等，成为都市外围引人注目的消费人潮集中地。

图 2-10　70 年代大型购物中心代表

3. 70 年代中期到 80 年代初期新型购物中心诞生

从 70 年代中期到 80 年代初期，日本开始产生了集文化、娱乐、休闲、运动等消费行为于一体的新型购物中心。

例如，1978 年于东京原宿区开业的拉佛雷原宿，以下关 Seawall 以及青森的三路德购物中心为代表的许多远离都市、建造于都市外围的购物中心，它们为日本商业地产发展提供了大型购物中心在郊区发展建筑的经验基础。在消费服务多样化以及设施复合化的趋势带动下，还产生了许多超过 10 万平方公尺的大规模购物中心。

福冈市西近几年开张的占地 25 万平方米的大型摩尔购物中心,除购物外,电影院、游乐中心、餐饮店外加能容纳 4500 辆的停车场使之成了大型商业中心。由于日本特大型商业地块较难取得,故日本摩尔的规模一般较美国、加拿大、菲律宾等地的摩尔要小许多。

日本的传统百货集团如高岛屋百货、三越百货、西武百货、SOGO 崇光、东武百货是日本摩尔的主要投资开发商。目前,美国的摩尔开发集团"雀儿喜"也已开始进入日本进行摩尔的投资开发。

二、日本四种典型的购物中心

日本的购物中心具有多样、热闹、有吸引力、充满生气、有刺激性、色彩丰富等特点。它的存在是依赖于交通的四通八达。它使人们既有比较、有选择地挑选商店或商品,又能欣赏商店和娱乐。

图 2-11　日本 4 种典型的购物中心

日本四种典型的购物中心如图 2-11 所示。

1. 郊区型购物中心

日本郊区型购物中心要追溯至 1968 年 3 月泉屋(IZUMIYA)在南海高野线的 MOZU 车站前开的"百舌鸟购物中心",同年 DAIEI 在寝屋川市开了"DAIEI 香里 SHOPPER'S PLAZA",这成为关西地方社区型购物中心急速发展的分水岭。

60 年代末已经有以国内顾客为对象的行销构想来规划购物中心开发的动向,即现在做商业开发所要求做的前期策划和市场调研,通过周密的调查来决定一个购物中心的概念,配合汽车普及化的购物中心构造。首次以百货公司为核心店,追求都市感觉的高品位。这种做法被称为"真正的购物中心时代的开幕"。

1969年11月，以正统专业开发商为发展目标的东神开发，在世田谷国道246号旁的多摩川边开设"玉川高岛屋购物中心"。特别是借斜坡道跨越国道，让车子停到别栋立体停车场的控制交通技法，以及在中庭设置装饰阶梯，可在活动时使用的构想，皆为过去购物中心所没有的划时代性尝试，成为后来带动日本购物中心发展的推动器。

2. MERCHANDISER 型购物中心

经过1969年到1975年的试错期，日本的购物中心经营（开发、管理）KNOW-HOW大体确立。直到今日，强力主导购物中心开发的正是以量贩店为主力、负责商品者所开发的购物中心，日本购物中心发展依靠此类开发商的地方非常多。

3. 汽车立地型购物中心

1975年左右，中京地区有像"丰田JUSCO"、"一宫UNI"、"春日井西友"等不利用电车、巴士等大量运输系统，而靠广大的停车场、脚踏车场的购物中心陆续登场，日本的购物中心从此进入了另一个新的纪元。在大众交通系统尚未发达的大部分地方都市，该类型购物中心的进驻随汽车化的普及快速发展起来，1981年开幕的船桥"LALAPORT"即是该类型购物中心的超大型购物中心的代表，其未来发展令人期待。

4. 再开发型或设施旧地开发型购物中心

汽车立地型购物中心开始发展的同时，都市再开发型大型购物中心也开始登场，其典型的案例有"池袋SUNSHINECITY"、"下关SEAMALL"、"福冈DAIEIKATAKURAMALL"等。因地价暴涨，购买新地作购物中心开发困难，利用废弃设施旧地、铁路用地、工厂旧地的开发案例不在少数。

第四节　中国购物中心发展图谱

20世纪80年代前，我国没有购物中心，商业形态为各种类型的供销社、百货大楼，其产权属于国家或集体，经营与场所投入没有严格的经济关系。

20世纪80年代中后期的百货公司是我国购物中心的雏形，至90年代后期，零售业与批发业发生剧烈变革,传统百货公司在竞争中纷纷惨败,超级市场开始登上舞台。

中国购物中心的发展经历了以下4个阶段:

一、萌芽阶段

中国购物中心雏形阶段始于20世纪80年代末期,百货店为谋求与众不同的竞争优势,开始升级传统百货,进行购物中心的最初探索。主要是增加餐饮和娱乐方面的服务,丰富传统百货的功能,但这没有改变中国百货公司自身的经营模式。

二、起源阶段购物中心特征

20世纪90年代初期开始,一批具有战略眼光的投资人开始关注到中国零售房地产市场的前景和机会,中国购物中心开始了主动尝试。

90年代中期,一批香港房地产巨头(和记黄浦、长江实业、新世界、恒基、新鸿基、嘉里、九龙仓、太古、恒隆集团等)在北京、上海等大城市黄金商圈兴建高档写字楼,这些写字楼大多附带有大面积的商场裙房,随即形成了有香港特色的购物中心(SHOPPING CENTRE)或购物广场(SHOPPING PLAZA)。

起源阶段代表性项目:广州天河城广场、上海港汇广场、上海恒隆广场、中国国际贸易中心。国贸商城率先导入购物中心的开发运营理念,标志着购物中心作为新型房地产投资形式开始在中国出现,成为中国购物中心真正的起源。

图2-12 我国购物中心起源阶段的四个特征

我国购物中心起源阶段具有如图2-12所示的4个特征:

特征 1. 主要出现在特大型城市

起源阶段，中国购物中心数量不多，主要出现在广州、上海、北京等中国代表性的特大型城市，所属区位大多为城市中心区或城市重点发展区。

特征 2. 参照发达国家的专业流程严谨推进

起源阶段，中国购物中心开发没有成功的国内案例可供参考，基本上是在借鉴发达国家和地区的购物中心开发经验，遵循着严密规划和规范操作的理念。主要表现在这些购物中心均为投资商／开发商持有和统一管理，信守长期投资的价值观念；这些业主在前期的市场调查、市场定位、租户组合以及招商策略等方面都坚持按照专业的流程严谨推进。

特征 3. 缺乏本地化经验拉长培育期

由于缺乏更多的本地化经验借鉴，加之受到市场消费观念及消费能力的制约，起源阶段的中国购物中心培育期普遍较长。但由于这些项目规划设计非常成功，所以，通过持续商业运营调整和租户结构调整后，逐渐显示出其商业价值和市场价值。

特征 4. 业态单一给招商带来困难

纯物业出租型购物中心在香港之所以能经营良好，是因为香港拥有大量不同行业不同业态不同特色不同品牌的连锁商家。中国内地的锁商家仍集中在服饰和超市 2 类，其他行业的连锁商家很少。所以，内地许多香港式购物中心曾一度招商困难，商铺入驻率较低。在内地真正经营很成功的香港式购物中心为数不多，随着内地新兴的连锁商家不断出现，香港式购物中心的经营正在好转。

三、发展阶段的购物中心特征

21 世纪初是中国购物中心发展阶段，这一时期中国经济和城市建设迅速发展，使购物中心的成长基础日趋完备和成熟。同时，中国零售业和房地产业交融性的发展，尤其是房地产业在全国的火爆发展，更是对购物中心的广泛开发起到了至关重要的拉动作用。

中国一线城市代表性购物中心：

北京东方新天地、厦门 SM 城市广场、深圳中信城市广场、上海正大广场、上海来福士广场、苏州印象城、东莞华南 Mall、上海百联西郊购物中心、深圳万象城、广州正佳广场、北京金融街购物中心等。

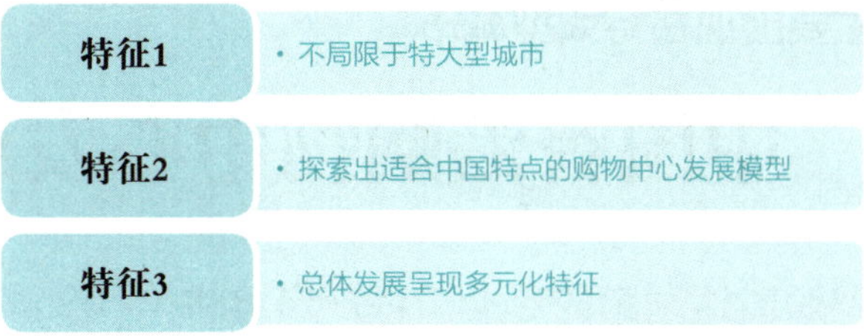

02 购物中心发展概况

特征1	• 不局限于特大型城市
特征2	• 探索出适合中国特点的购物中心发展模型
特征3	• 总体发展呈现多元化特征

图 2-13 我国购物中心发展阶段的 3 个特征

我国购物中心发展阶段具有图 2-13 所示的 3 个特征：

特征 1. 不局限于特大型城市

这一阶段的购物中心不仅局限在广州、上海、北京等城市，不少一线、二线甚至三线城市也进行购物中心开发，开发地区不仅集中在城市核心区，更多的郊区型和新区型购物中心也陆续出现。

特征 2. 探索出适合中国特点的购物中心发展模型

新兴的购物中心在传承起源阶段购物中心做法的同时，也有效吸收和借鉴了中国香港以及国际市场的购物中心投资开发和管理经验，探索具有中国城市和市场特点的购物中心发展模型，加速了中国购物中心的标准化和规范化进程。

特征 3. 总体发展呈现多元化特征

在这一阶段，购物中心的类型呈现多样化特征，市区型、郊区型、新区型以及各种各样主题化购物中心开始出现。

四、繁荣阶段的购物中心特征

中国购物中心发展至今已近 20 年历史。我国房地产行业已经处于行业发展的冬天，投资商、开发商、投资者和消费者越来越理性。偏离市场规律的开发商或转变开发思路的开发商开始退出购物中心开发市场，中国购物中心发展逐渐回到理性轨道上。

第五节 中国香港购物中心发展概况

中国香港经济自由度高,与世界商业的发展趋势紧密相连,购物中心的开发和建设也领先亚洲其他地区,是亚洲最早建设购物中心的城市。

一、中国香港购物中心发展阶段划分

1966 年,中国香港乃至亚洲的第一个购物中心——海港城一期海运大厦开幕,之后的 13 年,二期、三期陆续落成;1979 年,伴随着香港地铁的开通,中国香港购物中心迅速发展,陆续有 40 余家 200 多万平方米投入使用。

中国香港购物中心的发展可划分为如图 2-14 所示的三个阶段。

图 2-14 中国香港购物中心发展的三个阶段

1. 起步发展阶段

1980 ～ 1990 年十年间是中国香港购物中心的起步发展阶段。

(1) 发展背景

20 世纪 70 年代,香港商业设施主要是百货商场及街边商铺。随着 1979 年地铁的开通与运营,改变了传统商业模式与格局,新商业业态购物中心开始出现。地铁的出现带来两个变化:第一,居民交通工具由公车变成地铁 + 公车;第二,地铁快速、便捷的特点,迅速聚集了人流。

地铁公司为减少公共交通运营所产生的亏损,增加收入,促进了地铁与购物中心相互联动,同步建设。1980 ～ 1990 年期间,购物中心开发总面积超过 200 万平方米。

(2) 发展特征

此发展阶段香港购物中心呈现如图 2-15 所示的三个特点。

02 购物中心发展概况

第一,购物中心以满足人们的日常生活需求为主,属中档购物场所;

第二,在保持购物传统功能外,引入了娱乐、餐饮等复合功能,形成了休闲购物的消费理念,引发了香港商业的变革。

第三,建筑功能单一,为建商业而建商业。

图 2-15　香港购物中心起步发展阶段的三个特征

2. 快速发展期

1990～1998 年是香港购物中心快速发展的阶段。

(1) 发展背景

国际经验表明,购物中心在人均 GDP 达 12000 美元时,才是购物中心发展的时代。

1980 年,香港的人均 GDP 仅 5644 美元,1990 年,人均 GDP 达 13225 美元,超过国际经验标准。1980 年到 1990 年十年间,香港产业结构发生了变化,第三产业占主导地位,并不断加强,也促进了购物中心的发展。

香港1980年与1990年产业结构对比　表 2-1

年份	第一产业占比（%）	第二产业占比（%）	第三产业占比（%）
1980	1.1	31.8	67.1
1990	0.34	24.1	74.5

(2) 发展特征

此发展阶段香港购物中心呈现以下四个特征(图 2-16):

第一,集写字楼、酒店、购物中心于一体,脱离了购物中心单独发展的模式;

第二，购物中心人流得到充分整合，地铁站与巴士站在购物中心转乘，写字楼、酒店与购物中心出入口相连。

第三，功能更加复合，尽可能容纳休闲、娱乐、商务、旅游等非购物元素，满足一站式需求。

第四，购物中心整体档次提升。

图 2-16　香港购物中心快速发展阶段的四个特征

3. 主题化发展阶段

1998 年至今是香港购物中心主题化发展阶段。这一阶段，香港购物中心趋向饱和，竞争激烈，新晋购物中心纷纷变化，通过主题化定位，开始专注细分市场。如 APM 时尚之都，IFC MALL 国际金融商场等。

二、香港购物中心开发特征

香港购物中心开发有如图 2-17 所示的 8 个特征。

特征 1．不建面积超过 20 万平方米的购物中心

香港的购物中心开发有两个基本原则：

一，合理控制商业规模和运营风险，采取分阶段开发。

现阶段开发的购物中心面积适应当时的市场规模和容量，不求一步到位，分地块分期开发，为未来预留发展空间。

二，分散经营风险，不建设巨型购物中心。

面积巨大的购物中心一是增大了投资压力，二是增加了开发风险。另外，购物中心进入运营后，巨型购物中心会由于运营成本高，而增加运营压力。

02 购物中心发展概况

特征1	· 不建设面积超过 20 万平方米的购物中心
特征2	· 社区型购物中心占总数的 80%以上
特征3	· 将档次最高的购物中心开在甲级写字楼及银行最集中的地方
特征4	· 软性投资占据购物中心整体投资的 10%以上
特征5	· 购物中心 20 分钟商圈之内的客源要做 80%的生意
特征6	· 购物中心开发跟着地铁走
特征7	· 占据地铁出口与巴士换乘站,让地铁人流在此换乘
特征8	· 利用旅游经济的客源拉动力使购物中心成为旅游景点

图 2-17 香港购物中心开发特征

香港各购物中心建筑面积　　　　　　　　　　　　表 2-2

名称	建筑面积（m²）
海港城	约 17.6 万
太古广场	约 6.6 万
时代广城	约 8.7 万
又一城	约 9 万
太古城中心	约 10 万
旺角新世纪	约 6.7 万
荷里活中心	约 5 万
德福广场	约 7.4 万
青衣城	约 4.6 万
新都会广场	约 5.6 万
新城市广场	约 15 万
屯门市广场	约 7.9 万

特征 2. 社区型购物中心占总数的 80% 以上

香港购物中心有个显著的特点，就是社区型购物中心发达。在香港每个议会区都有自己的购物中心，社区型购物中心占到香港全部购物中心的 80% 以上。

香港一直在大力发展社区型购物中心。多数社区型购物中心，每到上下班后，或到周末，都人流涌动，车水马龙，证明香港社区型购物中心相当成熟，发展程度很高。社区型购物中心有能力留住本区居民，并营造良好的商业氛围。

在美国，购物中心的平均面积约为 11100 平方米，在日本，购物中心的平均面积为 14800 平方米，香港购物中心平均面积约为 50000 平方米。中国香港购物中心比美国、日本购物中心平均面积大，但仍以社区型购物中心为主。

美国社区型购物中心占其购物中心总数的 70%。相对而言，香港社区型购物中心占到香港全部购物中心的 80% 以上，所占比例更高。

特征 3. 在甲级写字楼及银行最集中的地方建高档购物中心

香港最高档的购物中心基本都位于甲级写字楼及银行最集中的地方。因为在此区域集中了全港最高收入的人群。其中最具代表性的有：置地广场、太古广场和 IFC MALL。

置地广场位于云集了 100 多家国际银行和甲级写字楼的中环区内，是香港著名的高档购物中心，是香港全球一线品牌的集散地，基本为全港独一无二的国际一线品牌，如顶级高档服饰等。

太古广场位于香港金钟金道 88 号，定位为高档区域型购物中心，周边有众多五星级酒店、甲级写字楼、银行。

IFC MALL 位于香港城市中心，与香港最高的新地标国际金融中心相连，是香港国际金融中心组成部分之一，与国际银行、甲级写字楼、五星级酒店融为一体。作为领导潮流的购物中心，这里搜罗国际顶尖品牌，云集国际品牌名店达 100 余家。

特征 4. 软性投资占据购物中心整体投资的 10% 以上

香港发展商对建造购物中心的前期市场调研等工作非常重视。在项目市场调研、策划、定位、招商等环节都会借助专业顾问公司来做资源整合。

购物中心立项前会请专业顾问公司做如下工作以确保项目成功：一，认真、客观、系统的做项目的可行性研究；二，做充分的项目市场调研；三，做商店组合测试。购物中心前期研究投资，占到购物中心整体投资的 10% 以上。专业顾问公司介入项目的前期工作是香港购物中心取得成功的关键。

02 购物中心发展概况

香港购物中心软性投资构成   表 2-3

项目	内涵
前期研究费用	市场调研
	财务顾问
规划设计费用	商业经营规划
	保全措施规划
	停车动线规划
	设备维护规划
	环保措施规划
运作管理费用	建设管理
	广告与媒体计划
	公关计划
	招商运作

特征5. 香港购物中心商圈核算使用二八原则

香港购物中心在开发建设之前会做十分精确的商圈核算。作为城市中心的购物中心，香港购物中心信奉的一个基本商圈原则就是：20分钟商圈之内的客源要做80%的生意，这一原则被称为香港购物中心"二八"原则。

香港购物中心并不相信太远的边缘商圈能带来巨大的人流，所以在客源半径上，会致力于扩大20分钟核心商圈的作用，而将30分钟次要商圈及1个小时边缘期望值降低。

香港购物中心选址商圈原则   表 2-4

原则	说明
最短时间原则	购物中心应当位于人流集散最方便的区位。随着交通改善，购物者的活动范围大大增加，因此距离已经不是决定购物者行为的主要因素，而更多地考虑购物过程所花费的行车时间
区位易达性原则	购物中心应分布于交通便捷、易达性好的位置。易达性取决于交通工具和道路状况
聚集原则	商业活动具有集聚效应，集中布置能够相互促进，以提高整体吸引力。城市人流、物流和城市社会经济活动的焦点常常成为优先选择的地点
接近购买力原则	购物中心要接近人口稠密区，又要接近高收入或高消费人口分布区

特征6.购物中心开发跟着地铁走

香港购物中心的开发,紧随地铁建设的脚步,地铁到哪里,购物中心开发就跟到哪里。在香港购物中心的开发战略中,"位置、交通"是最先要考虑的因素,也是最重要的因素,其重要性关系到购物中心建设的成败。

1979年以前,香港只有一家购物中心:海港城。随着1979地铁正式开通,香港购物中心的开发进入了崭新的时代,基本上地铁通到哪里,购物中心开发就跟到哪里。

香港购物中心的商圈呈现典型的地铁商圈特点,香港建在地铁轨道交通线路上的购物中心,占到总数的70%左右。

特征7.占据地铁出口与巴士换乘站,让地铁人流在此换乘

香港购物中心这一选址策略的精明之处就在于——最大程度上利用人流,并将人流迅速转换为购买力。地铁只是一种交通工具而已,如果购物中心只将地铁视为一种交通工具,而地铁在地底下快速通过,则地铁对于购物中心的意义并不太大。香港购物中心利用地铁使购物中心成为地面的人流和地铁人流交汇的场所,购物中心就成为地铁与地面交通工具的换乘站。

特征8.利用旅游经济的客源拉动力使购物中心成为旅游景点

旅游经济在香港占有相当重要的地位。2004年,香港旅游人数达2181万人,香港成为世界旅游之都,为促进经营,增加营业额,香港购物中心十分重视旅游经济。时代广场购物中心位于铜锣湾,是该区域最大的购物中心。时代广场在利用旅游经济拉动方面十分有经验,时代广场曾被列为香港十大旅游景点之一,已成为外地游客观光、购物必去地之一,其中内地游客更是成了商场客流的主要来源之一。

时代广场主要入口处有3000平方米的室外露天广场及大型电子屏幕,在此连续十年举行了除夕夜"苹果倒数"迎新活动,成为香港迎新狂欢的代表性场景,时代广场的众多设施具有旅游观光特色,如内部设有全亚洲首座环形电梯,让人倍感新奇。

购物中心选址分析

操作程序

第一节 购物中心开发位置选择
第二节 购物中心商圈选择分析

本章使用指南

购物中心选址要从以下两方面考虑：

一方面，由于购物中心体量有一定的规模，需要一定的客流支撑，而商圈、当地消费群体、交通等选址因素不同，所形成的客流量也不同；

另一方面，因为购物中心是"商业"与"地产"两大产业链的融合体，商家，尤其是零售业巨头，对于在什么地点"落脚"都有自身的选址要求和标准，开发商在项目选址过程中，应加强对现代商业业态的了解，务求与商家轻松对接。

第一节　购物中心开发位置选择

购物中心可以创造很好的收益，但不是每一块土地都适合做购物中心开发。不同规模、不同类型的购物中心对交通、周边消费环境、商业氛围均有不同要求。假如交通条件、周边消费环境、商业氛围和购物中心的规模、类型不匹配，开发商选择这样的土地开发购物中心将面临风险。

一、购物中心位置选择的四个原则

购物中心的位置决定其易达性，并直接影响商圈范围。因此，购物中心用地应符合商业用地选择的一般区位原则（图 3-1）。

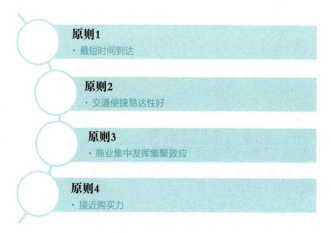

图 3-1　购物中心位置选择的原则

原则 1. 最短时间到达

购物中心应当位于人流集散最方便的区位。商业活动的基本前提是商业与购物者面对面进行交易。所以，传统商业建筑都混杂在居民区中间，但随着交通改善，购物者的活动范围大大增加，距离已不再是决定购物者行为的主要因素，购物过程所花费的行车时间却成为更多要考虑的因素。

03 购物中心选址分析

原则 2. 交通便捷易达性好

商业用地一般应分布于交通便捷、易达性好的位置。易达性取决于交通工具和道路状况。

原则 3. 商业集中发挥集聚效应

商业活动具有集聚效应，集中布置能够相互促进，以提高整体吸引力。城市人流、物流和城市社会经济活动的焦点常成为购物中心优先选择的地点（图 3-2）。

图 3-2 购物中心优先选择的地点

原则 4. 接近购买力

商业用地既要接近人口稠密区，又要接近高收入或高消费人口分布区。维持商业设施存在的最低服务人口数量称为人口门槛。

二、购物中心区位选择分析

为判断用地是否值得开发，需要收集和分析用地周围必要的经济和人口基础资料。这些基础资料主要包括如图 3-3 所示的 6 个类别。

图 3-3 购物中心区位分析的基础资料类别

类别1. 购物人口分析

对拟开发地区的经济潜力和经济状况进行分析，分析内容为：第一，用地附近是否有可以依托的大量居住人口；第二，用地附近人口的收入；第三，人口购买力状况；第四，消费习惯和消费心理。

人口增长是一个动态过程，变化包括人口自然增长和迁移，需要做动态预测。然后才是对人口收入与购买力调查，分析人口组成和消费习惯。值得注意的是，低收入者不一定是低消费者，也有可能是高消费者。

（1）商圈的人口类别

购物中心在其特定商圈范围内服务的对象，即顾客来源，可分为如表3-1所示的三部分。

● **商圈的人口类别**　　　　　　　　　　　　　　　　　　　　表3-1

类别	说明
居住人口	指居住在项目附近的常住人口，这部分人口具有一定的地域性，是核心商圈内基本顾客的主要来源
工作人口	指那些工作地点在项目附近的人口，这部分人口中有不少对购物中心形成购物、休闲的习惯，他们是次级商圈中基本顾客的主要来源。一般来说，在购物中心附近工作人口愈多，商圈规模相对扩张越大，潜在顾客数量就多，对购物中心经营越有利
流动人口	指在交通要道，商业繁华地区，公共活动场所过往的人口。这些流动人口是构成边缘商圈内顾客的基础，一个地区的流动人口越多，在这一地区经营的购物中心可以捕获的潜在顾客就越多

（2）消费者生活结构

● **消费者生活结构**　　　　　　　　　　　　　　　　　　　　表3-2

内容	说明
人口结构	不仅要关注目前人口，对过去人口的集聚、膨胀的速度以及将来人口结构的变迁也要重视。如在区域内规划建设高校，人口增加的速度和人口结构变化将非常快，将直接影响整个区域的消费行为，而且对业态的设计产生重大影响
家庭户数构成	可洞悉城市化的发展与生活形态的变化。如这几年通州区许多项目吸纳了大量的城市搬迁户和中央商务区小白领，在短时间内扩大了人口规模

续表

内容	说明
收入水平	根据收入水平确定消费的可能性、消费能力以及目前消费处于什么样的状况。例如，个人年收入在2万元的消费者和5万元的消费者相比，他们选择服装的购买场所完全不同。前者选择以市场，而后者主要选择地点是购物中心专卖店和百货商场
消费水平	消费水平是地区内消费活动的直接指标，对零售业来说是最重要的衡量指标。消费水平决定商圈内消费购买力状况
购买行为	一是可以了解消费者经常在哪里消费以及消费的主要商品和服务；二是知道选择商品和服务的标准，以便对该地区的消费意识作深入探讨

（3）消费群体范围与购物中心类型的关系

购物中心分类评估条件有很多，根据消费群体范围即客源范围规模大小而定也是其中的一种分类方法（表3-3）。

消费群体范围与购物中心类型的关系　　　　　　表 3-3

购物中心类型	客源范围的消费人数
区域性或大型购物中心	超过10万人次
地区性或社区性购物中心	4万人次以上
地方性或邻里性购物中心	1万人次左右

类别2. 交通条件分析

城市道路交通是联系顾客与购物中心的载体。交通条件是未来购物中心经营成功与否的重要影响因素。对于中国购物中心市场来讲，因为人口规模庞大，私家车大规模增长，这一因素就特别关键。

交通条件分析包括交通易达性、交通通达性、交通功能性、停车问题、道路类别五方面（图3-4）。

（1）交通易达性

交通易达性指交通便捷程度，主要取决于购物者从起点（一般是家里）到购物地点所花费的时间。交通易达性分析确定的距离是指汽车花特定时间所行走的距离。从不同地方来到购物中心，理想的行车时间应当控制在10～30分钟之间。为有效确定行车时间，有必要测试汽车到该地点所花的时间，并根据所花费时间绘制等时间距离图，以此确定该地点的商圈覆盖范围。

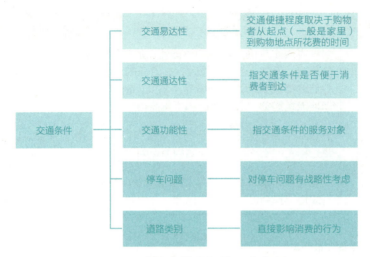

图 3-4 交通条件分析的五个方面

（2）交通通达性

交通通达性主要指交通条件是否便于消费者到达。购物中心作为集购物、餐饮、娱乐、休闲于一体的现代商业形态，经营期间必然面对大规模的消费者，而大规模的消费者也意味着对购物中心项目地块周边及区域交通有相应要求。假如交通条件差，通达性不好，消费者无法大规模顺利到达，那么项目就会面临经营风险。这样的情况一旦出现，就说明开发商土地决策有问题。

对于城市中心购物中心来讲，规模越大，对公共交通条件的依赖越高。如果项目属于一个城市中心的 SHOPPING MALL，那么从长期发展眼光看，地铁交通对于其成功将产生重要影响；对于郊区购物中心，尤其是郊区 SHOPPING MALL 来讲，如果项目地块无法和快速路、高速公路形成直接连通或周边交通体系不通畅，其长期经营也会出现问题。

对大型购物中心来讲，除被动适应客流规律之外，还可以在原有路网基础上加以改善开发。所以，有开发前景的区域中，能开辟新的道路交通系统，主动地引导客流、制造客流，进而创造新的商业环境的地块也是可以考虑的。

（3）交通功能性

交通的功能性指交通条件的服务对象。交通功能性问题对购物中心选址的影响是目前开发商普遍忽视的问题。大家普遍认为交通条件越好，对购物中心的成功运营越有利，所以出现交通枢纽地段竞相开发购物中心的情况。

便利的交通条件对购物中心来讲必不可少，但当区域交通成为交通枢纽，尤其成为汽车终点站、长途客运站乃至火车站时，这些地方开发中高档购物中心就会相应受到影响。

03 购物中心选址分析

（4）停车问题

从长期发展的角度，购物中心项目对停车的要求必然呈现增长趋势，无论是区域停车条件还是项目自身，都势必关注到中国汽车市场成长对人们消费方式产生的影响，以及中高端消费与私家车紧密联系的必然结果。

美国大型购物中心停车位的配置有些达到每一万平方米500个停车位或更多，国内购物中心对停车位的要求显然还达不到这样的水平。如果开发商不能对停车问题有战略性考虑的战略思维，加上国内现有规范的停车位配置，购物中心项目最终面临的经营风险不可回避。

> **链接**
>
> 传统的城市中心区是人口集中的场所，道路交通设施优于城市郊区，因此城市中心区提供了相对完善的购物机会。工业革命之后，随着人口的进一步集中，城市中心区变得过分拥挤，环境恶化，交通堵塞。而与此同时，由于郊区高速公路网的建设大大提高了郊区的交通易达性，出现了人口居住郊区化的趋势，把大量消费人口从城市中心区带到城市郊区，商业设施在郊区大量兴起，引起了零售额的重新分布，城市中心区和城市郊区展开了竞争，对购物者来说，可以选择去城市市区或郊区购物。可见，城市中心区与城市郊区的商业区位状况发生了明显的变化。
>
> 用地选择除了考虑上述商业建筑的区位因素之外，还要考虑自身的特点。购物中心为了满足多种功能需求，要求占地面积很大。购物中心对汽车的依赖性非常强，要求有大面积免费停车场，郊区用地比较宽松，城市市区则缺少这种用地优势，用地获得比较困难，用地比较拥挤。

（5）道路类别

道路类别是位置选择的第一要素，其直接影响消费的行为。道路依用途可分为交通枢纽、连接通道、交通干道、商业干道（图3-5）。

图3-5　道路的4种类别

像王府井大街是全国著名的商业干道；朝外大街兼具有商业干道和交通干道的双重功能。对购物中心选址来说，商业干道是最好的道路类别，其次就是靠近商业区的交通干道。

类别 3. 用地经济状况评估

用地的可获得性指开发商是否能够控制或者获得用地使用权。

对于一块符合区位选择的用地是否适合购物中心开发，需要对用地的经济状况进行综合分析：

第一，如果用地的所有者不止一个，需要获得每一个所有者的认可。

第二，需要分析用地的合理价格或租金，决定是否值得购买并能够获得投资回报。

第三，用地必须允许进行零售开发，如果是非商业开发用地，需要考虑是否具有改变用地性质的可能性。

> **链接**
>
> 城市规划中已经按照功能把用地分为居住、工业和商业用地，但是在某些情况下，改变用地性质是有可能的，特别是与居住配套的商业开发。由于大型购物中心往往会给周围的居民带来恐惧，他们担心购物中心的交通会打扰居住区宁静的街道。所以从长远考虑，改变用地性质除了要和规划部门接触之外，还必须处理好与居民的关系，消除它带来的不利影响。

类别 4. 周边消费市场分析

购物中心是集购物、餐饮、娱乐、休闲于一体的新型商业业态，所针对的目标消费市场均属于当地中端或中端以上的消费者。购物中心区位的选择，必须关注周边消费市场的消费水平。假如周边消费市场的消费水平比较低，那么购物中心就有可能不适合开发，或者阶段性市场不成熟。一个购物中心如果定位低端，也就不会有竞争力，因为其他各类市场在价格方面有绝对竞争力。

如果开发商在土地决策时忽视周边成熟商业的具体特点，以及周边消费者的整体消费水平，则很容易出现购物中心未来经营的产品和周边消费环境不匹配的情况，这种情况一旦出现，项目运作就不可避免地走入风险境地。

从全国各地的情况看，并不是所有城市都具备开发购物中心的条件，更不要说大型购物中心——SHOPPING MALL 项目。一些很小的城市，经济发展相对落后，开发商也进行 SHOPPING MALL 的开发，这些项目从决策开始就意味着风险，甚至是失败。

类别 5. 用地物理状况实地调查

对于符合区位选择的用地，还需要对其进行实地调查，对用地规模、形状、整体性、地形特征和地段的可进入性、地段周围环境等因素做进一步分析，判断其是否适合购物中心开发。

用地物理状况具体是指如图 3-6 所示的六类因素：用地的形状、平整性、可进入性和视觉可见性、周围情况、建筑的能见度和日照情况。

图 3-6　用地物理状况

因素 1. 用地形状

项目用地形状必须完整，比较规则，长宽比例适当。如果是三角形用地，则一些尖端部分可能不能有效地使用；零碎的用地不适合做购物中心开发。

因素 2. 用地平整性

购物中心要求用地竖向高差变化不宜过大，否则会给设计和施工带来一系列的问题，坡地的土方量将大大增加。

因素 3. 用地可进入性

周围的交通状况是否能够容易地从周围道路进入购物中心停车场。如果周围道路在高峰期会出现交通堵塞,需要看政府部门是否有意或开发商是否有能力和资金加以改善。如果不能,那么只能减少购物中心的规模,而这可能会影响今后的竞争力,有时甚至会因此放弃这块用地。

因素4. 郊区用地视觉可见性

郊区用地视觉可见性主要有两个审核标准:

第一,如果周围交通道路明显高于购物中心,则在道路上能看到购物中心的屋顶。屋顶上布满灰尘的管道和设备可能会导致项目吸引力下降;

第二,如果周围的道路低于购物中心,则树木和其他建筑或设施可能会遮挡购物中心,让驾车者忽略了购物中心的存在。

购物中心的可见性不好可能会带来很大不利,虽然大型购物中心可以通过广告加以补偿,但是,可视性不好的用地仍然必须在有足够其他优势时才考虑选用。

因素5. 用地周边设施

项目周边设施调查,需要收集的基础资料包括周边相关设施是否齐备,是否存在竞争设施,服务商圈内将来可能会出现的竞争设施(图3-7)。

多数情况下竞争不可避免,而且一定程度的竞争也是允许的,因为单一的商业设施不可能吸收本地区的所有销售额。

另外,用地周围最好能够置于购物中心的控制之下。其他设施不应当干扰购物中心的营业活动,不能影响购物中心的外观形象,不能产生令人讨厌的噪声、气味和光线。

用地的物理状况对购物中心规划和建筑设计至关重要,一些不足之处需要在规划和建筑设计当中采用各种手段予以弥补。

图3-7 项目周边设施调查的对象

因素6. 建筑的能见度和日照情况

商业建筑能否让顾客容易找到,即商业能见度,是非常关键的要素,尤其是像购物中心这样的大型商业建筑。因为商业的根本目的是吸引顾客来消费,如果商业建筑不容易被找到或能见度差，就会影响到以后的经营。

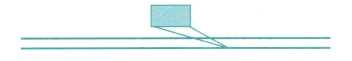

商业沿平直街道布置，一面临街，能见度较低
（一）

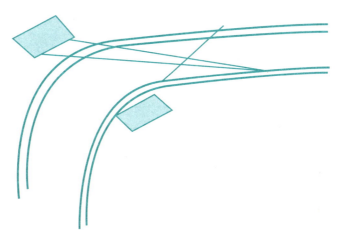

商业在街道弯曲处设置，能见度外圈大于内圈
（二）

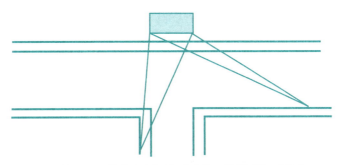

商业在"T"形道路交汇的顶头处，能见度相对较高
（三）

图3-8（1）

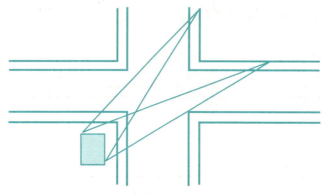

商业在十字交口处能见度极高，但应注意对城市交通的影响
（四）

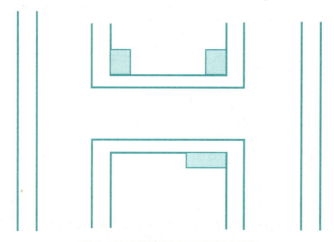

商业在商业街两端有较高的能见度
（五）

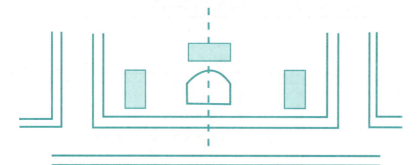

商业在公共广场的迎面处，能见度颇高
（六）

图 3-8（2）

03 购物中心选址分析

> **案例**
>
> 日照情况对商业经营也非常关键。日照有地区性的差别。比如,长沙市持续高温,许多消费者周末选择在商场购物躲避酷热,商业街区东面门庭若市,而西面因为西晒的原因冷冷清清。但北方地区商业选址时,西南面商业店铺非常好,因为北方低气温时间长,顾客更喜欢光顾西南面商业。

类别6. 周边商业环境分析

购物中心周边的商业环境对用地的选择影响较大。一般来说,处于如图3-9所示的四种情况的用地都应该慎重选择。

图3-9　周边商业环境影响的四种情况

(1) 商业氛围成熟地区不适合

购物中心的消费结构和很多传统的商业有差别,尤其和批发商业之间存在典型的冲突性,所以,购物中心项目拟选土地周边成熟商业氛围对购物中心项目土地决策有直接影响。

> **案例**
>
> 以北京南三环木樨园地区为例,周边经过长期成熟发展,已经形成典型的批发商业区域,周边批发商业所覆盖的商品类型有服装、办公用品、灯具、玩具等,有影响力的项目有京温市场、天雅服装市场、永外沙子口办公文具批发市场等,每年这些项目总的营业额达六、七十亿元。这样一个批发商业氛围很浓厚的地区,假如开发商想进行大型购物中心的开发,就得谨慎考虑周边市场的适应性问题。
>
> 该地区批发类型的商业特点,决定了核心"消费"结构主要是零售商户和部分个人消费者,这样的"消费"结构和购物中心消费结构有根本的区别,甚至是冲突。这样的话,开发商在此区域进行现代购物中心开发就有可能出现决策失误。

（2）竞争过于白热化的地区不适合

在商业密集的繁华商业区经过多轮淘汰，业已形成一定的商务格局和组合模式。如果进驻此类地区，开发企业要格外谨慎，商圈旺不代表所有的商业物业会同样旺。要审时度势，否则将会付出惨重代价。

> **案例**
>
> 广州天河路商圈为例，汇聚了维多利广场、天河娱乐广场、摩登百货广场、好又多购物广场、太古汇中怡时尚、天河城、宏城广场、正佳广场等多个商业物业，其规模及影响难以估计，竞争激烈程度也同样难以估计。曾有业内人评价该商圈过于白热化，很可能会面临重新洗牌和重新定位。

（3）批发业态发达处不适合

批发业态发达地区往往也是购物中心的禁区。

首先，此类地区人群层次复杂，商业需求多样，消费水平略低；其次，中国批发市场通常采用"批零结合"的销售形式，消费者既可大量批发，也可低价位零购，这一点购物中心无法做到。

（4）老城区谨慎对待

传统老城区往往沿用沿街小商铺的经营模式，业态分散难以形成批量消费人群。缺乏新型商业元素，通常还具有交通欠发达、街道狭窄、人口老龄化、消费水平低等不利因素。如果开发用地位于这类地块也需谨慎对待。

> **案例**
>
> 广州新中国大厦的友谊商店，项目位于人民路，周边大量的老旧居民区，老年人口居多。开业不到半年，就被迫将营业时间改在中午1点到晚上8点；又苦撑了不到半年，无奈之下已改成批发市场。

三、不宜开发购物中心的6种地形

购物中心选址应注意6种不适合项目开发的地形：

03 购物中心选址分析

地形1. 快速路旁无缓冲区

周边道路是购物中心"大动脉",确保人流、车流进出。如果紧邻快速路,周边车辆流动性高,驻留时间短,空间距离移动大,则无法吸引人流进入购物中心。

地形2. 高架路、立交桥下

高架路、立交桥令车速提升,车流量加大,驱散人气。如果恰逢"肠梗堵"路段,矛盾会更加突出。以广州新中国大厦为例,项目位于仁济路,紧邻人民路高架桥,几经改造业绩一直平平。曾有专家质疑高架桥缓解了中心城市的交通压力,是否值得以毁掉一个商业区为代价。

地形3. 斜坡顶

攀爬斜坡或下坡也是购物中心选址的禁忌。一般顾客会刻意避免这样的入口,这主要考虑的是顾客的消费心理。

地形4. 台阶太高

民间有句吉祥话"步步高升",但在商业物业设计中却是一大禁忌。人的惰性决定了消费习惯,台阶过高会产生阻挡人流的效果。

> **案例**
>
> 以广州中华广场为例,其正门与地面平行,人流极大;而侧门方向约有10级台阶,虽然商铺均临街,但人流却始终不旺。

地形5. 火车站汽车站旁

火车站和汽车站是大规模人流集散点,这样的地点具有两大优势:其一是交通优势有利于货物的运输;其二是人气旺客源丰富。但弊端也同样显而易见:其一,缺少固定消费群,车站周边都是带着大量行李的匆匆过客,很少集中购物;其二,消费群体的消费能力处于低端(图3-10)。

在这类地块开发购物中心也需审慎调研。一般餐饮业较适合这类地区。

优势	弊端
· 交通优势有利于货物的运输 · 人气旺客源丰富	· 缺少固定消费群，过客很少集中购物 · 消费群体的消费能力处于低端

图 3-10　火车站和汽车站的地方分析

地形 6. 非人流必经的地下商业地段

地下商业在中国香港、日本等地非常发达，这主要有赖于当地发达的地铁网络。从一定程度上讲，地铁是购物中心的输血管，而购物中心又是地铁人流的聚散中心。

案例

广州的"流行前线"是一个比较成功的地下商业项目。项目地处广州市中心中山三路与较场西路交汇处，与地铁直接相通，是地铁到广州第二大购物中心——中华广场的必经之路。不足 10000 平方米的营业面积，每天人流却约在 5 万～8 万人次。

第二节　购物中心商圈选择分析

商圈是商业吸引顾客的空间范围，也是消费者到商业场所进行消费活动的时间距离或者空间距离。购物中心的商圈分析有两个目的：一是为锁定目标消费群体；二是为分析各业态在商圈内的分布，确立各业态在购物中心的配比，从而确立主力店的招商策略。

一、购物中心商圈的三个层次

购物中心商圈是指以该购物中心建筑为圆心，以周围一定距离为半径所划定的范围。这是原则性标准，在实际从事商圈设定时还必须考虑经营业种、商品特性、交通网分布等因素。

进行商圈分析的目的有三：一是明确该商业区或购物中心的商圈范围；二是了解商圈的人口分布状况及生活结构；三是在此基础上行预测经济效益。

以开发项目购物中心为中心点，可以将商圈划分为如表 3-4 所示的三个层次。

商圈的三个层次　　　　　　　　　　　　　　　　　　　　　　表 3-4

商圈层次	位置	辐射半径	包含购物中心的顾客
核心商圈	最接近购物中心的区域	1km 左右	占总数的五成到七成
次级商圈	位于邻近商圈的区域	3～4km	占总数的 15%～25%
边缘商圈（辐射商圈）	位于外围商圈的区域	7km	零散顾客

二、购物中心商圈分析的三个基本内容

1. 商圈人口特点分析

商圈人口特点考察的对象主要有以下因素：商圈内的人口规模、家庭数目、收入分配、教育水平、年龄分布，以及人口发展趋势等情况。

这些资料的获得渠道为政府人口普查、购买力调查、年度统计等资料。从国外购物中心项目的目标市场来看，购物中心的消费阶层主要是中产阶级。根据这一点，考察的重点应放在商圈内高收入家庭的数量及其相关需求特征上，搜集此类消费阶层在商圈人口中所占的比例。如果商圈内以中、高收入的消费阶层占主流，则该商圈适宜发展购物中心项目。

2. 商圈经济基础特点分析

研究商圈经济基础特点主要考察：区域内经济发展前景与产业多元化程度（图 3-11）。如果商圈内产业多元化，则零售市场一般不会因某产品市场需求的波动而发生相应波动；如果商圈内居民多从事同一行业，则该行业波动会对居民购买力产生相应影响，商店营业额也会相应受影响。因此，要选择行业多样化的商圈作为项目选址依据。

图 3-11　研究商圈经济基础特点主要考察因素

3. 商圈竞争状况分析

商圈竞争状况分析主要考察的因素是：现有商店的数量、规模、新开店的发展速度、各商店的优势与劣势、近期与长远的发展趋势。要注意的是，应该将这些指标与地区的人口数量和增长速度联系起来综合分析，不能只看绝对数值。

三、购物中心主力店商圈选择分析

经过多种条件的筛选，项目所在地块适合开发购物中心，但如何选择业态组合，需要再进一步对项目所在商圈的情况进行分析。具体分析包括如图 3-12 所示的 7 项内容。

图 3-12　购物中心主力店的商圈选择分析

内容 1. 城市的可进入性

目标消费市场的消费需求很清晰，经营的产品、服务已经形成标准化，运营体系成熟的商业企业，其良好运营所需要的目标消费市场达到相应的规模，这样的城市视为具备可进入性的城市。

城市可进入性无疑属于开店选址要素中最具战略性的要素。如果这个城市消费奢侈品的目标消费者的数量太少，也够支撑一个酒店里面 2000 平方米的精品街，而高档百货店出现在这个城市就一定会因为忽视可进入性战略导致经济损失。

内容 2. 商圈消费水平

商圈消费水平，指商家在确定可进入的城市选择有自身产品、服务消费能力的消费者集中的商圈作为备选商圈。目标消费者聚集在什么区域,未来开店选址就需要针对这些区域。

需要指出的是,消费者聚集在什么区域,根据不同的业态,有不同形式的表现,或者是目标消费者居住的聚集,或者是目标消费者游逛、消费认同的区域。

内容 3. 商圈消费规模

在对商圈消费水平做出清晰选择后,后面的问题就聚焦在对目标消费市场规模的判断上。在拟选择的商圈,符合商家需要的目标市场规模有多大,直接决定这个店可不可以开,以及开多大,等等。

商业零售企业选址过程中对商圈消费规模的判断显得尤其重要,超市大卖场、生活超市、建材超市、电器卖场都体现不同的商圈消费规模要求,这些业态的共性在于普遍属于目标性或便利性消费。

目标性或便利性消费对消费规模有相对清晰的要求,虽然存在扎堆的群体效应,一旦商业规模超过商圈消费规模,必然有商家会发生亏损。所以,提供目标性或便利性消费的商家尤其需要关注消费规模问题。

另外,百货、娱乐等休闲消费业态的商圈范围往往超越物理商圈的概念,甚至是跨越区域、覆盖城市。在这种情况下,消费规模完全区别于物理商圈的概念,是商家必须关注的问题。

内容 4. 商圈消费结构

任何商家在开店选址之前必须要做到两点:第一,结合自身经营的复杂性考虑商圈消费结构;第二,看商圈消费结构和自身经营产品和服务的匹配程度。如果缺乏基本的匹配性,就必须谨慎考虑是否开店的问题。

内容 5. 商圈竞争市场状况

商圈竞争市场状况指商业企业拟选定的商圈范围内和自己定位相同、相似的商家店铺数量、经营以及拟开店状况。商圈竞争市场状况对于商家开店选址有直接的影响,如果对商圈竞争市场状况缺乏足够的信息把握能力,势必导致竞争成本增加,甚至直接导致开店失败。

不同业态的商家对竞争市场的关注程度不同,比如一定数量的百货商家聚集实际上有利于共同繁荣商圈。所以,对商圈竞争市场的关注更多集中在产品差异化和营销差异化上。超市卖场对商圈竞争市场状况的关注则更多在市场份额的可行性上,这属于关系存亡的决策。

内容 6. 拟选址工程技术条件

商家结合自身经营需要、经营特点，往往会有对商业地产项目工程条件技术的明确要求，统称为商家选址的工程技术条件。商业项目的工程技术条件主要体现为六点：面积、层高、荷载、柱距、车位，餐饮企业还会关注排污等设施条件（图3-15）。

需要指出的是，即使同一类商家，对工程技术条件的要求也不同。所以，商业地产项目规划建设需要在前期进行准确的市场定位，并根据未来可行的商业功能进行有针对性的规划设计。如果能够在规划阶段就确定招商方案，将会最大限度地满足商家的技术要求，避免因技术条件不符合导致商家无法进驻。

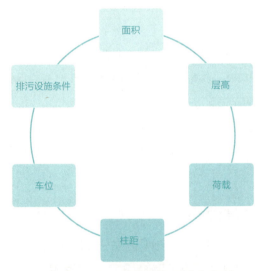

图 3-15　商业项目的工程技术条件

商家对工程技术条件的要求，实际上也并非一成不变。毕竟市场在变化，商家的变化是否合理也牵涉今后的良性经营问题。

内容 7. 拟选址商业综合条件

拟选址商业综合条件指商家拟选定的商业项目整体的规划、定位、主力店的框架、管理机构及商家的品牌知名度等。

商业具有典型的借势造势的特点，充分借势已成为商家抵御市场风险、扩大市场收益的有效途径之一。

商家谋定市场的重要参照有三个：选址过程中整个项目是否有专业化操作；项目是否有长期价值；是否能根据市场变化清晰判断出市场机会。

购物中心前期策划

操作程序

第一节　购物中心市场调查的主要流程
第二节　购物中心项目定位
第三节　业态组合

购物中心前期策划的主要工作包括四项：全面开展市场调研，对项目进行准确的产品定位，加强产品策划力度，进行经济测算。这四项工作内包含的具体工作是：

市场调研要求明确区域市场宏观环境调研方向、把握区域市场及项目地块调研重点、细化消费市场调研对象；

准确的产品定位要求深入分析项目竞争力、研究同类标杆项目、综合评定项目整体定位，确定项目的盈利模式；

产品策划要求准确把握产品设计理念、提供权威的产品设计建议；

经济测算包括严格的投资估算和财务评价。

全面开展市场调研	对项目进行准确的产品定位	加强产品策划力度	进行经济测算
·明确区域市场宏观环境调研方向 ·把握区域市场及项目地块调研重点 ·细化消费市场调研对象	·深入分析项目竞争力 ·研究同类标杆项目 ·综合评定项目整体定位 ·确定项目的盈利模式	·准确把握产品设计理念 ·提供权威的产品设计建议	·严格的投资估算 ·财务评价

图 4-1　购物中心前期策划的主要工作

第一节　购物中心市场调查的主要流程

购物中心市场调查的主要流程如图 4-2 所示。

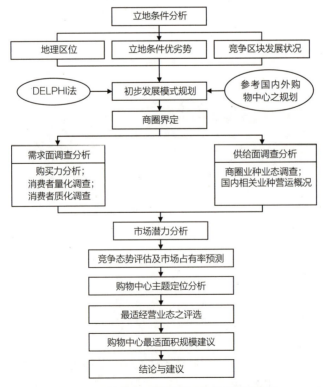

图 4-2　购物中心市场调查分析流程图

一、立地条件分析

立地条件分析包括三项：项目地理区位分析，立地条件优劣势分析，竞争区块发展状况评估。

1. 项目地理区位分析

◉ 项目地理区位分析的主要内容　　　　　　　　　　　　　　表 4-1

项目	内容
基地位置	说明购物中心基地坐落的位置、全区面积、土地使用分区、基地临路状况、地势、地形等
都市发展状况	根据购物中心所在地区的综合发展计划，说明目前该地区的土地使用现况包括商业区、住宅区、工业区等
交通运输系统	说明购物中心所在地区与其他县市乡镇的相连状况及交通运输系统，包括铁路运输、道路运输（例如高速公路、快速道路、省道、县道等主要道路以及次要道路）、海空运输等

2. 立地条件优劣势分析

◉ 立地条件优劣势分析的主要内容　　　　　　　　　　　　　表 4-2

项目	内容
四周环境	说明基地所在位置的主要特色，例如，与学校正对面、紧临某一重要道路、邻近客运车站、附近属于商业繁荣区域等
商圈变化	说明购物中心所在地区商业环境的发展状况，以掌握未来商圈变化趋势，明确购物中心所在商圈的成熟度
相关公共设施	分析并评估购物中心所在地区相关的公共设施建设计划及其可能产生的影响，包括地区综合发展计划、工业区开发计划、铁公路开发计划、都会公园计划、港口扩建计划等
未来发展	分析并评估购物中心基地周边土地利用未来发展状况，例如附近重划区陆续开发后约可增加容纳的进驻人口，以提升购物中心的消费人口

3. 竞争区块发展状况评估

竞争区块发展状况评估　　　　　　　　　　　　　表 4-3

竞争区块	分析内容	举例
发展时机	分析并评估购物中心所在地区的发展时机	随着交通运输系统的完成规划与建设、产业发展及新市区开发而日益繁荣
发展优势与劣势	优势分析	例如购物中心土地所有权完整，利于本案整体开发规划；配合外围相关设施开发，可有效聚集人潮；位居交通枢纽地带，可吸引附近活动人口；可结合邻近观光资源，提高集客力等
发展优势与劣势	劣势分析	例如本区位属早期开发地区，市容景观较为老旧；道路系统因属早期规划，道路宽度略嫌狭窄，对于未来购物中心营运后将造成交通瓶颈，恐影响消费者前往消费的意愿等
与本基地的竞争	分析并评估购物中心邻近区域的购物中心开发计划	包括其基地条件、竞争性等

二、商圈业种现状分析

商圈业种现状分析包括如图 4-3 所示的 3 个步骤。

图 4-3　商圈业种现状分析的 3 个步骤

1. 界定商圈调查范围

商圈业态业种调查以购物中心基地半径 30 公里为主要调查商圈范围，涵盖第一、第二及第三商圈。选定调查商圈需同时考虑产品及市场条件，即选定的商圈可进行商场条件或区位条件模拟调查。

2. 明确商圈调查对象

调查各商圈重要商业中心建筑物半径 500 米内主要道路的所有业态业种，包括百货公司、电影院、娱乐场所、量贩店、精品专卖店、餐饮快餐、书店、衣饰、其他餐饮食品、其他百货、其他文教、其他休闲娱乐、其他电子电器用品、卫生医疗、家具装潢、金融、车辆运输及其他服务等各类行业分布，并进行业种及业态现况分析。

3. 分析商圈业种现状

将各调查商圈业种分布情形、平均单店面积、每日平均来客数、单店平均每月营业额、平均月绩效、主要客群、商品价位、营业高峰期、租赁状况及租金等逐一比较。其中，关于商圈业态、主要客群、商品价位及营业高峰期等四类调查内容则需要选择商圈中与本案开发相关的业种来分析。

商圈业种现况分析主要内容如表 4-4 所示。

商圈业种现状分析的内容　　　　　　　　　　　　　　　　表 4-4

分析内容	分析方法
商圈发展状况及趋势	对商圈经济发展做总体评述，并就未来发展趋势进行合理预测
商圈内各业态业种数量分布状况	统计第一、第二及第三商圈各类业种数量及分布位置，绘制成图
商圈内各业态业种营业面积	由第一、第二及第三商圈各类业种营业面积总和配比情形，了解各商圈业种的特有卖场规模
商圈内各业态业种营业状况	依据各商圈营业状况较具优势或存在弱势的业种，比较各商圈之间的经营特色以及同一商圈内各业种之间的营业状况比较
商圈内各业态业种主要客群	分析各商圈的主要客群为上班族、社会人士、家庭主妇、青少年、学生，或是全客群
商圈内各业态业种商品价位	了解商圈内各业态业种的商品价位属于高价位、中价位或低价位
商圈内各业态业种每日平均来客数及平均客单价	了解商圈各业种的来客情形，将有助于规划本购物中心的交通规划与未来财务分析预测
商圈内各业态业种营业额及绩效	由各商圈业种营业额了解商圈市场经营能力。由于本调查的营业额项目是采用抽样调查方式，可能存在从业者拒访的调查限制，故少数业种可能无法求得营业总额

续表

分析内容	分析方法
商圈内各业态业种营业高峰期	了解商圈内各业态业种平日或假日的营业高峰期，早上（6时至10时）、中午（11时至14时）、下午（15至17时）或晚上（18至22时）
商圈内各业态业种营业场所自有/租赁情形	了解商圈内各业态业种的营业场所自有以及租赁的比例状况
商圈内各业态业种营业场所月租金	了解商圈内各业态业种营业场所的月租金高低，例如百货公司的专柜品牌众多，其租金的决定主要于招商时双方议定抽成比例及租赁方式，且大多采用包底提成的方式

三、零售市场分析

零售市场分析主要包括需求分析和供应分析两方面（图4-4）。

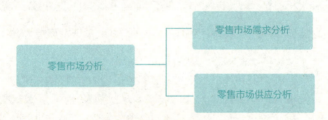

图4-4　零售市场分析

1. 零售市场需求分析

分析大都市区域经济基础，描述市场基本特征，包括宏观经济趋势、就业趋势、产业特征、经济活动预测、经济增长潜力和态势。

零售市场需求分析的具体分析内容如图4-5所示。

第一，都市商业网点分布和商圈特征，分析描述基本、次级和外围交易区域及其发展动态。

第二，调查每个交易区的人口、家庭、就业增长率和发展态势，包括家庭特征的趋势分析和推测，如家庭类型（群居、单身）、生活方式和年龄结构。人口指标对于判断区域消费潜力、评价商业物业供应量意义重大是，调查重点。

第三，调查和分析每个交易区域的收入特征。包括家庭和人均收入情况及可支配收入、购买力发展趋势及前景。

第四，顾客群的人口统计数据，它与交易区域内的常住人口统计数不同，应包括把游客、工作人员、旅客和商务旅行者考虑进来。

第五，分析交易区域的功能特征、需求商品和服务类型，以掌握产业链需求规律，为项目功能定位和招商定位打下基础。

图 4-5　零售市场分析的具体分析内容

2. 零售市场需求分析方法

购物中心市场服务区由该中心类型、规模、业态、周围竞争对手状况、人口密度、交通状况等因素决定。它的边界不一定规则，理想状况是同心圆，实际上则不一定，许多自然地物、道路等都可能成为其边界。

界定范围后需要收集不同服务圈层里的人口规模、居民户数、平均家庭收入、人均收入等数据，这些数据是进行市场分析的基础。

市场需求分析主要有如图 4-6 所示的 4 种方法。

- 比率——人口相乘法
- 单位零售房地产面积商品零售额比率比较法
- 马利兹亚城市商业房产需求预测法
- 房地产开发度指数（Power Ratio）法

图 4-6　市场需求分析的 4 种方法

方法1. 比率——人口相乘法

在一个城市区域内商品零售面积的人均需求量经验值乘以服务区总人口，得出市场需求总量。公式是：

$$市场需求潜力 + 调查区现有零售面积 = 总需求量$$

如果需求潜力大于零，即存在开发空间，开发可行。

方法2. 单位零售房地产面积商品零售额比率比较法

这个比较法的使用步骤是：

首先，统计商品服务区内的商品零售总额和零售房产总面积；

然后，对商品进行分类，统计不同类型商品（家电、汽车等）零售额、零售面积；

最后，将商品分类统计数据与商品零售总额和零售房产总面积进行比较。

根据这个步骤，可以发现某类商品单位零售面积零售额是否不足，从而判断市场是否处于饱和状态。

方法3. 马利兹亚城市商业房产需求预测法

该方法以"长期预测和短期预测都受就业增长直接影响，就业增长快预示商业房产有开发潜力"这一理论假设为前提。

马利兹亚模型将众多市场的影响因素分为两类：

（1）经济增长因素：在短期预测中可促进经济增长的因素，如区位优势、就业人口比率等；

（2）经济发展因素：能带动城市区域长远发展的因素，如教育水平、产业多样性等。

通过对以上因素的综合分析可以较为宏观地判断一个城市商业房地产的开发前景。

方法4. 房地产开发度指数（Power Ratio）法

一个大城市区域可以看成一个统一的市场，从而进一步划分成若干个二级市场，二级市场间存在着投资竞争，通过竞争分析可以找出各个二级市场的商业房地产市场投资饱和状况，该状况决定了某个二级市场取是否有商业房产开发潜力。

房地产开发度指数法通过对城市市场区零售房地产总面积、单元区零售房产总面积、城市平均家庭收入、单元区平均家庭收入等数据的分析可以具体得出某一单元区的商业房产需求量。

房地产开发度指数法分析步骤　　　　　　　　　　　　　　　　　　　表 4-5

步骤 1	确定购物中心类型
步骤 2	研究购物中心商品服务范围（街道、城市、地区）
步骤 3	调查在服务区范围内现有该种类型购物中心的商业楼面，包括已经出租的楼面、控制楼面的总量；调查服务区范围内的人口统计，居民收入和消费状况及单位楼面的租（售）价格
步骤 4	研究人口统计数据和经济状况，分析商品服务区内可以支撑总的商业楼面面积
步骤 5	比较服务区现有的商业楼面与该商品服务区可支撑的总商业楼面之间的差异，从而发现商业房产的开发潜力
步骤 6	根据商品服务区外具体情况的研究对上述开发潜力做进一步修正

发达国家成熟的房地产市场信息较为全面，城市区域经济数据获得相对较容易，因此商业房地产市场分析的经典方法可以得到较好地运用。但在界定购物中心的类型等环节时，市场研究人员的个人商业经验仍然起着重要作用。在市场分析过程中市场分析人员的主观判断仍不可缺少。特别是在休闲娱乐中心的定位上，市场分析过程更多表现为一种艺术，而不是一种技术。

此外在国内现阶段房地产市场不健全，宏观经济数据不准确、针对性不强，微观区域经济数据缺乏的情况下，我们必须结合现实条件创造性地应用商业房地产经典市场分析方法。

3. 零售市场供给分析

零售市场供给分析的步骤是：

第一，按购物中心类型，分类研究交易区域内同行业竞争性零售中心的位置、特征和销售业绩。

第二，按交易区域内零售目录，调查零售物业存量、吸纳量和销售量。

第三，调查分析交易区域内计划开发的零售物业特征和档次，还要研究潜在竞争对手的待开发地段。

第四，预测市场份额（市场占有率）和每平方英尺商品销售额，分析规划方案确定的物业特征、主力商店和购物中心规模。

四、初步经营业种比例试算

初步规划业种营业收入配比是根据市场调查（供给面及需求面）所试算出来的结果，其计算方式是根据购物中心的第一、第二及第三商圈内主要竞争商圈所进行的商圈普查（供给面），及购物中心内各商圈消费者消费特性调查结果（需求面）综合而得出。

1. 各业种每月消费总额比例试算

以商圈加权人口数乘以消费者调查结果中的各类业种的消费比例、每人每月平均消费次数及每人每次平均消费金额，可得各类业种消费者的每月消费总额比例，同理计算出消费者最希望增加的场所比例。公式为：

各业种每月消费总额比例＝商圈加权人口数 × 各类业种的消费比例 × 每人每月平均消费次数 × 每人每次平均消费金额

2. 最适合业种营业分配比例试算

供给面商圈各业种营业额的比例，与需求面的消费者最常去的业种的消费比例，再加上消费者最希望增加业种的消费金额的比例，三项比例平均之后，得出购物中心业种发展规划比例及面积分配比例。公式为：

最适合业种营业分配比例＝（最常去消费场所金额比例 ＋ 希望增加场所金额比例 ＋ 商圈各业种营业额的比例）/ 3

五、初步经营业种的评选

一般而言购物中心店面配置及预期招租业种规划，包括大型商店、专业卖场及小型商店。

大型商店主要为百货公司，主要提供中高水平的百货商品以满足多层需求；专业卖场则包括家具、家电、信息产品及玩具等大型专业卖场，提供专业性的服务；小型商店即泛指商场内所有的百货商店，服务类、文教类、娱乐类、餐饮类等商业单位所提供的服务。

大型商店及专业卖场多为著名商店，在商场中占用较大营业面积。主题商店的确定可能因其已有的商誉，吸引了其他同样具有优良商誉的一般租户入驻商场作为卫星租户，进而可以确立商场的良好形象。

04 购物中心前期策划

大型商店 百货公司
- 提供中高水平的百货商品

专业卖场 家具、家电、信息产品及玩具等大型专业卖场
- 提供专业性的服务

小型商店 商场内所有的百货商店
- 服务类
- 文教类
- 娱乐类
- 餐饮类

图 4-7 购物中心店面配置及预期招租业种规划

1. 业态业种组合应互补

购物中心的业种、业态的组合应力求互补效果。购物中心由于可以结合消费、休闲、文化等多元化功能,并且满足人们一次购足的需求,故整体商场规划应该是多目标、多功能的综合性经营形态的现代化购物中心。

整体规划上,经过"业种选择"、"业态掌握"、"功能提供"与"规模设定"等方面做各种组合,以显现整个购物中心的风格。

购物中心初步经营业种的评选依据 表 4-6

评选依据	具体操作
供给面调查	根据购物中心所在基地第一、第二及第三商圈的业种业态普查结果,筛选出商业功能较强的业种,并兼顾涵盖各类型的业种
需求面调查	根据第一、第二及第三商圈消费者意见调查结果,归纳各客群的特性、消费习性及潜力后,评选集客力强且具市场竞争力的业种组合
参考海外购物中心商场租户选择的经验	通过上述方式评选本案的最佳经营业种,并配合租赁管理,使店铺均能在有效的经营管理制度下运作,而购物者增加停留时间,获得更大的满足感,达到绩效相互补充的功能

2. 各业态比例要找到平衡点

主力店与次主力店、品牌店要相得益彰。

主力店是业态龙头店铺,主要可以拉动人气,合作期较长,但租金较低,对项目的贡献表现为对消费者的号召力;

次主力店和品牌店是业态补充,品牌专卖店租金较高,但合作期较短,主要贡献体现

为租金方面；

餐饮店对项目的贡献主要体现在延长消费者在购物中心的停留时间，拉动非购物消费者，但租金较低，合作期长于品牌专卖店；

文化娱乐商户对项目的主要贡献在于增加购物中心的文化氛围和互动气氛，但此类店铺要具有特色。

不同业态对购物中心的功用　　　　　　　　　　　　　　　表 4-7

业态	对购物中心的作用
中心商圈大卖场	拉人气
百货零售	提高项目品位
餐饮	延长消费者停留时间
文化娱乐	丰富消费者生活层次
品牌专卖店	满足消费者差异化需求
其他服务配套	弥补消费者一站式消费需求

六、最适合经营业种面积规模建议

市场调查所试算的初步营收配比是推算购物中心最适合经营面积规模的基础，主题定位、专家意见及未来购物中心发展趋势也是影响购物中心经营面积的重要因素。为使推算的结果更加合理及周全，最适合经营业种面积的调整系综合考虑上述四项因素而得。

初步经营业种试算的试算方式如图 4-8 所示。

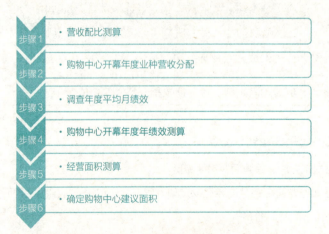

图 4-8　初步经营业种试算的一般步骤

步骤1. 营收配比测算

将消费者最常去消费场所金额比例、消费者希望增加场所金额比例及商圈各业种营业额的比例加总后除以3而得。

步骤2. 购物中心开幕年度业种营收分配

将购物中心开幕年度购物中心的预测占有率乘以购物中心开幕年度商圈市场潜力，可得购物中心开幕年度购物中心的营收额，再将营收额分别乘以各业种的营收配比，即可得出购物中心开幕年度各业种的营收。

步骤3. 调查年度平均月绩效

引用业种业态调查中的各业种月绩效，作为未来推算购物中心开幕年度年绩效的基础。

步骤4. 购物中心开幕年度年绩效测算

各业种购物中心开幕年度年绩效 = 各业种调查年度月绩效 × 调查年度某购物中心开幕年度市场潜力平均成长率 × 12

步骤5. 经营面积测算

将购物中心开幕年度各业种的营收额除以开幕年度各业种的年绩效即得经营面积，此经营面积是由市场调查结果所计算得出的。

步骤6. 确定购物中心建议面积

商场建议面积系经由市场调查结果、主题定位、专家意见以及考虑商场未来发展趋势后，调整而得的最适合经营面积规模。

第二节 购物中心项目定位

购物中心的定位是购物中心战略规划的起点。它所决定的不仅仅是购物中心的商业功能，更是购物中心的发展命运。人们习惯于把购物中心定位狭隘地理解为商业功能的定位。实际上，购物中心的定位是一个有机的系统工程，决不能简单地用商业功能来衡量界定。

一、购物中心项目定位的 5 个特性

购物中心项目定位应考虑如图 4-9 所示的 5 个特性。

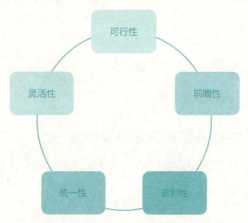

图 4-9　购物中心项目定位的 5 个特性

1. 可行性

在错综复杂的市场环境中，由于零售商所面临的外部环境和内部经营要素千差万别，特别是市场营销环境存在一些不可控因素，要求项目定位必须务实，从企业自身条件出发，确定既有自身特色又能发挥自身优势的定位。

2. 前瞻性

一般说来，企业从无到有、从小到大会不断向前发展。为了适应近期和远期的发展需求，零售商在确定自身定位时，必须做前瞻性考量，要具有一定的高度，既要考虑现实，更要考虑到现代生活方式的发展趋势，在公众中树立长久一致的企业形象。

3. 营利性

零售商确立定位，最终目的是为了赢得消费者，增加销售额，提高经济效益和社会效益。因此，零售商定位必须充分考虑到其所带来的效益，特别是合理的经营利润的多寡。这需要把定位策略尽可能与经济效益和社会效益挂钩，尽量选择成本少、费用低、环节少、销售多、利润高的定位策略，以节约开支、创造收益、提高营销活动的效益。

4. 统一性

零售商在市场营销活动的全过程中是一个有机的整体，为了实现共同的经营目标，各部门、各环节必须统一步调、协调工作。这就要求零售商形象、商品、价格、服务等方面必须保持一致，形成统一的定位。

5. 灵活性

随着现代化进程的加剧和现代人生活方式的提升，消费者需求层次也相应地提高，需求心理也逐渐发生了变化。这要求购物中心须善于抓住机遇，审时度势，不断调整和完善自身的定位策略，变被动为主动，变消极为积极，以确保在市场竞争中立于不败之地。

二、购物中心定位的 4 个策略

购物中心定位有如图 4-10 所示的 4 个策略。

图 4-10　购物中心定位的 4 个策略

策略 1. 丰富定位

丰富定位不是要为顾客提供最多的商品，而是要在合理范围内为顾客创造充分选择的机会。因此，20 万平方米与 2000 平方米的商业面积都能实现定位的丰富性。依据购物中心业态组合的不同，在丰富定位下可细分为"主题化定位"与"综合性定位"。

主题化定位是指最大化聚合某一品类的商品，在此类商品中取得最丰富的优势；综合性定位是指融合多种功能业态，以一站式服务为顾客创造方便的策略。

策略 2. 流行定位

这里所指的"流行"，指的是大众时尚，是指拥有顾客刚开始大量购买对路商品的项目。20世纪七八十年代出生的人群已逐渐晋升为社会消费的主流力量。而国内的商业市场，目前在大部分城市中占据主导地位的仍是由国有百货商场延续下来的传统百货，其中的货品、布局方式等零售组合都是针对年龄较大的人群。旧有项目的迟缓反应为新兴项目留出了机会。

策略3．便捷定位

便捷定位的购物中心是指能够在方便的位置为目标顾客提供针对性购买机会的商业项目。便捷定位成功有两个要素：一是此位置是目标顾客能够便利到达的位置；二是购物中心的货品应该是针对目标顾客偏好而组合的业态及品牌。

策略4．低价定位

在国内人均收入水平相对不高、对价格敏感度相对较高的现状下，低价定位将会对顾客产生强劲的吸引力。

从世界范围看，沃尔玛、好事多、弗雷德斯等，都是以低价定位赢得市场的零售商。如果一个位于非城市中心的大体量商业项目，能够有效聚合低价定位的零售商，形成一个综合性的超值购买中心，则会对消费者产生较强的吸引力，能主动吸引更多目的性消费的消费者。

三、购物中心总体定位

购物中心总体定位可分成如图4-11所示的3类。

图4-11　购物中心总体定位的3种类型

1．休闲娱乐型定位

现代人随着生活品质的提高，越来越重视休闲生活，许多人把在大型购物中心逛街作为一种生活方式。基于这种需求，全球大量的被称为 Shopping Mall（购物林荫道）的大型购物中心广泛兴建,这一类购物中心虽名为"购物中心",但传统的购物设施所占比重趋于下降,休闲娱乐设施所占比重日趋提升。

休闲娱乐型定位的购物中心一般有如图 4-12 所示的 4 个特征。

图 4-12　休闲娱乐型定位购物中心的 4 个特征

特征 1. 休闲娱乐比重高

与现代人注重休闲的生活模式相适应,近年世界新建和改造大型购物中心中休闲娱乐类设施一般占到总量的 60% 以上,休闲娱乐已成大型购物中心的主导定位模式。

特征 2. 一般规模较大

要提供购物、餐饮、休闲、娱乐的一站式解决方案,必须有足够规模,现代大型购物中心的规模一般在 20 万平方米以上。

特征 3. 选址通常远离大都市中心区

由于都市土地成本较高,大型购物中心通常选址在郊外。同时,在郊外逛大型购物中心也是现代都市人渴望回归自然、回归田园生活方式的要求。

特征 4. 拥有非常庞大的停车场

大型购物中心规模庞大,需要大量的人流支撑,而地处郊外,必然要有足够的停车设施,因此,现代大型购物中心都拥有非常庞大的停车场。

2. 主题购物型定位

以购物为中心的主题购物型定位是多数购物中心的模式。

主题购物型定位的购物中心又可细分为如图 4-13 所示的 3 种类型。

图 4-13　主题购物型定位购物中心的 3 种类型

类型 1. 都市综合购物型

设在都市中心区，由众多中小店铺组成，有的还有 1～2 家较大的百货店、超级市场，经营多元化。

类型 2. 郊外大盒子中心型

在城乡接合部，由众多以大盒子形态出现的大型综合超市、名品折扣中心、大型专业店构成。

类型 3. 专业中心型

由经营同一品类商品的各种店铺集合而成，常见的有家居购物中心、玩具购物中心等。

3. 生活邻里型定位

生活邻里型购物中心一般设在社区的商业中心，其不仅仅是社区的商业中心，同时也是社区居民的生活中心、休闲中心和交往中心。

现代人生活水平的提升，生活品质的要求逐渐升级，越来越重视社区生活的便利、安全、环境，越来越重视健康、家庭、人际沟通。因此，人们需要便利的设施、便利的服务、安全的商品、安全的环境，在生活邻里型购物中心不仅能满足购物需要，还需要满足家庭休闲、社区交往的需要。

生活邻里型购物中心应当是现代都市生活方式的载体，除了以一站式满足社区居民生活消费的功能为核心，还应补充满足现代生活方式的各类商业、餐饮、健身、娱乐、休闲设施以及门类众多、配套较齐全的生活服务设施。

社区服务中心、派出所等政务机构也设在这里。这种多中心合一的形态既有利于城市空间利用效率的提高，还将有限的社区购买力集中起来，给所驻商家带来强大的人气。

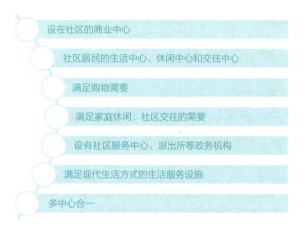

图 4-14　生活邻里型定位的特点

四、购物中心分项定位

对购物中心定位,可以在经营上满足多方面需要,其中最为重要的一点是满足市场竞争的需要。一个商业项目要在经营上取得成功,必须根据自身的特点和竞争优势,选择市场定位,集中力量针对某一特定区隔的目标市场开展经营活动,以求扬长避短,避免在自己的弱势市场上与强有力的竞争对手全面竞争,使手中资源得以集中,并发挥最大经济效益。

图 4-15　购物中心分项定位

1. 整体功能性定位

位于不同城市不同区域的购物中心，由于区位特征不同，其承载的基本功能及扮演的角色也会有较大区别。

国内购物中心的商业功能定位通常都是以购物为主，集餐饮、娱乐、休闲、文化、住宿以及商务于一体的一站式消费中心。从购物中心的本质来看，多元业态本身就是购物中心的主要识别特征。然而，多元业态并不是简单的业态叠加，购物中心功能定位是以目标市场的定位为出发点。

购物中心商业功能的定位，一方面要兼顾业态的全面性，注重不同业态的占比以及业态之间的有机互动；另一方面，要注意业态之间的有机互补性，业态之间的协调关联。只有这样才能更好地体现购物中心一站式消费的真谛。

体现购物中心各功能性的相关业态　　　　表 4-8

功能	相关业态
餐饮	中西快餐、中餐、西餐、冷饮、咖啡店、小吃店、酒吧、茶艺馆、特色店（如日韩料理店等）
娱乐	小型影视厅、卡拉OK、歌舞厅、游戏机、保龄球
休闲	书店、音乐城、文化廊、水族馆
服务	美容美发、桑拿、洗衣店、摄影冲印、健身、家电维修等

业态配比始终是由目标市场来决定。正大广场在商业功能转型的成功背后，实际上就是改善配套环境与弱化购物功能，提高餐饮、娱乐的业态比重。而改造之后的正大广场迅速将人流引至4楼以上消费区域，改善了整个项目的商业氛围，与之相应的物业租金收入也水涨船高，提升了整个项目的经营效益。

2. 目标市场定位

位于不同类型的城市以及城市不同区位的购物中心，目标消费人群的结构、消费能力以及消费倾向会有所差别，这必然会影响到购物中心内商业业态种类的选择及各业态的配比。

目标市场定位主要包括两个层面的内容：目标区域定位和目标消费群定位（图4-16）。

04 购物中心前期策划

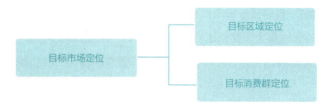

图 4-16 目标市场定位的两个层面

（1）目标区域定位

目标区域定位应该因地制宜，目标区域定位主要是对周边商圈区域范围的分析。简单讲就是购物中心吸引顾客的空间范围。

常规目标区域市场定位往往是以项目所在地为圆心，按照不同辐射半径来划分目标市场区域。通常一个购物中心的辐射范围往往会受到其所在城市的辐射力、购物中心自身主题的辐射强度，以及购物中心的竞争态势来决定的。

不是每个购物中心都能做到所谓的地标，也不是每个都一定要具有地标效应。

（2）消费客群定位

目标市场区域定位之后，需要通过细分市场来确定购物中心的目标消费群体。定位目标消费客群，往往通过消费者类型、年龄、收入水平、文化取向等构成市场细分标准（图 4-17）。有效的市场细分不仅可以直接捕捉目标消费客群，同时也是差异竞争的根源所在。

图 4-17 定位目标消费客群的标准

3. 经营规模定位

购物中心在规模定位时应该兼顾与效益的平衡。一般情况下规模越大，租金越低。

15万平方米的商业，至少要5家不同业态的主力店，超过20家次主力店来组合。所以，规模要求最佳，不能求最大，要求比较效益。租金高，回报率高，才具有现实意义。

购物中心经营规模的定位受顾客疲劳程度、商圈购买力、产品品种三个因素的影响（图4-18）。

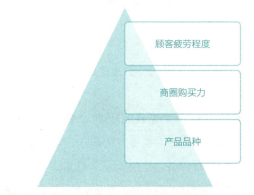

图4-18　影响购物中心经营规模定位的三个因素

因素1. 顾客疲劳程度

一般情况下，顾客在购物中心购物的时间不会超过3小时，超过这个时间就容易处于疲劳状态。顾客购物休闲的步速一般是30～40米/分钟，浏览购物的步行距离一般不超过7500米。超大型购物中心一般都会有充足的公共共享空间，当然购物中心情景环境也会直接影响到顾客的疲劳程度。

因素2. 商圈购买力

商圈购买力的影响因素包括：第一，购物中心购买力取决于商圈人口及其消费水平；第二，购物中心单位面积保本销售额与其经营成本和经营毛利率有关。

简单测算，单店的极限规模约等于商圈购买力减去商圈内竞争店分流的购买力，再除以购物中心单位面积的保本销售额。

因素3. 产品品种

目前我国现有商品品种约70万种，实际上一个购物中心所能经营的品种往往只占很小的比例。即使是一些超大规模的购物中心，其经营品种也不超过十几万种，而对于走特色化经营路线的购物中心，可供选择的商品种类则更少。如果购物中心规模过大，势必造成品种重复经营，降低购物中心单位面积销售额，从而影响整体经营效益。

04 购物中心前期策划

4. 主题特色定位

传统购物中心往往会忽略掉购物中心的主题特色,实际上鲜明的主题特色定位不仅能够塑造购物中心的差异竞争力,更重要的是具有创意与亮点的商业主题更能够放大购物中心的辐射半径,加强其辐射吸纳力。

购物中心不同的主题特色可以通过业态布局规划、景观设计、文化气质、商品服务等要素来诠释(图4-19)。

图4-19 诠释购物中心不同主题特色的四个因素

> **案例**
>
> LAFETETAMA购物中心(多摩法国购物城)。坐落于日本东京西郊南大泽,这个两层开放式的购物中心,由中央漫步广场与四个主题区所组成。
>
> 中央漫步广场一边紧邻着流行时尚、运动休闲、生活风格的专门店,另一边配置饮食店、餐厅、超级市场、园艺中心与小区教室,承租户包括本地及国际知名的品牌。这个购物中心因其独特的故事情景模拟设计吸纳了各个阶层的客层,包括E世代(因娱乐而来)、上班族(因聚会目的)与流行族(追求名牌商品)。开业至今业绩不断攀升,甚至成了一个著名的区域旅游项目。
>
> 多摩法国购物中心的经营亮点在于:通过创造一个法国南部家庭的冒险故事,利用建筑、景观、灯光等手段将一个传奇故事融入整个购物中心主题中去,整个购物中心成了故事的载体,而这个传奇故事也为整个购物中心的主题氛围定下了基调。
>
> 主题故事式的商业环境几乎吸引了所有主要消费群与拥有高可支配收入者。购物中心环绕着主题性故事来设计,转述故事情节在结构体上与故事主题图像的表现方式,自开幕以来已使日本的业界感到震撼。

5. 整体形象定位

购物中心的商业形象往往决定了其市场竞争力与区域辐射力。购物中心的商业形象定位取决于项目本身所具备的条件与项目自身的目标市场定位、功能定位、经营特色定位（图4-20）。

图 4-20　决定购物中心商业形象定位的因素

购物中心的形象定位实质上是一种企业的形象定位。因此可以借助 CIS 系统来加以塑造并传达给消费者。一般情况下，购物中心的商业形象通过建筑、景观、购物环境、商业布局、产品、服务以及营销策略等综合手段来表现，以强化购物中心形象的传播力。

购物中心形象定位有别于房地产项目的形象定位，二者不同之处在于：

房地产项目的形象定位实质上是产品的形象定位，其形象推广往往配合产品（楼盘）的销售活动来进行，项目一旦售罄，形象推广则另当别论；

购物中心的形象定位，实际上是经营企业的形象定位，它随着购物中心的经营运作而持续存在并发挥作用。

6. 运营模式定位

购物中心的运营模式一般由自营、招租、销售及各种模式的混合（图4-21）。

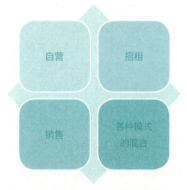

图 4-21　购物中心的运营模式

购物中心的运营模式定位主要受制于投资商对投资资金回报预期、项目收益效果预期、经济走势预期、风险预期的影响。

欧美国家的购物中心以及国内有实力的机构一般通过长期持有物业进行自营或招商。虽然我们一贯主张购物中心长期持有物业赚取商业经营价值,并通过商业经营价值的提升来实现商业物业的增值,事实上在中国这只是理想化的模式。

不论采用哪种运营模式,要想确保购物中心健康运营,必须做到从定位、招商、设计、经营、推广、物管的全程统一运营管理。

要做到这些统一,就涉及物业自持比例的问题,自持比例越高,控制力越强,统一经营管理能力就越强,反之则越弱。

第三节 业态组合

业态组合是指购物中心根据自身定位确定商业业态的种类和每一种商业业态在购物中心中的分布及分配比例的过程。

一、业态组合的 3 个层面

业态组合涉及 3 个层面的问题(图 4-22)。

图 4-22 业态组合的 3 个层面

1. 业态选择

一个购物中心究竟应该承载哪些功能、涵盖哪些业态？有如表 4-9 所示的八项内容可供选择。

● 现代化购物中心体验性消费的八项内容　　　　　　表 4-9

体验型消费	业态
生活购物消费	百货店、大卖场、家电商场、家具卖场等
特色购物消费	由各种特色专卖店组合的商业街风情
文化娱乐消费	儿童乐园、新式影院（如 IMAX 电影、立体电影、媒体展示）和各色娱乐活动（如电玩游戏厅、歌厅、旱冰场、虚拟世界、网吧、游艺厅）等
美容健身消费	美容院、健身房、桌球房、蹦极等
社区服务消费	银行、洗衣店、邮局、旅行社等
休闲餐饮消费	茶馆、咖啡馆、酒吧、中西式快餐店、美食广场、品牌中餐馆和西餐馆等
商家的产品推广和营销消费	表演促销活动，产品发布会、明星出场、花车游行、庙会、汽车展销主题活动等大型商业推广活动
大型现代化商业建筑空间环境体验	大型中庭、观光电梯、瀑布景观等

2. 配比问题

各业态在综合体或购物中心中的占比、每一业态中具体每个业种数量的多少以及相互的比例关系。

3. 落位与分布问题

各业态在综合体或购物中心区位与业态之间的相互关系。

对不同的业态如何进行有效的划分与组合，不仅关系到购物中心定位的实现、客流的共享，更关系到经营收益的最大化。

二、购物中心业态组合的 6 个原则

购物中心业态组合需要遵循如图 4-23 所示的 6 个原则。

04 购物中心前期策划

原则1	· 定位优先
原则2	· 功能性选择是业态组合规划的基础
原则3	· 业态相关性是提升总体销售收益的重要途径
原则4	· 商家承租能力评估是业态和品牌规划的前提
原则5	· 利用有限的空间资源创造长期投资价值
原则6	· 业态组合是一个永远的动态过程

图 4-23 购物中心业态组合的 6 个原则

原则1. 定位优先

单个购物中心的业态组合须服务于公司整体战略的发展要求。购物中心业态的选择与配比规划须符合城市综合体的整体定位，满足商家的经营需要和消费者消费需求。

原则2. 功能性选择是业态组合规划的基础

购物中心的立地条件、周围商业环境与竞争态势不同，其功能结构也将有所区别：

位于城市中心区的购物中心，购物、餐饮、休闲娱乐等功能业态相对突出。

社区型购物中心，目的性消费较强的零售类业态会比较多。

郊区型的购物中心，主题性消费更强，娱乐体验类消费业态则更加丰富。

原则3. 业态相关性是提升总体销售收益的重要途径

各业态布局相互衔接时，各业态间能否有效互融，关系到购物中心内消费的舒适性及流畅性，直接影响到顾客在购物中心逗留的时间及消费的总客单价。业态的互融相关性通常情况下要从两个角度思考（图 4-24）。

图 4-24 业态互融相关性的含义

第一，功能互补性。

各自有明确的功能特征但又互融成为一个整体。

第二，目标客群的一致性。

特定目标客群的消费需求有比较强的系统性。购物中心可以根据不同客群消费特征在购物中心内建立不同的消费主题区域，在不同的消费主题区根据客群的需求组合各功能业态。

原则 4. 商家承租能力评估是业态和品牌规划的前提

各业态的行业盈利能力是重要的参考，不同业态其行业的平均盈利能力之间区别很大。通常情况下，低毛利业态的客流带动能力比较强；高毛利业态的客单相对较高，承受租金的能力也较强，但客流量有限。大众型购物中心需要在高毛利业态和低毛利业态两方面平衡，一般则是通过低毛利业态拉动客流，通过高毛利业态获取租金。

原则 5. 利用有限的空间资源创造长期投资价值

购物中心在进行业态规划的过程中必须有所为有所不为，在目标客群和相关业态的选取上必须有所取舍，并根据市场需求适时调整，时刻考虑如何利用有限的租赁空间创造更多的长期投资价值。

原则 6. 业态组合是一个永远的动态过程

购物中心内的业态弹性会比较大。购物中心发展的不同时期，所面临的任务与挑战也不同（图 4-25）。业态和品牌作为实现经营目标的工具，必定会有所变化。比如在业态规划与配比上，购物中心开业初期更多关注的是购物中心整体品牌的知名度以及其对周围消费群体的吸引能力，要更多考虑那些能迅速促进稳场与旺场经营的业态与品牌；对于步入稳定成长期或成熟期的购物中心，要更多考虑购物中心的品质和持续盈利能力，这时候对业态和品牌会有更高的要求。

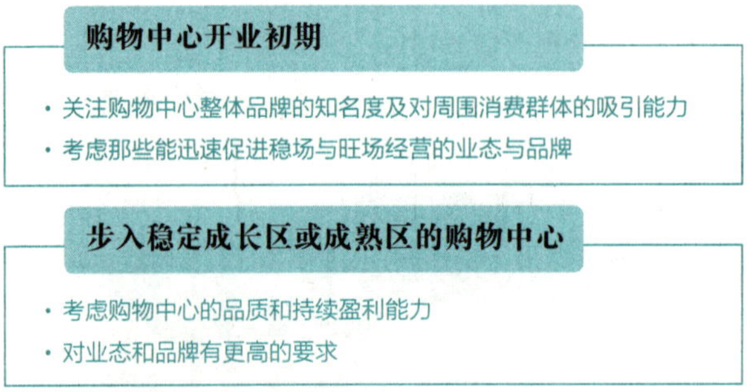

购物中心开业初期
- 关注购物中心整体品牌的知名度及对周围消费群体的吸引能力
- 考虑那些能迅速促进稳场与旺场经营的业态与品牌

步入稳定成长区或成熟区的购物中心
- 考虑购物中心的品质和持续盈利能力
- 对业态和品牌有更高的要求

图 4-25　不同时期的业态规划与配比要求

三、注意主力店对购物中心业态功能的影响

主力店在购物中心经营中居主导地位,不但是商店组合的主要成员,而且还是购物中心特性的突出体现。开发经营者大多会选具有相当知名度的超大型商业进驻,一来可利用原来拥有的集客能力,为购物中心带来更大商机,也可为购物中心奠定形象基础。

1. 主力店业态的 4 个主要功能

购物中心主力店的经营特色将构成购物中心主要的魅力之一。如何选出能凸显购物中心的差异化,又能达到带动人潮、延长顾客逗留时间、提高客单价,进而创造购物中心利润目标的主力店,是购物中心经营成功的关键。

考虑购物中心主力店的组合时,需考虑其业态能否符合本项目的地域特性、流行潮流与目标对象的价值观等因素。

购物中心主力店主要的业态功能如图 4-26 所示。

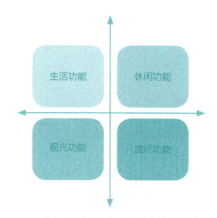

图 4-26　主力店业态的 4 个主要功能

功能 1. 生活功能

购物中心有别于其他零售业设施,最大的特色就是能够提供人们宽敞的活动空间与生活服务,让消费者借着购物、饮食、娱乐以及参与各种文化活动,使购物中心成为消费者生活交流的场所。

功能 2. 休闲功能

由于城市人群收入的增加与生活日趋多样化,城市的休闲娱乐消费力正大幅增长,预计未来休闲娱乐市场将步入计划性、正式化的时代,购物中心应能掌握这股潮流。

功能 3. 观光功能

如果一个城市缺乏可以满足观光客的购物游乐场所,购物中心就需要配合各种环境特性,规划具有特色的游乐休闲设施为主要设计规划方向,以此提高集客力。

功能 4. 流行功能

购物中心创造街道,带来各式各样的商店,每家店从商品到门面装饰,各有其不同的流行主张,充分满足现代消费者知性化的需求。

2. 主力店招商必须具备的 5 个条件

在购物中心招商租赁工作中,确定主力店是其重点工作,主力店要适应此项任务,必须具备如图 4-27 所示 5 个条件。

图 4-27　主力店招商必须具备的 5 个条件

条件 1. 能接受新服务技能的人员素质

具有上乘的人员素质,较能接受新的服务技能训练与理念提升。

条件 2. 能适应社会发展状况的创意

创意是创新的根源,一个具有创意的事业体,必能适应多变的社会发展状况。尤其在流通革命时代,必须注重创意。

条件 3. 具有策略思考能力的团队

由于购物中心发展尚处于起步阶段,新的问题会不断发生,必须有适当的策略加以调整控制。因此,需由具有策略思考能力的团队面对问题,循序解决。

条件 4. 优良的管理制度

主力店优良的管理制度，往往成为购物中心整体管理制度的楷模，与商场经营之间相得益彰的效果才得以呈现出来。

条件 5. 较高的业务增长率

主力店必须拥有高业务增长的条件，事实上较高的业务增长率，足以推断该企业拥有优良的经营管理能力或特殊优点，同时具备较强的竞争优势。这些特色将成为购物中心经营发展的稳定力量，同时增加集客力。

3. 各主力店业种规划对购物中心的影响

购物中心的业种依其所占面积大小、营业额多少及集客力强弱等因素，可区分为主力店、次主力店及零售店等规划层面。而未来招商时，引进业种的策略因其规划的差异而有所不同，而各业种又对购物中心产生了 3 个层面的影响：

影响 1. 给予主力店的议价弹性较大

购物中心将通过引进主力店以招揽生意或增加集客力，主力店一般都有较大的谈判实力，而且通常已颇具知名度。因此，购物中心在租金谈判时所能给予主力店的弹性较大。

影响 2. 次主力店介于主力店与零售店之间

购物中心与次主力店租金谈判方式介于主力店与零售店之间，因有些次主力店也具有某种程度的知名度，其商品也多为市场所需，同时也可能是连锁企业。

影响 3. 与零售店谈判有较大的优势

对于购物中心而言，与零售店谈判有较大的优势，这是由于购物中心最主要的利润来源并非来自于单一的零售店。

四、新竞争环境下的业态调整

在线上消费冲击和新增项目竞争加剧的背景下，更多的购物中心被迫进入主题重塑和业态调整，向家庭型消费转型。通过提升项目活动类或体验类业态，延长消费者在购物中心的停留时间已经成为购物中心调整的主流方向。

1. 百货业态受电商威胁越来越大

电商未来会以品牌销售为主,以品牌商为主的购物中心遭遇的威胁越来越大。在消费走低、电商冲击、业绩低迷等内忧外患的压力下,百货商店正在沦为消费者线下"试衣间",这是当前百货业态面临的最尴尬境地。如上海的南京路、北京的王府井等繁华路段的商业地产项目,越来越多为成为电商的"试衣间"、"样板房"。

2. 实体店体验式消费依然具备强大优势

电商冲击并不意味着零售地产缺乏生存空间,对于一些标准化程度高、不需要很强体验感的产品而言,电商显然更有优势;但对于强调体验感的产品,购物中心依然具备强大的优势。如采用多业种的组合,满足实体店挑选的购物心态,实际商品展示、试穿、试用的消费方式等,都足以让电子商务无法比拟。在这种情况下,购物中心需要对其业态结构调整,加大体验消费类业态的比例以保持优势。

近年来不少商场尝试改变营运模式,越来越强调"体验式消费",大幅提高餐饮、电影、娱乐的布局比重,与电商走差异化竞争路线。

相对于其他业态,体验式业态具有如图 4-28 所示的 2 个优势:

图 4-28　体验式业态的 2 个优势

优势 1. 互动性较高,集客能力强

体验式业态的互动性较高,而且能延长消费者的滞留时间,因此集客能力强,从而为购物中心提供人流支持。对整个商业项目来说,体验式业态可以缩短其市场培育期。比如知名影城和溜冰场,会在购物中心开业前期带来大量人流,加速项目成熟。

优势 2. 对其他业态消费的带动效应显著

体验式业态对其他业态消费的带动效应显著。未来购物中心内零售业态的占比将降至 50% 以下,餐饮业态至少提高至 35%,而以休闲娱乐、儿童教育为主的体验业态比例最高可达 15% 以上。关于儿童商业,从购物中心的角度,可以做如下理解:

第一是儿童是家庭的核心,抓住了儿童,就抓住了整个家庭。把儿童商业做成主力店,

04 购物中心前期策划

缺点是它并不能为商场赚钱，但是，儿童商业是商场人气拉动器；

第二是要注意，儿童类主力店奉献给商场的租金都很低。

从租金层面来讲，儿童商业即便做成主力店交的租金也相当少，而且投资大型的儿童商业一般回本周期也要 5～8 年，甚至更长。

> **案例**
>
> 2012 年三季度，万达集团决定调整万达广场二楼业态，减少服饰类业态、增加生活服务类业态，并在 2013 年开业的大连高新和宜兴两个万达广场进行试点，效果超出预期。调整后万达广场的二楼客流比未调整的增加 10% 以上，销售额增加 8%。万达要求，2013 年四季度以后开业的万达广场二楼全面取消服饰业态，力争不招零售业态，2015 年前把已开业的 72 个广场二楼业态调整完成。

3. 要避免陷入体验式业态的 3 个误区

体验消费业态区别于以零售为主的传统商业，更注重消费者的参与、体验和感受，对空间和环境要求也更高。尽管体验式业态更利于项目的长远发展和收益，但这种业态的租金收益相对偏低。企业如果对现金回报的要求迫切，是否要引入体验式业态，引入多大比重、怎样的类型，都需要发展商进行权衡取舍，避免陷入如图 4-29 所示的 3 个误区。

图 4-29 体验式业态的 3 个误区

误区 1. 夸大体验式业态的重要性

很多人认为一旦引入某一个或几个主力体验式业态（例如影院），就一定会把项目带火，不惜做出巨大牺牲和让步，实现签约。这其实是盲目夸大了体验式业态对于项目成败的作用，忽视了项目业态组合的全局性和准确性。一个好的商业项目，一定是在整体的定位和业态组合上具有市场竞争力，而不是靠某几个知名商户的存在来决定成败。

误区2. 仅以"体验"作为噱头和卖点

真正能够吸引消费者的"体验式商业"，一定是有着能带给消费者优越感受的体验式业态，吸引消费者建立对光顾项目的忠诚度和依赖性，从而拉动项目的客流和销售。而不是仅以"体验"作为噱头和卖点，或者只把"体验"的概念停留在简单空间设计的层面。

将体验业态引入购物中心，不能只是简单的嫁接，需要通过专业合理的规划运营，让体验业态与购物中心充分融合，充分发挥体验业态的核心价值，真正达到吸引人流、吸引消费的重要引擎动力。如何引入购物中心的体验业态，见图4-30。

误区3. 追求眼球效应和市场影响

一个购物中心中是否需要"体验式业态"、需要什么类型的"体验式业态"，都要有一份关于项目准确市场定位和业态组合的调研而不是为了追求眼球效应或者市场影响。

图4-30　如何引入购物中心的体验业态

购物中心规划设计

操作程序

第一节　购物中心规划设计概要
第二节　购物中心规划设计核心技术

无论购物中心地处何方，都需要应用成功的设计和规划理念。购物中心所要求的特殊环境使其对每个规划设计步骤都有着严格的要求，所有的规划设计步骤对于整个项目的成功运营都起着非常重要的作用。

第一节　购物中心规划设计概要

购物中心规模庞大，业态复合程度极高，客流量大，所面对的两级客户（零售商和消费者）都有复杂的需求组合，这些特点对购物中心的规划设计提出了独特的要求。购物中心的规划设计，首先需要思考两个问题：一是如何解决大量客流；二是如何解决与定位相匹配的广泛类型的各种业态商家所带来的复杂需求等问题。

一、购物中心规划设计的 6 个原则

购物中心的规划设计应注意如图 5-1 所示的 6 个原则。

原则1	·规划设计始终围绕终极客户
原则2	·注重各单位空间的个性
原则3	·采用人性化的设计尺度
原则4	·强调内部空间的可视性
原则5	·充分利用交通组织的引导性
原则6	·发挥室外广场的作用

图 5-1　购物中心规划设计的 6 个原则

原则 1. 规划设计始终围绕终极客户

购物中心产品风格如何营造、色彩如何搭配、材料如何组合等，都是为了提高购物中心的使用价值，从而提升其整体价值。而购物中心的价值必须依靠其终极消费客户——消费者的认可得以体现。

购物中心能否得到消费者的认可，主要取决于两大因素：一是经营商家的质素，包括经营业态、品牌档次和经营特色等；二是整体的消费氛围。

原则 2. 注重各单位空间的个性

每个人对空间都会产生不同的感受，每个广场、每个商铺都应该有自己的个性，商业的外观设计不应仅仅取决于建筑材料的应用，还包括装饰材料、灯箱广告、干花、灯饰、招牌等各种各样的软性装饰，以营造浓厚的商业氛围（图 5-2）。

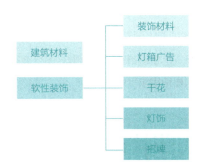

图 5-2　各单位空间的个性营造

原则 3. 采用人性化的设计尺度

购物中心的设计特别强调平易近人，如此才能吸引人流。在设计过程中，小的尺度才能让人觉得舒服、亲切。过于宽阔、高大的尺度，容易产生给巨人和神仙使用的错觉；过小的尺度则给人一种狭窄、压抑的感觉。

原则 4. 强调内部空间的可视性

对购物中心的设计，应强调内部空间的可视性，从而起到引导公共购物的作用，如整个空间可以通过天窗和中庭的变化，营造空间的安全感和舒适感。

原则 5. 充分利用交通组织的引导性

交通组织设计对购物中心人流的引导起关键作用。但交通组织设计相对复杂，在购物中心的规划设计过程中，应充分发挥交通组织设计对人流的两种引导方式（图 5-3）。

图 5-3　交通组织设计对人流的两种引导方式

第一,把人流往高处引。例如在进门处设有通往二层或者直接上三层、四层的扶梯,一开始就把人流分开,让人往楼上走;

第二,把人流往深处引。通常可以通过大中庭、天窗的引导作用来处理,从而做到店铺均好性。

原则6. 发挥室外广场的作用

现在的购物中心趋向于多种购物消费形式的融合。室外广场是购物中心购物空间的延伸,其不仅是购物中心的需要,也是城市空间的需要。不少商家经常在购物中心的室外广场上搭建展台,进行多种多样的促销活动。

二、购物中心规划设计要处理好8种矛盾

购物中心的规划设计应处理好如图5-4所示的8种矛盾。

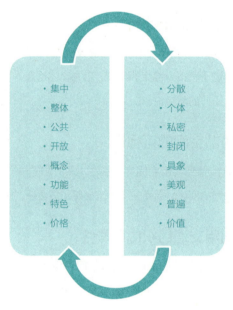

图5-4　购物中心规划设计要处理好8种矛盾

矛盾1. 集中—分散

购物中心集中和分散之间的矛盾,适用于购物中心形态、体量、平面布置等有关规划方面的内容。主要应注意以下三个方面:

05 购物中心规划设计

第一，不是体量越大，项目总价值越高；
第二，要根据项目自身的地块条件和外部环境条件做规划；
第三，要充分考虑商业产品的差异性特色营造。

矛盾2．整体—个体

购物中心整体和个体之间的矛盾，适用于购物中心项目的整体立面风格设计、用材用料设定等方面的内容考虑。一个购物中心既是一个整体的商业空间，其内部又分为若干个体商业空间。成功的购物中心在处理这个问题的手法上大体有两类做法：

第一，确定明晰的整体风格，将个性元素适当穿插其中，使其不牵强、不生硬；
第二，在打造整体外观时预留个性空间，将个性空间也作为装门面的构成部分。

矛盾3．公共—私密

适度的公共空间（非售空间）的预留，对项目档次提升、人流导入、人气聚集、特色体现起到极大的作用。

对于集中商业，可用挑空连廊的手法，作用是提升档次，形成透气的交流聚集空间，增加空间层次感与整体融合性，增强整体的视觉共享性；对于沿街商业，可用外挑连廊、骑楼的方式，使室内外空间转折，增加人流的导入性。

矛盾4．开放—封闭

购物中心开放和封闭之间的矛盾主要指购物中心产品公共空间的利用和规划问题，需要注意的是对外沿街铺面和内部铺面、品牌展示与品牌个性空间的协调。

（1）私密空间与公共空间融合

私家利用、公共视觉，以此增加品牌的视觉导入性，自然导入人流；私密空间和公共空间的巧妙融合连接，对购物中心产品的商业氛围营造相当关键。

（2）空间适度封闭

购物中心产品的立面未必是越通透越好。适度的封闭，便于产品风格的形成，利于局部通透空间的个性突出。

矛盾5．概念—具象

购物中心概念和具象之间的矛盾重点在于能解决购物中心产品主题概念落实的问题，包括主题、情景、体现的风情、带来的体验等。

矛盾 6. 功能—美观

商业氛围的营造不是单一空间的设置，也不是产品风格的独立体现，而应是全方位、多方面的细节处理。

矛盾 7. 特色—普遍

购物中心特色和普遍之间的矛盾解决购物中心产品的定位方向问题，指购物中心定位应注意适用性和实用性。

矛盾 8. 价格—价值

购物中心通过功能定位、商业性体现、概念的落实，最终要实现的社会责任与社会效益的统一。

三、购物中心 5 种常见的建筑形状

购物中心依地理位置和规模不同，可选择不同的建筑形状（图 5-5）。

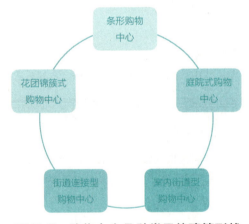

图 5-5　购物中心 5 种常见的建筑形状

形状 1. 条形购物中心

条形购物中心是把商店沿着街道成一直线排开，建筑物面向主要街道，停车场在前。美国几乎所有的社区购物中心都是此种形状。

05 购物中心规划设计

形状 2. 庭院式购物中心

庭院式购物中心是建筑规划成庭院状，停车场在庭院外围，一般为四方形。

形状 3. 室内街道型购物中心

室内街道型购物中心是将商店安排成像在街道上一样，但实际是在室内，没有噪声和汽车往来，通常是在两端各设一个大型商店。

形状 4. 街道连接型购物中心

街道连接型购物中心，是通过将各个购物街道连接起来，鼓励人们在整个购物中心购物，而不是仅在靠近停车场的商店购物。面积超过 3 万平方米的购物中心常采用这种形状。

形状 5. 花团锦簇式购物中心

花团锦簇式购物中心，是将商店群围绕着一个大型中心商店设立。

四、购物中心的 3 个设计要领

购物中心有如图 5-6 所示的 3 个设计要领。

图 5-6　购物中心的 3 个设计要领

要领 1. 内外通透财路才通畅

购物中心设计的要领是"通"，只有人流通畅，购物中心财路才通畅，而要达到这种水准，就要首先保证购物中心的内、外部都"通透"。外部通透是指周边的交通四通八达；内部通透则是要商铺、人行通道以及采光都实现通畅。

要领 2. 关怀无方向感的顾客

购物中心作为休闲产业，在设计上应当给顾客创造一个没有压力、轻松舒适的消费环境。

购物中心的顾客中，大部分是缺乏方向感的女性，她们习惯的是一种随意的，没有明确目标和方向的信步闲逛，而不喜欢在逛店同时还要承受辨认方向的心理压力，不习惯费力去看场内的指示牌，一旦在场内迷失方向，就容易产生紧张感。因此，购物中心动线的设计，应当给顾客一种自然的行走引导，要避免迷宫式的设计，避免断头路、回头路（图5-7）。

图 5-7　购物中心动线设计的忌讳

要领 3. 让每个干道都能循环往复

就开发商而言，最头痛的任务莫过于处理处于死角的商铺。购物中心的设计应减少二、三级通道，尽量使每个干道都能循环往复，带回人流，减少死角，为后期招租减压。

五、购物中心规划设计的 6 个误区

购物中心规划设计应避免陷入如图 5-8 所示的 6 个误区。

误区1	·用建筑设计代替商业设计
误区2	·建筑设计先于商业设计
误区3	·营销策划代替商业规划
误区4	·重外观形象轻内部结构
误区5	·重共享空间设计，轻经营成本测算
误区6	·过分迁就主力店要求

图 5-8　购物中心规划设计的 6 个误区

误区1. 用建筑设计代替商业设计

建筑设计师更多的是追求建筑理念、建筑技术与建筑艺术，他们通常没有商业理性认知，因而也不能很好地把握商业需求；而商业规划设计是以商业需求为导向的，是依据市场、业态定位和商业经营的各种需要而进行的物业功能设计。

建筑设计与商业设计在本质要求上是不同的，以建筑设计理念设计的购物中心不适应商业规律，不得不关门。

误区2. 建筑设计先于商业设计

国内购物中心的建设过程中，开发商在拿地、建筑设计、报规划等流程中，往往忽略了前期的商业规划设计。建筑设计一旦完成，商业物业的墙面、层高、柱距、荷载和中庭等硬件设施就确定了，这样就会导致商业的业态和功能在设计上存在很大的局限性。

比如，一个购物中心，至少要有通风排水、煤气管、垃圾处理等设计，如果之前没有考虑到就没有办法满足后期商户的需要，也满足不了消费者的需要，项目就会处于进退两难的境地。

误区3. 营销策划代替商业规划

销售代理公司为商业项目进行营销策划的目的是为了促进销售，而商业规划则是为了促进经营管理，二者的根本出发点和利益点不同。基于工作目标的不同，销售公司难以很好地把握商业功能和商业需求。所以，单纯的营销策划不能解决商业规划问题。营销策划代替商业规划容易导致项目在销售后存在经营和管理漏洞。

误区4. 重外观形象轻内部结构

一些购物中心为了打造标志性商业建筑或城市地标，往往对建筑外观投入巨资，而忽视了商业物业内部的结构。毕竟，消费者要在商业项目内部消费，项目内部功能是否完善是消费者非常关注的问题。

比如，有些购物中心的洗手间的配套设计就不够合理，女厕所只有三个蹲位，而男厕所则一大排。事实上，一个商场里面，肯定是女性消费者多。另外，就是在男女消费比例相差不多的场所，女性由于生理特点所限，使用一次厕所所需要的时间也比男性要多很多，所以，女性厕所如何设计也是购物中心设计规划中需要认真对待的一个细节。

误区5. 重共享空间设计，轻经营成本测算

共享空间虽然对商场经营起到一定的作用，但也是一把"双刃剑"。很大、很豪华的共

享空间不仅会浪费经营面积，同时也会大幅度增加运营成本。所以，一定要精准地核算购物中心的成本与收益。

误区 6. 过分迁就主力店要求

购物中心引进主力店的目的是通过主力店带动项目的招商和经营，促进销售，提升项目和物业的整体价值。但一些开发商迫于主力店的名声和影响力，过分迁就主力店，而忽视了其他的品牌店、专业店和休闲、娱乐经营商户。虽然主力店具备主导性，但项目的核心竞争力并非主力店。购物中心在认同主力店要求的同时，必须还要兼顾所有商家的需求。

六、购物中心 5 种失败的设计

对于购物中心的设计缺陷，不少开发商在新项目中都会吸取教训，重新调整。但由于对先前项目的失败原因没理解透彻，部分开发商采取的改进方案显得矫枉过正，从而诞生新的失败设计。

一般有如图 5-9 所示的 5 种失败购物中心设计。

图 5-9　购物中心 5 种失败的设计

失败 1. 规划面积大却低效的广场

广场对购物中心规划的价值在于如图 5-10 所示的 3 点。

一是购物中心室外与室内人流导入的重要节点；二是起到丰富视觉变化，升华游逛体验的作用；三是可借助其相对开阔的场地进行布置，实现聚焦人流的目的。

05 购物中心规划设计

图 5-10 广场对购物中心规划的价值

不少项目将广场面积规划得很大，看起来非常气派，但在细节安排方面却很粗放，甚至不具备供人停留的功能，更谈不上吸引人流。这样的广场是只能看的广场，非常低效。

商业中的广场并不一定要大，关键要有"功能"的设计，能够吸引人们在此聚集、参与和使用。比如，在具体规划时，可考虑将一个大广场分解为若干不同主题功能的小广场，使每一个小广场都有独特的吸引力，如珍珠般连接在商业街中，可驱动人流在街区中流动。

失败 2．通透却杂乱的立面

购物中心基于对外展示的需要，临街的店铺会更受品牌商青睐。为迎合商家的需求，如今越来越多的购物中心将临主街一侧的外立面都做成玻璃通透效果，以使进驻本侧的品牌商家都能透过立面实现对外的展示。

这一做法看似是在充分发掘项目商业价值，但其实可能会产生不利影响。购物中心的立面就如同一个人的着装，对外传达的是品味特征以及吸引消费者关注的重要部分。一个新鲜且富有创意的立面形象，会对大大提升顾客的好感，焕发主动吸引的能力。但如果每格玻璃满布的都是不同品牌的宣传画面，在外看其整体立面就是一个无规则的"花脸"，给人一种"品质低下"的感觉，损害商场的价值。

失败 3．因过高而压抑的层高

以往有诸多选址优势的购物中心因层高过低，而导致诸多国际品牌商家无法入驻，这对购物中心的价值形成了制约。为避免重蹈覆辙，现在国内购物中心新项目在层高方面都开始有了向"高"层发展的趋势。但是，购物中心高度的选择一定要结合项目定位、消费者心理、规划指标等因素综合考量，一味求"高"可能会给项目带来不利（图 5-11）。

通常，对于高档次的项目，可以有较高的层高预留，这符合对应品牌的开店需求及消费者对空间的体验偏好；而对于相对大众的购物中心项目而言，预留一个合理的高度就可以。

对于大众人群而言，相对小尺度、不易被注视的空间才会让他们感到自如，过高的层高也会令他们产生"昂贵、冷漠、压抑"等消极感受。另外，高层高也必将导致开发建设成本高昂。

图5-11 购物中心层高设计的注意事项

失败4．下扩却显冷清的中庭

越来越多的购物中心为提升负一层的价值，采取了"中庭下扩"的规划设计方案，即将中庭直接由高层一直延伸到负一甚至负二层，使步入首层的顾客可以方便地看到地下楼层的商铺，吸引其向下行走。这表面上看起来似乎没什么不好，但实际上却可能给购物中心带来更大风险。这个风险在于：

第一，首层往往代表购物中心的形象，是需重点营造商业氛围的关键点，当首层至负一层由中庭连通后，现在的首层就失去了原本可以形成"小广场"的面积，也就失去再借助此"小广场"营造商业氛围的机会。

第二，当进入商场首层的顾客到达此中庭位置时，看到的是或上或下的"空"的空间，易产生人气不足的冷清感觉，会对他们形成负面的行动激励，从而影响到购物中心的垂直立体交通人流组织，进而影响购物中心的整体运营效果。

失败5．弯而无益的通道

现在国内的大型商业综合体的内部动线，越来越多的会规划弧形，甚至略有弯曲的动线。与笔直通道相比，弯曲的通道通常在以下两个方面更具优势：

第一，等距离间曲线的总长度比直线更长。

这样的曲线通道对处于空间内的每个品牌店铺而言，都能提供更大的临通道展示面；

第二，直线通道给人创造的视觉感受较为乏味。

直线上所看到的内容主要是空旷的通道本身及远处的端头，而曲线通道可以借助弧度将更多店铺引入到视觉范围，创造丰富的视野及趣味的行走体验。

虽然曲线通道能够带来诸多好处，但并非在任何情况下都通用。曲线的动线一般更适合于有较长通道动线的项目。如果购物中心本身动线偏短，还人为地去规划设计或追求所谓的"曲线动线"效果，往往会出现两种情况（图5-12）。

图 5-12　动线偏短却人为规划"曲线动线"会出现的情况

第一，因弧度过小而无效果；第二，如果为此增大弧度，将会造成凹凸不规则的低可用性商铺，对后期开业运营不利，可谓得不偿失。

第二节　购物中心规划设计核心技术

购物中心的规划设计不仅体现的是建筑美学概念，更重要的是要和市场的现实与潜在需求充分结合。购物中心规划设计的六类核心技术包括平面设计、剖面设计、外立面设计、室内空间设计、动线规划设计和景观规划设计。

技术一、平面设计

购物中心的平面设计是对经营模式具体的技术体现，进一步落实其要求并体现其特点。

平面设计的内容是确定步行街形态，确定承租户单元的布局和面积大小，为所有承租户提供一个互利互惠的机会，最大限度为每个承租户带来穿行人流，提供最多的购物机会。平面设计要注意如图5-13所示的三个事项。

```
┌─────────────────────────────────┐
│ 购物广场首层设计成步行街形式  │
└─────────────────────────────────┘
┌─────────────────────────────────┐
│ 每层的平面设计均以中庭为中心  │
└─────────────────────────────────┘
┌─────────────────────────────────┐
│ 注意柱距与单元面宽的关系      │
└─────────────────────────────────┘
```

图 5-13　购物中心平面设计的 3 个要点

事项 1．购物广场首层设计成步行街形式

步行街是购物中心的核心组成元素，是组织和联系承租户的纽带，购物中心步行街大多在室内，也有大型购物中心同时设置室外步行街。

以步行街来组织空间，将大型品牌店置于二、三层，而四层以上布置其他功能及品牌店。这样既满足了某些小商家独立经营管理的需要，又满足大商家的使用功能，使二者各得其便，在小商家与大商家两者之间取得了相得益彰的效果，同时也为消费者提供了一种新的商业空间形式及"室内步行街"形式。

事项 2．每层的平面设计均以中庭为中心

用中庭将步行街与各层平面组织联系起来，使购物广场空间得以融会贯通，产生强烈的空间对比效果，这既为商家创造出一种共荣共生的环境，也使顾客获得了一个带有自然光的休闲空间，满足了顾客对休闲功能的要求。中庭设计还可以融入文化与互动的理念，从而提高了整个购物广场的艺术品位，增强其空间的艺术魅力和文化氛围，使其经营可以达到"文化搭台，经济唱戏"的管理境界。

事项 3．注意柱距与单元面宽的关系

大商店面宽，分别为 6 米，9 米，12 米，15 米，18 米，21 米，24 米。根据经验进深一般在 24～36 米比较合适。如果开间方向的柱距是 6 米（9 米，12 米，15 米，18 米，21 米，24 米），那么进深方向可以是 2×6（米），3×6（米），4×6（米）。

技术二、剖面设计

购物中心剖面设计主要包括三方面：层高设计，空间组合细化设计，垂直交通组织设计。

1. 层高设计

购物中心层高应考虑如图 5-14 所示的 3 个影响因素。

05 购物中心规划设计

图 5-14 影响购物中心层高设计的 3 个因素

（1）主力店对营业空间净高的要求

主力店净高要求一般根据其商业业态和功能要求确定。

（2）结构跨度对净高的影响

结构跨度对层高的影响主要表现为框架结构中结构梁的净高。根据传统经验，结构梁高一般是其跨度的 1/8～1/12。以 8.4 的柱距来说，梁的高度大于是 0.7～1 米。

（3）设备管线对净高的影响

设备管线本身也占据一定高度空间。营业空间沿天花板布置的设备一般有：给排水管、消防给水管、消防喷淋管、强弱电桥架、排烟风管、空调风管等。由于商业建筑的功能要求较复杂，消防要求较高，所以设备配置较复杂，设备管线也较多。设计中需要进行综合布线优化设计，尽量压缩设备管线所占的高度。

2. 空间组合细化设计

建筑剖面空间组合细化设计，就是处理购物中心内不同功能空间组合中的水平与垂直关系，满足功能需要，保持交通顺畅，并营造出一些趣味空间，如中庭，步行街等。

图 5-15 空间组合细化设计的 3 个策略

空间组合细化设计有如图 5-15 所示的 3 个策略：

（1）利用步行街串联各主力店

购物中心一般会通过步行街、中庭来组织公共交通，并串联各个主力店。步行街是水平交通和垂直交通最集中的区域。这个区域一般都会有大量中庭，天桥，下沉式空间和采光顶等，剖面设计要求把这些元素集合起来，在满足功能要求的前提下处理好水平与垂直的建筑空间关系，营造出趣味空间。

（2）利用中庭鼓励层间互动

中庭是垂直交通组织的关键点，是步行空间序列的高潮，这里人流集中、流量大，最有可能鼓励层间互动。核心中庭可以搭建活动舞台，经常开展促销文化活动，吸引各层顾客驻足观看。

中庭的设计形式可以多样化，具体根据购物中心总体形态来把握。对于面积比较大的购物中心，可以采用露天式表演舞台为核心的中庭设计，观赏人群可以从四周不同角度方便观赏表演活动。在室内设计中庭，不要过分追求中庭的宽大豪华，力求地域文化特色与经济性相结合的原则。

（3）利用自然光线吸引人的视线

采用玻璃顶和天窗引入自然光线，不仅节能，而且让上层空间开阔敞亮，把人的视线吸引向上。

3. 垂直交通组织设计

市区内繁华地段所征得的黄金地块一般较为狭窄，此时应注重竖向交通的易达性，在这种地块限定的条件下，应强化2F与B1及其他楼层的交通便利性，将2F、B1当作一楼修，引导上行、下行人流。譬如，利用B1直接连接室外街道的出入口，2F直拉引向人行道的自动扶梯，与其他商业物业直接相接的人行天桥等，创造临街便捷的多渠道垂直交通（图5-16）。

在有高差的坡地地段，设计上可以有意在不同高度的室外地平面设立入口。如果购物中心上层的入口能够直接通向各层，对于组织引导人流非常有利。在多层购物中心中，每层都设立通向停车场的直接通路，将给购物者出入提供很大方便。

技术三、外立面设计

购物中心外立面设计既要考虑与周围建筑的关系，又要考虑入口处外立面与内部步行街的过渡与转换。入口是室内外空间的过渡，也是购物中心室内步行街的终点。外立面设计要遵从如图5-17所示的两点。

05 购物中心规划设计

- 注重竖向交通的易达性
- 强化 2F 与 B1 及其他楼层的交通便利性
- 将 2F、B1 当作一楼修
- 引导上行、下行人流
- 利用 B1 直接连接室外街道的出入口
- 2F 直拉引向人行道的自动扶梯
- 与其他商业物业直接相接的人行天桥

图 5-16　狭窄黄金地块的设计要点

图 5-17　外立面设计要遵从两点

第一，开发临街垂直面二楼以上区域的商业价值。

大多数商场的 3F 以上一般租金低廉。如果将临街设计为通透立面，在 3F 以上划出可临窗观景的景观区与商业经营区适当分隔，辅以独立便捷的上行观光电梯等，使其成为餐饮、咖啡、茶室等对情调、视线要求较高的经营定位，充分发掘景观价值。

第二，在立面设计中，充分考虑一些细部的设计。

如广告牌设计，使之按一定比例和构图来布局，成为商场立面的一部分。这样就避免商场在投入使用后，由于广告的随意布置，而使立面风格受到破坏的可能性，从而更好地保护了立面风格的完整性，使商场的立面具有较高的艺术性和品位。

技术四、室内空间设计

购物中心室内空间设计应考虑如图 5-18 所示的 4 方面问题。

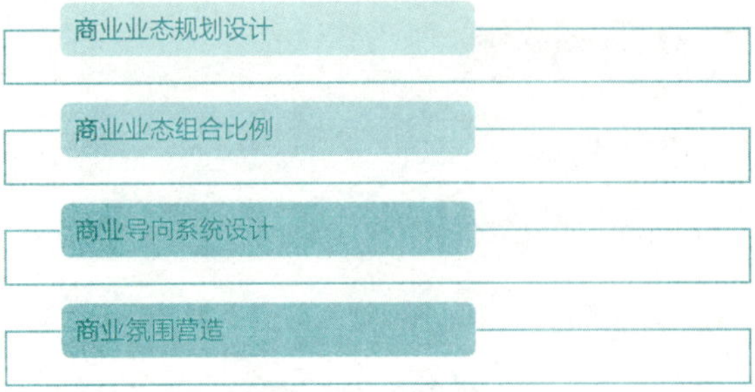

- 商业业态规划设计
- 商业业态组合比例
- 商业导向系统设计
- 商业氛围营造

图 5-18　购物中心室内空间设计的 4 个问题

问题 1．商业业态规划设计

购物中心规划过程中，主力店的布局有两个注意事项：第一，要避开与核心主力店经营同类商品的楼层或商品档次；第二，要有利于丰富购物中心内业态和业种。

一般而言，购物、餐饮、娱乐、运动等业种都应分别引入主力店，分布在购物中心的不同区位或楼层，并在周围聚合一批同业种店铺，形成一个局部购物中心的消费主题。

品牌服饰应布局在精华区人流动线入口，品牌快餐店则宜布局于购物中心各区结合部。楼层分布上，最上层一般适合安排餐饮，如果没有条件则安排超市，超市要安排在次顶层或是地下层，因为超市的租金贡献并不高。百货应安排在二层～四层，专业卖场如家电或是 IT 连锁安排在三层或是四层，每层可以安排服务性的机构（如美容、咖啡店等），以及其他的品牌专卖店。

（1）核心主力店设置

核心主力店通常由国内外知名品牌、商誉和口碑连锁或单店的目的性商店构成，具有极强的消费号召力。这些主力店为购物中心开发、招商和经营创造了重要条件，是保障持续经营成功的关键，直接关系到整个商业项目的后期运营。

在购物中心业态规划中，量贩超市、大型百货店是购物中心商业规划首选业态。

百货公司，是体现项目档次和特色的展示窗口，应占据最佳位置；其承租面积最大，通常在 1 万平方米以上，可贯穿于商场首层至 4、5F；租金方面，大型综合百货的租金承受水平相对较低，一般单位租金为 60～140 元左右。

超市，通常放至底层以汇聚人流，并可使人流辐射至其他楼层，具有向上辐射的功效；承租面积大，通常在 5000 平方米以上，仅次于百货公司，而租金承受水平较百货更低，单位租金通常在 35～90 元左右。

（2）主力店设置

当前，购物中心主力店业态主要类别有以下几种：连锁食品超市、连锁家电超市、名品

05 购物中心规划设计

专卖店、连锁餐饮、娱乐店等（图5-19）。

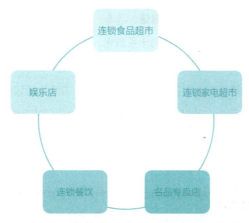

图5-19 购物中心主力店业态主要类别

上述业态承租能力普遍较低，其中娱乐、美食城的承租能力最低，但对人流具有很好的聚集作用，通常设置在商场的较高楼层，这样既可以满足物业面积的需求，又可以很好地将人流进行引导，提升周边商铺的价值。

大型中式酒楼，所需面积较大，通常都在3000平方米以上，作为供消费者休憩、餐饮场所，是购物中心必要因素，一般放至最高楼层。

主力店的设置应坚持的布局原则是，将承租能力高、承租面积小的放至较低楼层，反之放至高楼层的，做到优势最大化、价值最大化。

主力店各类型详细特点　　　　　　　　　　　　　　　表5-1

类型	承租水平	楼层	承租面积
家电连锁	低	通常设置在较高楼层或设在商住楼的整个裙楼	3000平方米上
餐饮、娱乐城	最低	购物中心最高层或贯通商场的较高楼层	1000平方米以上
大型中式酒楼	低	商场最高楼层或设在商住楼的裙楼部分	3000平方米以上
大型家居	低	通常设置在较高楼层或设在商住楼的整个裙楼	承租面积大，可达万余平方米
专卖店	与承租面积相关	根据商场整体商户组合布局而定	较为灵活，大的千余平方米，小的几百平方米

（3）普通店设置

专卖店或普通店通常可选择商圈内有消费需求的百货精品店、餐饮店、娱乐店、综合服务功能店（银行、邮政、美容美发、音像、洗衣、彩扩、家政等）。

普通店所需面积较小，小则十几或几十平方米，最大也就1000平方米左右，其租金水平在同一商场不同楼层的平均租金以首层为原点，往上层和下层租金均递减。

业态规划中，同样遵循对承租能力高、承租面积小的应放至较低楼层，反之放至高楼层的原则；总体承租能力强，一般放在商场较低楼层。业态的档次与风格一般附和该层主力店，与主力店共享人流。

各普通店详细特点　　　　　　　　　　　　　　　　　　　　　　　表5-2

业种		使用面积（m²）	技术需求	备注
餐饮	特色餐饮	1000以上	上下水、电力、天然气、排烟、排风、隔油池、广告位	营业时间较长，充足的停车位
	咖啡厅	80～200	上下水、电力、广告位	店铺外有环境幽雅的庭院，可将座位散出来，增加气氛和吸引人流
	西餐厅	300以上	上下水、电力、天然气、排烟、排风、隔油池、新风、广告位	——
	酒吧	约200	上下水、电力	24小时营业
服务配套行业	美容美发	150以上	上下水（冷、热水）、电力	营业时间到晚10点
	美体	500以上	上下水（冷、热水）、电力	营业时间到晚10点，最好提供停车位
	洗衣店	50～100	上下水、电力、房屋进深	——
	便利店	150～500	电力	小储藏室，24小时营业
	药店	100～200	电力，与同行业相隔须超过300米	24小时营业
	花店	10～30	上下水	——
	银行	500～1000	电力、独立出入口、前面柜台的营业面积在100m²以上	租买并举，租赁年限需10年以上
	彩扩店	60	上下水、电力	租买并举，租赁年限需10年以上

05 购物中心规划设计

续表

业种		使用面积（m²）	技术需求	备注
展厅	彩扩店	60	上下水、电力	—
精品店	服装服饰、鞋帽、钟表、化妆品等	100以上	电力	—

问题2. 商业业态组合比例

当前国内外对业态的组合一般采用4：3：3比例，即购物百货类占40%，餐饮占30%，娱乐休闲占30%。但也并非一成不变，应依据项目自身条件和开发商资金承受能力决定。就业态自身特点而言：

一方面，百货为主的主力店能够很好地吸引客流，带动项目的整体运营，提高项目的知名度，同时也是赚取整个项目利润的主要场所；而普通店，作为主力店以外的辅助功效，对项目整体影响相对较小，利润收入较低；

另一方面，主力店投资较大，投资回收期长（租期一般需要十年、甚至二十年），项目租金便宜，且免租期较长，不能较快的回收投资，风险较大；而普通店的投入小，资金回收期短，租金也相对较高，风险较小。

购物中心各类业态的优缺点 表5-3

行业	优点	缺点	其他问题
银行	硬件设施要求简单租金承受能力强；租赁年限长，较稳定；形象好，信誉佳	吸引人流能力较弱；营业时间固定、对增强商业氛围推动较小	必须在首层，有独立出入口
餐饮	吸引人流，营造商业氛围租赁年限长，较稳定；租赁面积大，对不规则格局有些餐饮店也可接受	硬件设施要求复杂；租金承受能力弱；有可能对项目其他部分（尤其是住宅）的住户构成干扰	将对物业进行改造，并投入大量设备和装修费用。但如因经营效果不佳而撤租，将有可能涉及解决设备和装修费用的"顶手费"问题

续表

行业	优点	缺点	其他问题
服装	硬件设施要求简单；租金承受能力强；形象好	所需商业项目应具备一定规模，服装行业是"扎堆"的行业，单独一家服装店无法生存；租赁年限短，不够稳定	需开发商严格掌握项目档次、消费者档次的定位。最好将同一档次、同价位的服装店铺规划在一起
药店	硬件设施要求简单；租赁年限长，较稳定；在居民区极为受欢迎	租金承受能力不强	政府规定300m范围内不可以同时存在两家药店
超市	聚敛人流，增强商业氛围；租赁面积大；租赁年限长，较稳定	对租赁范围的格局要求较高，主要体现在层高、柱距、单层面积、进深等方面；租金承受能力差；免租装修期长；形象差	一般情况下超市要求物业提供卸货区、货梯等，开发商应注意设计时尽量将超市货车入口、卸货区、货梯单独预留出来，并严格限定卸货时间
展厅	形象好，可提升整个物业的档次；租金承受能力强；租赁面积大	对租赁范围内的格局要求较高，主要体现在层高、柱距、展示面、通透、玻璃等方面	目前市场上多为汽车、家具厨具展厅，汽车展厅已不只满足于展示功能，还应兼具销售、维修和售后服务的功能，因此对物业有更高的要求。而家具和厨具展厅则有"扎堆"经营的特点，开发商可划分整层面积招租此类物业

问题3. 商业导向系统设计

考虑消费者的最佳视线角度，导向设计将导向系统分成平视、仰视和俯视三类。根据视角和标识尺度来确定视距，以形成最佳的观赏效果。在以功能为前提的基础上，导向系统设计按照视角角度分为三类导向牌（表5-4）。

● 三类导向牌设计应用 表5-4

类型	最佳视觉	效果	应用
平视	按照我国人体标准高度167cm来计算，最佳平视高度应该为127cm～187cm之间	平视效果给人感觉便捷、规则、有序，观者比较容易看清标识内容，把握标识全貌。平视设计时，要注意留有足够的视距空间，通常视距是整个导向标识高度的1.5～2倍	楼层导向牌、品牌导向标牌等

续表

类型	最佳视觉	效果	应用
仰视	人向上最大垂直视角是50°	仰视效果给人感觉稳定、雄伟、高大，具有较强的震撼力和标志性	公共设施吊牌、户外大标牌、停车场标牌、洗手间引导、非常出口引导、收银台等
俯视	人向下的最大垂直视角是70°	俯视效果给人感觉亲切、活泼、随意	放置于大厅一楼的总导购牌

导向系统的设计，应注意以下3个原则：

（1）统一性原则

统一设计风格，明确所有设计要素能够围绕同一风格进行设计。

首先，色彩运用、材料质地、字体、规格等，以避免视觉信息不统一导致的信息传达不准确；

其次，统一信息提供的内容及设置位置，即合适的交通节点统一设置导向标识，统一引导信息内容；

最后，信息、图形符号、标识的统一，应符合国家或国际标准的规定，并尽量与消费者已有概念、一般认识和习惯一致。这方面，东莞的美誉标识导向牌做得不错，兼顾了以上所说的三个方面，达到了很好的效果。

（2）功能性原则

"功能第一、形式第二"，导向标识系统设计的目的就是功能性的应用，满足消费者购物需求，帮助消费者快速、安全到达目的地。这要求导向标识系统的所有设计要素需要围绕这一原则进行。标识文字、图形、色彩、指示符号等应该简单明了，信息准确，使得用户易于尽快、准确的理解信息。功能性还包括标识在信息传达中的快速识别与艺术性相结合，达到功能与形式的协调统一。

（3）系统化原则

一套较完善的导向标识系统应该能够让消费者了解整个购物中心的结构布置，知道他们当时在整个购物中心的位置，并知道目标位置在哪儿，清楚自己可以通过哪些路线到达那里，使消费者能够在商场中轻松购物。这要求导向标识整体视觉的延续及系列化的设置，即构成要素相互关联、彼此联系。

综上所述，购物中心导向标识的主要功能是有效辅助商业流线，使消费者在购物中心内的流动有序可控。因此，购物中心的导向标识系统设计应在注重功能使用的基础上，引入先进的理念进行规划设计，着重在购物中心导向标识系统功能性方面下功夫，同时注重美观等文化性提升，努力给消费者提供引导标识清晰、系统、便利的购物空间环境。

问题4．商业氛围营造

商业氛围的营造有如图5-20所示的4个要点。

图5-20　商业氛围营造的4个要点

（1）购物环境舒适化

营造好的商业氛围首先应该讲究购物环境的舒适化，从各方面满足消费者的心理享受要求。购物环境可以运用一些简单的处理手法使它变得比较舒适。比如，在中庭广场、商业步行街中设置了花坛、树标、喷泉、雕塑、建筑小品等元素，创造出一种更为舒适、高质量、以人流动线为设计重点的购物、休闲环境。人们在这里可以自由地购物、休憩、交谈、欣赏雕塑或观看街头演出。服装、流行服饰、童装玩具、餐饮、大小书店等商店分布于各层各区，让消费者体验随机购物的乐趣。它不但满足了人们多种物质生活需求，同时还为人们提供了一个更加舒适的、自由自在的休闲交往空间，成了"时间消费"的大众活动场所。

（2）根据项目情况设计相应业态

营造商业氛围还要根据当地商圈和城市特点、人文特点、消费能力和目标人群的情况，设计相应的业态。

在做旺人气方面，就要充分考虑两个重要的因素：

第一，对儿童的吸引力问题。

儿童天地在步行街设计里是一个很重要的聚人气的部分。步行区域里因为没有车辆危险，小孩子可以快乐玩耍，这对做好步行街人气是一个非常重要的因素；

第二，对没有钱或不常来此地消费人群的吸引。

关于这点，可以根据当地文化特点和节事活动安排，设计能让周边居民参与进来的活动。

（3）引导人流经过每一间店铺

对于购买商铺的人来说，他们最重视的是商铺的保值升值问题。要避免"二三楼空置现象"就要引导人流经过每一间店铺。

引导人流流动可以通过如图 5-21 所示的 6 个有效手段。

第一，核心商店通常安排在楼层的两端，对引导人流起重要作用，被称为磁极与锚固点；

第二，中庭合理布置，如自动扶梯连环向上，尽量鼓励层间运动；

第三，有时集中的餐饮区放在较高楼层，以使人流向上；

第四，多个楼层设有餐饮店，但仅设于一端；有时停车场也仅有一端可以到达；

第五，较高楼层布置一些景点；

第六，设置少量休息座椅等。

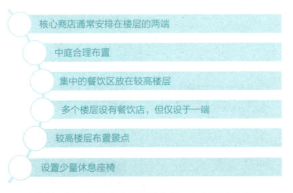

图 5-21　引导人流流动的 6 个有效手段

> **链接**
>
> 餐饮及娱乐设施是购物中心商业规划的重要部分，对吸引人流作用明显，也是购物中心体现社会机能与休闲机能的常用手段。多数购物中心设有电影院和儿童游乐为主题的"冒险乐园"，以及相对集中的餐饮区。使娱乐与餐饮互动成为一大特色，增添购物乐趣。

（4）充分考虑老商业街区的文化

营造好的商业氛围越来越注重文化特色、功能定位、市场容量的设计，充分考虑老商业街区积淀的历史文化、历史典故和商业文化内涵。

对于改造后的步行街，在文化氛围的营造上，都体现了与老城市生活相适应，与饮食文化、本土文化和市井文化相融合。

着力挖掘出老街的文化内涵，赋予其新的生命力，为人们提供更多精神上的东西，是老街区步行街改造设计的总体思想。

寸土寸金的商业街，都不惜压缩店铺，腾出空间，建起了广场、花坛、草坪等，营造出一种老商业街之前从未有过的人文环境。

技术五、动线规划设计

购物中心动线设计规划主要包括五项内容：联系外部动线系统规划、入口及大堂动线规划、中庭动线规划、楼层水平动线规划、楼层垂直动线规划五部分（图5-22）。

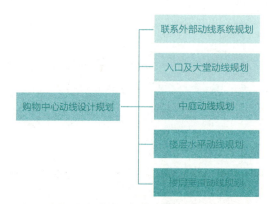

图 5-22　购物中心动线规划设计

内容1. 联系外部动线系统规划

购物中心动线设计必须考虑与外部环境的对接，这样才能达到聚积人流的目的。联系外部动线系统主要包括：联系外部道路、停车场进出动线、行人动线系统、货车动线系统（图5-23）。

图 5-23　联系外部动线系统规划

05 购物中心规划设计

(1)联系外部道路

大型购物中心联外道路是动线规划很重要的一项。联外道路规划时,应考虑该项目周边道路现有的交通状况,主大门及广场可面向主道,目的是,吸引人流,方便行人进出。此外,侧门最好有其他的联外道路,且尽量避免把交通量很大的道路作为唯一联外道路。

联外道路应该做到很方便迅速地接上地区性主要干道或快速道路,发挥其集聚的功能,并可使其对周边道路的交通影响减至最低。

联外道路与完善的交通运输网联结,能扩大购物中心的辐射范围,扩大商圈,能方便购物者到达及货料运送。

(2)停车场进出动线

停车场进出口位置将会影响周边道路的车流方向,规划不当的停车场进出口不仅会影响停车场的进出效率,也会导致车流回堵而影响周边道路上的车流。

规划停车场进出口时,应注意如图 5-24 所示的四点。

第一,出入口应设于交通量较少的非主道路上。若一定要设于较大车流量的道路上时,必须在出入口处向后退缩若干距离以便车辆进出;

第二,应配合道路的车行方向以单进单出,避免进出在同一个口;

第三,采用效率较高的收费系统以节省车辆进出时间,收费点尽量不要设在地上,以避免司机进出麻烦,斜坡起步。

第四,汽车、摩托车操作特性不同,进出口应尽量予以分开。

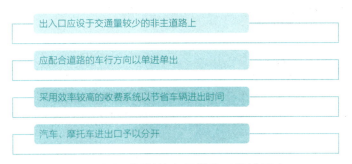

图 5-24 规划停车场进出口的注意点

(3)行人动线系统

行人动线主要为停车场地到购物中心的动线。

行人动线系统规划应注意如图 5-25 所示的三点。

> **链接**
>
> 不应设置停车场进出口有：
> 第一，学校、医院或消防队等出入口起 20 米以内；
> 第二，车道的十字口、穿越斑马线、横越天桥、地下道上下口起 8 米以内；
> 第三，公共汽车站、铁路平交道起 10 米以内；
> 第四，其他经主管建筑机关或公安交通主管机关认为有碍交通所指定的道路或场所。

第一，停在购物中心附设的地下停车场内，直接由升降梯或楼梯即可到达购物中心；

第二，若是停在较远的停车场，则应考虑其可能的动线，最好避免穿越交通量大的道路，无法避免而需穿越这些道路时，应以立交方式避免其直接干扰。

第三，如果购物中心附近有较大型的停车场，其一般可以作为购物中心的有益补充，就要设计出从停车场来购物中心的动线，遇到交通量较大的过道时，应以立交或地下通道方式加以解决。同样道理，如果附近有地铁站或公交站也要用同样方法加以解决，这样才能增强购物中心的易接近性。

图 5-25　行人动线系统规划的注意点

（4）货车动线系统

购物中心中，大宗商品的进出需要货车，对于货车行使路线应尽量与一般消费者的汽车及行人动线分开，避免互相干扰，并应依法规规定设置足够的场地供货车卸货使用。

货车动线设计注意有三点（图 5-26）。

首先，要注意利用建筑物较偏僻的地方或行人较少达到的地方，尽量减少对顾客的干扰。

其次，如果实在没有地方，大宗物流的配送要利用非营业时间进行，这样能在动线上进行时间上的分隔。

05 购物中心规划设计

最后，还要考虑一些技术问题，如地面的承重力及货场货梯的配套等。

- 注意利用建筑物较偏僻的地方或行人较少达到的地方
- 大宗物流的配送要利用非营业时间进行
- 考虑地面的承重力及货场货梯的配套等技术问题

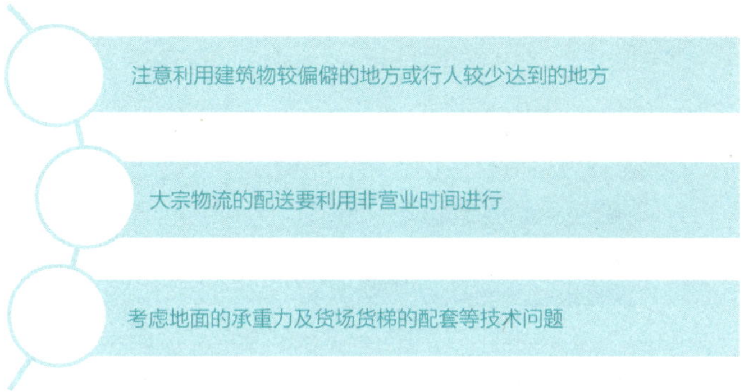

图 5-26　货车动线设计的注意点

内容 2．入口及大堂动线规划

入口大门及大堂对购物中心而言是一项重要的空间形象指标，应能有明显易辨的特性，对外部环境要有一定的视觉形象冲击，在此要将购物中心名称及图案标志显著展现，以突出企业形象，表现其形象视觉系统（VI）。

对外在环境而言，购物中心的入口应大而显著。购物中心内各商品商店位置标示板及引导地图集中放在购物中心各入口大堂处并设有明显的指引。

骑楼、遮篷等可以将人行步道接近，使行人停留，且它也像是一个广告以说明入口所在，人流在此聚集，再进入购物中心就变得自然，这样能提高店铺聚客率。

内容 3．中庭动线规划

在内围式购物中心内，多会有中庭作为购物中心的焦点，中庭广场多位于各个道路形成的动线交汇点，亦即人行活动最频繁处。它的作用有两个方面：

一方面，可提供场所供购物以外的活动使用，如流行展示、动态表演等；

另一方面，是公共活动及休息的场所。在此应利用照明及装修等塑造空间张力，使其成为购物中心的意象焦点。在中庭设计，屋顶采光，具有将购物者视线引导向上的效果，对于吸引购物者上楼选逛有良好的推动力。

内容 4．楼层水平动线规划

楼层水平动线设计的目的是要使同平面上的各店铺在空间上得到充分展示，使消费者能轻松看见商店内的展示细部。在大型购物中心内，建议使用专卖商店或分功能分商品品种商店，这样能使商场更紧凑。如果商场内有中庭，要使店铺及招牌尽量面向中庭展开，面向视觉焦点，以达聚集效果。

楼层水平动线规划有如图 5-27 所示 4 个要点。

图 5-27　楼层水平动线规划的 4 个要点

（1）突出聚集效果

在大型购物中心内，建议使用专卖商店或分功能分商品品种商店以使商场更紧凑。如果商场有中庭，要使店铺及招牌尽量都面向中庭展开，面向视觉焦点，以达聚集效果。

（2）避免空间过窄造成拥塞

根据购物者的人数，空间应勿过窄以至感觉太过拥塞。人行主通道 4～9 米宽较为合适。购物中心人行直线通道应该避免太长，以免令人打消由一端走至另一端之念头。要有一定的变化，开放式沿街商店及其他方式能使卖场更富表现力（目前国内主要还是店面玻璃封闭式）。

（3）平面层次不要超过三层

在购物中心水平通道动线设计中，围绕中庭设计一至多层的循环购物街是可行的，但是层次太多了也不好，末层次的店铺消费者不易到达。为了使消费者轻松到达，主要平面层次最好不要超过三层，而且各层次的联系通道动线要宽，要大于同层次的通道。

（4）避免出现盲点

水平各层次的通道动线设计表现形式也要有多种方式，既可以设计成"十"行，也可以设计成"Y"或"T"形等，目的是要使消费者视觉通透，尽量做到没有盲点。处在购物者盲点中的店铺没有商业价值，其动线设计和商铺分隔也不成功。要做好这些不容易，需要经营者不断努力并根据需要在实践中持续改进。

内容 5. 楼层垂直动线规划

在多层大型购物中心内，要诱使购物者离开低楼层，前往另一个楼层购物，这在设计上

05 购物中心规划设计

是楼层垂直动线要解决的问题，解决得不好可能产生一层卖得很好另一层却很差的情况。楼层垂直动线规划在购物中心动线设计规划中十分重要，它能提升购物中心的整体价值。

楼层垂直动线的规划应注意如图 5-28 所示的 4 点。

第一，在垂直动线设计中，手扶梯和电梯及其他设备搭配合理，分布均匀；

第二，在购物中心大门附近及中庭可配置观光垂直电梯，在许多旧购物中心的改造中，这是主要增加的内容；

第三，在大堂要配置手扶梯，既有利于消费者上下，又可增强立体感；

第四，在中庭两边要配置循环连续上楼的电动手扶梯，有利于消费者上下。配置循环连续攀爬手扶梯时要注意创造出消费者在每层的停留路线和时间，在手扶梯或主道边要有该层的商铺位置和通道的平面图展示。

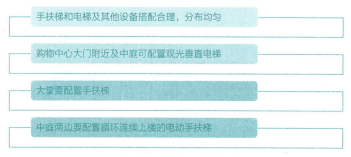

图 5-28　楼层垂直动线的规划的 4 个注意点

> **链接**
>
> **手扶梯的配置的基本原则**
>
> 消费者在某个手扶梯附近能看到上楼或下楼的下一个动线连接，扶梯安置不宜太疏也不宜太密。在某些超大型的购物中心，因其面积很大，为了方便顾客进入，可在购物中心外墙面设立攀爬向上的手扶梯将人流引入高处。在购物中心内的大型百货公司，因其经营是多层经营，而且每层占用面积都很大，经营者为了节约租金成本，其位置又处在远离购物中心主要公用垂直动线的偏远处。这样为了将每一层动线联系起来，就要在百货公司的经营面积内增设电动手扶梯，将其每层动线进行连接，以提升经营场地的紧凑性。

技术六、景观规划设计

就购物中心而言，无论是室外或室内，景观设施都能有令人惊喜的影响。好的景观能增进室内外环境品质，塑造购物者对购物中心的美好印象。服务区域及废弃物集中地可利用植物、树木所形成的围栏与购物区域加以隔离，道路及地面的停车场同样也可通过植栽等作为软化景观的工具。景观规划有如图 5-29 所示的 6 个要点。

环境细节	户外休息区	儿童游乐场
・以装饰为目的 ・配置特殊的景观及铺面 ・注意建筑与建筑环境的和谐和识别度	・配置适当的座位 ・走廊上的餐厅及咖啡座等有桌子	・在儿童游戏区内放置一些电动游戏设施 ・立体的预制玩具也为儿童所喜爱
入口大厅及中庭	楼面装饰	铺面
・借着公共空间的空间塑造 ・有效而强烈地经营购物中心整体的企业形象	・中庭的楼面需要精心设计 ・水景、灯光、植栽、巨型画幅等是可用素材	・考虑整个基地的纹理、模式、尺度、颜色等 ・考虑项目的花费及效益、外观、工程特性、土壤特性等

图 5-29　景观规划的 6 个要点

要点 1. 环境细节

由于购物中心为整体开发、统一管理的形式，所以购物中心的设计者通常可以做一些以装饰为目的的设计，使该地区的地价得以显现与提高，并能有较强的经济活力及优美的环境。一般而言，可有如下设计方向：

第一，配置特殊的景观及铺面。

例如在室外餐厅、凉亭、休息区、会议厅、会议室、展览空间、图书馆、育儿室及儿童游乐场等处，可着重家具及其他细节的配置，如颜色的运用、雕刻、喷泉及特殊展厅等。

第二，注意建筑与建筑环境的和谐和识别度。

由于招牌一方面必须注意与建筑及环境的和谐关系，一方面又要顾及易于识别的要求，因而，也多半会选用具有装饰性的风格。

要点 2. 户外休息区

户外休息区应为交流、约会的中心区。但在设计时常有两难的局面产生：一方面，如果户外休息区设计得过于舒适，其所需的尺度可能会造成停车者走很长的距离才能到达购物中心；但另一方面，如果不小心处理这一区域，则可能损失一个会引人注意的中心。因此，配置适当的座位是必需的，使户外休息区不致显得过大，尤其是在购物中心的中庭及儿童游戏场附近。走廊上的餐厅及咖啡座等有桌子的座位，给购物者提供了另一种座位的选择。

要点3．儿童游乐场

儿童游戏区不仅是父母亲购物时给儿童提供一个可被照顾的场所，同时也成为一个地标，这个地标也可塑造出购物中心的特色。儿童游戏区有两个设计方向：

第一，在儿童游戏区内放置一些电动游戏设施，它们对于购物中心而言也是一种财源。其他游戏设施则可做成动物的形态，能让儿童穿进穿出、爬上爬下。

第二，立体的预制玩具也为儿童所喜爱。

要点4．入口大厅及中庭

入口大厅及中庭是塑造企业形象的最佳场所。因为购物中心的开发者虽然可要求各承租户在单元商店的店面装潢、招牌样式上有一定程度上的统一，且要列上购物中心的标志，但由于各承租户的营业项目不同，店面装修及家具配置皆有不同的需求，且皆需打出本身的招牌，所以，对购物者而言，购物中心开发者在营业空间所做的措施可能都只是背景式的模糊景象，感受并不强烈。唯有借着公共空间的空间塑造，才能有效而强烈地塑造购物中心整体的企业形象，如入口大厅、中庭、停车场、洗手间等公共空间皆是可以塑造的场所。

这些公共空间不属于任一承租户，因而可依购物中心开发者的需求作完整而不受干扰的规划，其中尤以中庭为最佳场所。

（1）入口大厅

入口大厅为进入购物中心后的第一处场所，为室内与室外的转换空间，于购物者而言，这是进入购物中心的首站。因而设计的重点应在于利用组合植栽、座椅、水池、铺面、指示等地景设施，塑造欢迎、愉悦的气氛，以提升购物意念。同时还要以空间设计及地景设施配置的方式，塑造出清楚的购物路线指示，使购物者进入购物中心后能清楚地了解自身所在及欲往的方向，去除可能迷路的恐惧感。

（2）中庭

中庭为购物中心的焦点，它除具有视线引导、休息、展示、表演等实质上的功能外，同时还是一个重要的空间指示。购物者在范围广阔的尤其是多核心或多端点的MALL内闲逛时，常会丧失方向感，因而有别于商店等营业空间，中庭、入口大厅、挑空等场所经常具有空间指向性。

中庭的地景设计除利用植栽、座椅、水池、铺面、指示等地景设施塑造轻松、休闲的气氛以舒缓购物者的身心外，还应具有强烈且有别于营业空间的空间特色，以吸引购物者注意，借此使购物者了解自身在空间中的位置。

若购物中心内有一个以上的中庭，则除了在建筑设计上尽量使各中庭的形状、高度有所差异外，地景设施亦应配合设计，使各个中庭能具有不同的特色或主题，以便购物者辨识，借以作为空间指示，从而可在空间中寻求定位。

要点5. 楼面装饰

购物中心若具有多层楼面，则面对中庭、挑空的楼面部分，应视所需予以楼面装饰。对于上层各楼层而言，面对中庭或挑空的部分也许只是一片墙或扶手栏杆；但对位于中庭内的人，各层楼面便是空间界定的界限，是中庭空间的背景，因而面对中庭的楼面也是一组需要精心设计的立面，它应与中庭的地景设计相配合，共同塑造具有整体性的空间景观。水景、灯光、植栽、巨型画幅等都是可以应用的素材。

要点6. 铺面

铺面的问题必须考虑整个基地的纹理、模式、尺度、颜色等才能决定，同时还应考虑项目的花费及效益、外观、工程特性、土壤特性等。

图5-30展示的是6种铺面的不同特点：

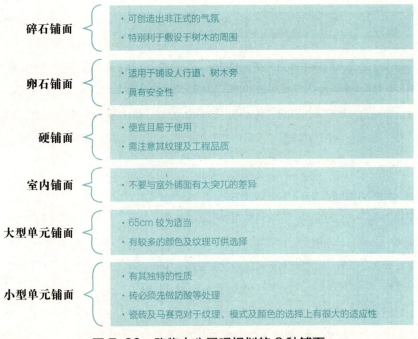

图5-30　购物中心景观规划的6种铺面

（1）碎石铺面

碎石铺面可创造出非正式的气氛，由于这种铺面能允许空气及水分通过，因而特别利于敷设于树木的周围，使空气与水分能到达植物根部。同时它很便宜，适用于停车场。它的缺点是铺设于停车场时，可能会因为轮胎滚动使石头飞起而造成危险。

（2）卵石铺面

卵石铺面可直接铺设于土壤或碎石层上，适用于铺设人行道，尤其是树木旁。它可以散乱的排列，但同时也适合于整齐的铺设。它们因受水冲击因而是圆形无尖角的，较碎石具有安全性。具有多种颜色，大多为淡黄褐色或灰色，在选色时可以有多种选择。

（3）硬铺面

最普通的硬铺面就像混凝土铺面，便宜且易于使用，但在铺设时需注意其纹理及工程品质。它通常与其他材料混合使用。若利用不同形式的施工方式则可有许多装修的样式，包括清水式、条纹式、喷雾式、喷沙式、粉刷式等。

（4）室内铺面

室内铺面设计的主要原则是不要与室外铺面有太突兀的差异。理想的设计是在特殊机能的地区以有别于其他铺面的特殊材料予以显示，如楼梯、坡道、焦点及展示场等。

（5）大型单元铺面

铺面的尺寸通常都做成由455厘米×455厘米至910厘米×610厘米，通常厚50厘米，但如果允许交通工具在其上运行的话，则65厘米较为适当。一般而言，铺面的表面是平滑的，部分则有表面的纹路。若选择人造石，则有较多的颜色及纹理可供选择。

（6）小型单元铺面

小型单元铺面可使用的材料包括砖、丁挂砖、瓷砖、马赛克、圆卵石、碎石等，这些材料都有其独特的性质。砖必须先做防酸等处理。砖及铺面材料必须铺设于水泥砂浆上。瓷砖及马赛克对于纹理、模式及颜色的选择上可以有很大的适应性。

购物中心营销推广

操作程序

第一节　购物中心营销思路
第二节　项目开业筹备营销推广
第三节　项目运营阶段营销推广

在购物中心项目运作过程中，宣传推广应根据项目实际进展状况划分阶段，并力求每个阶段的目的、投入、策略都非常明确，保证推广的顺畅和各阶段间的延续性。避免盲目地为了宣传而宣传的事情发生，并可以有效地控制推广、宣传中所产生的费用，合理地分配预算费用。

第一节 购物中心营销思路

过去购物中心是渠道思维，只要把柜台铺面弄好，招商入住，提供一些面对商户的服务就可以了，这是传统的商业地产和服务模式，在今天已经行不通。消费者来购物中心，不仅仅是购物这一个目的，还需要其他更多的理由。这要求购物中心要从消费者角度出发，重新思考购物中心的营销问题。

一、购物中心营销推广的 7 个原则

购物中心营销推广有如图 6-1 所示的 7 个原则。

原则	说明
推广要为招商、销售、运营服务	招商、销售及商业运营三个方面都获得成功
明确推广的前提	广告推广过于注重美观、活动策划过于偏重表面的热闹
推广中要作营销者而非生硬的推销者	策划推广活动不能凭空猜测
合理发挥公关与平面广告的推广作用	作为企业宣传推广的有效工具，作用和功能相辅相成
勾绘前景，而非强调实用、优惠	不能光强调地理上的优势
利用知名度与美誉度彰显品牌魅力	切忌频频参加一些展览会
树立他人较难模仿的优势	减少竞争

图 6-1 购物中心营销推广的 7 个原则

06　购物中心营销推广

1. 推广为招商、销售、运营服务

购物中心运营的总体目标是招商、销售及商业运营三个方面都获得成功。如何有效推动招商、销售、运营工作的进展，是评价宣传推广工作是否合理有效的铁定标准（表6-1）。

● 购物中心分项工作目标　　　　　　　　　　　　　　　表 6-1

类别	工作目标
招商	吸引到具有强大品牌效力的主力店，并确保商家入驻率达到85%左右
销售	商铺销售任务一年完成率最低达到30%～50%，两年内基本销售完毕
运营	通过宣传、推广活动间接或直接带来人流、产生利润，并实现利润最大化

2. 明确推广的前提

实用而非美观，是购物中心的推广思路。

在实用的前提下，提升更多附加属性是最佳目标。但很多时候，宣传推广中的广告推广过于注重美观、活动策划过于偏重表面的热闹，淹没掉了本应张扬的主题，迷失了预定的目标。作为推广中引起目标群体注意的产物，追求广告画面的个性、漂亮，追求活动的轰动效应本没有错，但必须确定一个前提，即在构思、制作时，要将策划案与广告稿看作一种能产生收益的投资行为，并能得到数量化的预期收益指标。不能产生经济、社会效益的广告是无效广告。

3. 推广中要作营销者而非生硬的推销者

简单地说，购物中心的推广要知道目标群体需要什么，而不是要告诉目标群体什么，更不能凭空猜测。宣传推广部门在进行一项推广、宣传工作之前，一定要先调查市场，摸清目标群体的需要，然后对症下药。这说明了一个经常被推广部门忽略的重要的事实：宣传推广部门的工作不仅仅是发布广告、策划活动，更应是一个市场研究员和熟知目标群体心理的专家。

4. 合理发挥公关与平面广告的推广作用

公关与平面广告在购物中心项目推广中的作用是一样的。只是根据不同阶段和传达不同信息所选择的手段不同。

平面广告是通过创意的新颖和诉求点的针对性传播信息；公关则通过新闻、事件的策划和推广传递企业的信息（图6-2）。二者作为企业宣传推广的有效工具，作用和功能相辅相成。但从影响效果上来说，公关的千人成本更低、造成的口碑和影响力更高一些，此外，它的时效性也比平面广告更长。

图 6-2 公关与平面广告在购物中心项目推广中的作用

5. 勾绘前景，而非仅强调实用、优惠

购物中心的推广不能光强调地理上的优势，还需要强调其商业上的前景。

国内多数购物中心并都不处于传统的商圈内，说服商家入驻要靠开发商对前景的规划。虽然商家大多以利益为上，但真正有实力的商家会看重长期利益。企业一方面要用市场的实绩来证明自己的优秀，另一方面企业要不断描述自己的美好前景给目标群体。目标客户认可了公司的理念、企业的发展战略和经营思路，即使暂时有各方面的顾虑，也终将成为开发商的坚定拥护者，与项目站在一起，共同提升项目的品牌。相反，如果一味地强调优惠，一旦被人认为有某些阴暗面，则对项目非常不利，商家也不会为一些优惠去冒更大的风险。

6. 利用知名度与美誉度彰显品牌魅力

有一些购物中心为了达到迅速招商和销售的目的，频频参加一些展览会，把自己混迹于普通住宅、商场项目中，这样的做法在短期内可能会招揽一些商家，但同时会失去在大众心中商业地产品牌的魅力，使大众对项目的认识等同于商场，失去好奇感，对以后的商铺销售工作及开业运营造成不利。

购物中心的宣传推广要始终坚持知名度与美誉度并进，彰显品牌魅力。只有有了知名度，才能吸引目标客户；只有有了美誉度，才能提升项目的前景空间，吸引更多的商家入驻；有了自身品牌和诸多商家的品牌，并成为一个有机的品牌集中营，后期的销售、商业运营才能成功。

也就是说，购物中心的推广宣传中，知名度、美誉度、品牌魅力三者应紧密结合，不能顾此失彼。

7. 树立他人较难模仿的优势

在购物中心的宣传推广中，许多成功的操作模式和项目的自身模式，往往容易被竞争者模仿、抄袭。所以，宣传推广一定要建立他人较难模仿的优势，难模仿意味着竞争的减少。

想在激烈的市场竞争中站住脚，推广工作在刚起步时就应该建立自己的、他人难以模仿的优势。也许项目自身的有些优势别人的确难以模仿，但不证明无法模仿，所以，巩固自身已有优势的同时，还必须大力挖掘项目在推广中的新优势，建立宣传中的自有模式（图6-3）。

06 购物中心营销推广

图 6-3　宣传推广中的注意事项

二、购物中心的 3 类目标客户群体

根据不同的项目，清晰界定不同层面的客户群体，是把握项目推广因子的前提条件。推广因子简单得说是对客户起到有效诉求的推广手段和诉求内容。购物中心项目的目标客户群体可分成投资客户、租赁客户和消费者三个层面（图6-4）。这三个层面的客户群体既相互联系，又各有特点，决定了推广内容和方式的选择。

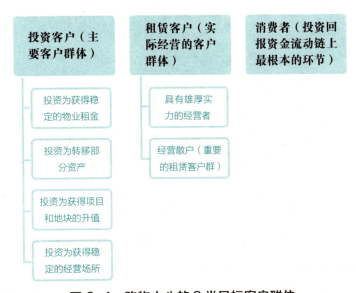

图 6-4　购物中心的 3 类目标客户群体

群体 1．投资客户

投资客户是购物中心项目中最直接要面对的主要客户群体。他们的主要行为特征是购买商铺，进行投资，多数不参与商铺的经营，也包括一部分有自我经营能力的客户群体。

根据投资动机的不同，又可以将他们分成四类：

（1）为获得稳定的物业租金

这类客户看重的是获得收益的及时性和项目周边配套的成熟度，关注区位商业价值。

（2）为改变部分资产形式或使资产保值

这类客户投资的获利目标不明确，其投资的目的是为了改变部分财产形式或达到保值、增值或其他的目的。

（3）为获得项目和地块的升值

这类客户投资的目的很明确，就是看好项目区域的发展前景或看好项目的前景，通过提前介入抢占区域发展地块升值的先机。通常有投资和投机两种行为。

（4）为获得稳定的经营场所

这类客户有很丰富的某一行业的经营经验，购买物业是为了获得稳定的、有潜力的经营场所，并享有物业的升值，他们投资的眼光更长远，多数是公司投资行为。

群体 2. 租赁客户

租赁客户是对商铺承租，进行实际经营的客户群体。从商业地产投资回报的资金流动链上看，他们是很重要的一个中间环节，他们支付租金是商业项目潜在商业价值转化为实际投资回报的体现。从他们对项目的敏感性来划分也可以分为两类：

（1）具有雄厚实力的经营者

他们丰富的经营管理经验和实力，他们注重项目整体规划定位，看重一定时间段内区域发展方向，不过分强调短时间内的经营利润。他们往往是一些成熟品牌或机构，新进入一个经营场所有比较苛刻的条件。但他们抗风险能力强，是一个新生商业项目迅速成熟的有力促进者。

（2）经营散户

经营散户是对这一人群的经营状态和规模的描述。这类客户群体数量很大，是购物中心项目最重要的租赁客户群。他们对经营场所的敏感度很高，抗风险能力差，多数规模比较小，经营的目的是为最快、最大化的获得经营利润，所以，他们喜欢商业氛围成熟的项目，以减小经营风险。但是他们却是项目商业价值体现的最主要支持者。换句话说，他们能够为项目支付比较接近市场价格的租金水平。

群体 3. 消费者

消费者是购物中心投资回报资金流动链上最根本的环节，是决定购物中心项目操作最终能否成功的关键因素。他们带来的消费能转化为租赁客户的经营收入，再转化投资客户的投

06 购物中心营销推广

资收益。一个项目商业价值的体现最终来源于消费者对项目的认可。消费者,又是一个比较模糊和笼统的概念,结合项目实际情况,可以选择不同类型、不同消费能力的群体作为项目的目标消费群体。选择消费者的要素有很多,比如项目周边的消费惯性、市场竞争环境、消费类型的锁定、消费能力的锁定等(图6-5)。

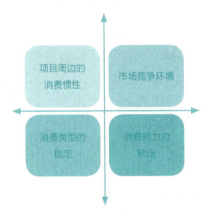

图6-5 选择目标消费群体的4个因素

> **链接**
>
> 购物中心项目的推广,针对不同层面的客户群体,结合项目推广的阶段,采用不同的推广手段和诉求重点。
>
> 在项目进入市场的前期,重点诉求的是投资客户和消费者,推广的手段多采用被动的信息传达方式;
>
> 在项目的建立起知名度和美誉度后,诉求重点转移到了投资客户身上,针对投资客户的推广手段安排也集中客户渠道的挖掘和维护;
>
> 在项目临近营业阶段,诉求重点是租赁客户和消费者,推广手段以互动性较强的活动为主。

三、购物中心媒体选择投放要点

购物中心媒体选择总体来说有两个原则:

第一,长效性媒体投放和及时性信息发布相结合。以即时信息发布为主,长效广告为辅的媒体投放方式进行。

第二,有效甄选电视、报纸、广播、长途车站及长途大巴、公交车体、公交站台广告牌、社区广告牌、户外广告牌、楼宇电视、网站、户外 LED 大屏、终端 DM、短信平台等有效渠道进行广告投放和即时信息发布。

各媒体的选择要点如下：

1. 报纸选择要点

第一，选择时应考量版面、位置、日期、表现手法的合理性。通常在招商推广、开业、大型活动、重要节假日活动信息发布时使用；

第二，使用占优势的广告因素。实践证明，报纸广告在进行较好的设计和使用较大的版面时，可以在很大程度上导致读者增多；

第三，保持统一的风格；

第四，明确广告对象；

第五，使用突出而醒目的标题；

第六，采取简洁明快的构图；

第七，不要在广告中故弄玄虚；

第八，连续成系列刊登；

第九，版面大小、位置安排要科学。一般来说，初次广告刊登宜整版或半版等大一些版面，后续广告逐渐缩小。换句话说：告知性、节日性广告使用大版面，提醒性、日常性广告使用小版面；

第十，根据读者特点，通常节假日期间不宜使用报纸广告，但此点会根据各地实际情况不同有所变化，绝非定律。例如，成都市民具有读报的传统，周末报纸通常是商家看好的发布渠道。

报纸优劣势分析　　　　　　　　　　　　　　　　　　　　　表 6-2

优势	发行量大、覆盖面宽、权威性强、读者稳定、传递灵活迅速，报纸的发行地区和发行对象明确，选择性较强；新闻性、可读性、知识性、指导性和纪录性"五性"显著；便于保存，可多次传播等
劣势	保存时间短、阅读仓促、信息拥挤不宜引起注意、形象表达功能欠佳、费用较高

2. 杂志选择要点

第一，适用于形象推广、信息发布，应根据不同专业杂志受众群进行选择；

第二，使用占优势的广告因素，如尽量制作整版广告，在必要时不妨制作跨页广告；

第三，运用精美的设计；

第四，使用突出而醒目的广告主题，使广告具有鲜明的针对性和非凡的吸引力；

第五，应用艺术化的形象语言说明产品或服务的特点；

第六，运用对比手法。

杂志优劣势分析　　　　　　　　　　　　　　　　　　　　　表 6-3

优势	便于长期保存，阅读有效时间长，可重复阅读，内容专业性较强，有独特的、固定的读者群，针对性较强，印刷精美，具有良好的视觉效果
劣势	由于截稿日期比报纸早，杂志广告的时间性、季节性不够鲜明，出版周期较长，不利于快速传播，读者群受众面窄，声势小，成本费用略高

3. 广播选择要点

广播曾被列宁誉之为"不要纸张"、"没有距离"的报纸。即使在电视、网络资讯异常发达普及的情况下，广播仍是备受听众欢迎的传播媒介。特别是在出租车、自驾车、旅行车辆或公共休闲场所，广播不受地域的限制，收听率高、影响力大，与特定话题栏目结合的广告传播具有良好收听效果。广播选择要点如下：

第一，适合于发布时效性较强的商业活动信息及形象广告；

第二，发布时应注意频道、时段、频次的选择和推广周期的持续性。

广播优劣势分析　　　　　　　　　　　　　　　　　　　　　表 6-4

优势	收播对象层次广泛、受众面广；传播迅速；每天重播频率高；以声传情富有感染力、易记易懂；制作灵活方便，费用合理
劣势	有声无形、缺乏形象感；转瞬即逝、不易查存

4. 电视选择要点

电视曾被称为是排在电影、戏剧、绘画等八种艺术之后的"第九种艺术"。电影选择要点如下：

第一，通常适合于招商推广、开业、大型活动、重要节假日活动信息发布；

第二，选择主流栏目和黄金时段连续投放；

第三，常规的活动应尽量减少使用。

电视优劣势分析　　　　　　　　　　　　　　　　　　　　　表 6-5

优势	视听兼备，表现形式多种多样，感染力强，传播迅速，影响范围广，收视率高，形声兼备，视觉刺激强，给人强烈的感观冲击力
劣势	不易记忆，查阅困难，费用昂贵，制作复杂，因时间限制不能对广告内容进行详细解释

5. 网络选择要点

第一，适用于发布持续周期较长的商业活动信息或形象广告；

第二，发布时应选择主流、权威及专业网站。

网络优劣势分析　　　　　　　　　　　　　　　　　　　表 6-6

优势	传播迅速，便于接收最新信息；传播范围空前广泛；网络多媒体应用，信息多姿多彩，从文本到图片，从动画到声音，从视频到三维图像，互联网已集传统媒体的多种表现形式于一体，并且随着技术的进步，互联网媒体将更加出色；互动性强，激发人们接受信息的兴趣；网络广告能进行完善的统计，便于跟踪和衡量广告的效果；具有针对性；受众关注度高；具有可重复性和可检索性；制作成本低，更改灵活等
劣势	自主性导致信息选择性和传播具有分散性的特点；传播对象大都在 18 岁到 35 岁之间，传播对象偏于年轻化；网络传播的权威性亟待提高等

6. 直接邮寄广告（DM）选择要点

第一，适合于发布时效性较强的商业活动信息或形象广告；

第二，派送时应尽量选择特定的客户渠道；

第三，设计精美的信封，在信封背面写上主要内容简介，可以提高开阅率。信封上的地址、收信人姓名要书写工整；

第四，仔细撰写信的正文，并在信的开头写上收阅者的姓名，这样可以增加亲切感，对读者产生强烈的吸引力；

第五，重复邮寄，加深印象。

直接邮寄广告（DM）优劣势分析　　　　　　　　　　　表 6-7

优势	传播对象明确，传播途径直接；信息反馈较快，传播效果明显；形式灵活，制作简便；具有亲切感；费用合理等
劣势	邮寄对象选择较难；派送渠道通常流于随意化；权威性不高等

7. 户外广告媒介（OD）选择要点

第一，适用于发布持续周期较长的商业信息或形象广告；

第二，发布时应力求主题醒目、内容简洁；

第三，色彩明快醒目，运用对比，加强广告的刺激效果；

第四，字体单一，尽量使用同种字体，并保证每个字的尺寸足以使人看清楚；

第五，用图片或用简短的文字突出诉求要点。

06 购物中心营销推广

户外广告媒介（OD）优劣势分析   表 6-8

优势	传播主旨鲜明，形象突出；传播不受时间、空间的限制，能够随时地发挥作用；美化环境，具有艺术性；持续期长、影响力强等
劣势	传播范围较窄；传播内容更新周期长；费用较高

8. POP 选择要点

通常用于特定宣传现场烘托气氛，一般只是辅助性媒介。

POP 优劣势分析   表 6-9

优势	传播效果直接，促销作用明显；创造气氛，美化环境，较好的现场促销作用
劣势	传播对象仅为目的性客流；具有印刷媒体表现单一的缺点

四、购物中心户外广告的系统规划

户外广告类别包括电子屏、立柱、大型灯柱、看板、灯箱、休闲椅、挂旗、导示牌 8 大类（图 6-6）。

电子屏
- 宜设置在购物中心入口处

立柱
- 可设置在购物中心外围主通道上

大型灯柱
- 宜设置于购物中心外围通道拐弯处

看板
- 设置于购物中心入口处或建筑物制高点

灯箱
- 可广泛设置于建筑物梁柱、绿化带、商城开阔区域、商城主要通道和地下停车场

休闲椅
- 适宜发布快速消费品广告，并与灯箱、挂旗等广告形式相结合

挂旗
- 主要设置于建筑物梁柱侧面

导示牌
- 在购物中心开阔区域或主要通道

图 6-6 购物中心户外广告系统

类别1. 电子屏

大型户外电子屏是新兴的多媒体广告形式,具有画面大、清晰度高、声影并茂、亮度高的特点,其他种类的户外广告无法比拟其夜间广告效果。电子屏的成本高,宜设置在购物中心入口处。

类别2. 立柱

立柱凭借其高度上的优势,能够成功吸引较大范围内人们的视线,是大型购物中心主力商铺投放广告的首选。立柱可设置在购物中心外围主通道上,并设计为多面结构,以增加广告版面。

类别3. 大型灯柱

大型灯柱集广告功能和照明功能为一身,虽然广告幅面较小,但具备高度和亮度方面的双重优势,能够较好地传达简洁的文字信息,适宜设置于购物中心外围通道拐弯处。

类别4. 看板

看板是户外广告形式中最为传统的类型,主要包括射灯看板和三面翻。射灯看板成本低、工艺成熟、不受规格限制,可广泛设置在购物中心外围通道、建筑物外立面、连廊侧面和楼顶。而新兴的三面翻看板,成本较高,可有选择的设置于购物中心入口处或建筑物制高点,提高其广告传达效率。

类别5. 灯箱

灯箱也是传统的户外广告形式,种类多、造型灵活多变,可广泛设置于建筑物梁柱、绿化带、商城开阔区域、商城主要通道和地下停车场。该广告形式带有光源,夜间效果好。

类别6. 休闲椅

休闲椅是功能性的广告载体。传统的休闲椅广告版面小,但在购物中心分布范围广,适宜发布快速消费品广告。而如果将休闲椅与灯箱、挂旗等广告形式相结合,能大大提升其广告价值。

类别7. 挂旗

挂旗广告版面小,自身并不具备很高的广告价值。但挂旗成本低廉、易于设置,能为购物中心增添良好的商业氛围,与其他广告形式相得益彰,尤其适用于短期宣传、促销活动。挂旗主要设置于建筑物梁柱侧面。

类别 8. 导示牌

大型购物中心内商铺林立、通道阡陌纵横，导示系统是消费者顺利进出购物中心、寻找特定商铺的首选公共设施。导示牌能够吸引眼球，也就具有了广告价值。在地下车库和中小通道，可采用悬挂式导示牌，用于发布简单的文字信息；在购物中心开阔区域或主要通道，则可采用单面立式、多面立式导示牌，增加广告版面，发布图文并茂的广告。

五、购物中心室内广告位规划

购物中心室内广告位的设置有四个目的：

第一，装饰购物中心环境，渲染生动、鲜活、诱人的购物氛围，激发顾客购买欲望；

第二，从视觉、听觉、触觉等多方面吸引消费者注意力，引导人流；

第三，促销、活动等产品信息或品牌形象传递；

第四，谈判条件或获取租金收益。

室内广告系统包括平面/立体广告、多媒体广告、商品展示区、活动/促销区域四大类（图6-7）。

图 6-7 购物中心室内广告系统

1. 灯箱广告

成本较高，相对于普通的喷绘或海报，好的灯箱广告能够有效凸显产品或品牌品质感，且亮度较高，视觉吸引力更强（图6-8）。

图 6-8 灯箱广告示例

2. POP 广告（Point of purchase advertising）

POP 广告可视为一种心理活动，一种购买行动的暗示。主要类型有悬挂式、壁画展示、台型展示三种：

悬挂式	为店铺最常用的方式，因为其不仅醒目、不占空间，且更可长时间悬挂，以达到广告效果悬挂式是在各类 POP 广告中用量最大、使用效率最高的一种。从展示的方式来看，其除能对顶部及上部空间直接利用外，还可以向下部空间作适当延伸利用
壁面展示	其功用与悬挂类似
台型展示	其对店铺的促销有很大帮助，但缺点是使用面积较大，占据店铺的空间。

3. 吊旗式

在商场顶部悬吊的旗帜式 POP 广告，其特点是：以平面的单体向空间作有规律的重复，从而加强广告信息的传递（图 6-9）。

图 6-9 吊旗式广告示例

06 购物中心营销推广

4. 吊挂物

吊挂物相对于吊旗来说,是完全立体的吊挂POP广告。其特点是以立体的造型来加强产品形象及广告信息的传递,营造强烈的商业氛围(图6-10)。

图 6-10 吊挂物广告示例

5. 地面立式 POP 广告

地面立式 POP 广告是置于商场地面上的广告体,完全以广告宣传为目的的纯粹广告体,其成本低、可移动、方便随时更换画画(图6-11)。

图 6-11 地面立式 POP 广告示例

第二节 项目开业筹备营销推广

项目开业前筹备期间，推广活动会以配合招商、提高知名度为主。

项目筹备期间推广策划主要工作包括以下 3 项：项目主题策划、招商宣传、大型招商活动策划。

一、项目主题策划

在信息化社会，顾客的购物方式发生了很大变化，购物的多元化、个性化与情感化倾向愈来愈明显，购物中心的主题策划必须根据消费者需求的变化而变化。项目的主题策划要遵循如图 6-12 所示的步骤。

确定活动的主题	按策划活动的主题的要求设计卖场
· 区域顾客的购物需要 · 消费心理特点 · 地域文化	· 业态组合 · 商品组合 · 招商招租 · 空间处理 · 环境塑造 · 形象设计

图 6-12 项目主题策划的步骤

1. 确定活动的主题

项目的主题策划首先要根据所在区域顾客的购物需要、消费心理特点、地域文化，确定准确、鲜明、独特的主题。这个主题就是这个购物中心的特色，是整个购物中心的灵魂；

2. 按策划活动的主题的要求设计卖场

在业态组合、商品组合、招商招租、空间处理、环境塑造、形象设计等方面进行相应的安排、设计，使购物中心能够符合消费者"体验性消费"的需求。

"体验性消费"具体来讲，购物中心应从"以人为本"的角度出发，营造温馨、舒适的购物环境；形成以大体量、多元、多层次的真正"一站式特色消费"，使消费者在购物中休

06 购物中心营销推广

闲和玩乐、在游玩的愉悦中购物。简言之，购物中心本质上应具备对目标消费群体巨大的吸引力、最大的亲和力。

二、招商宣传

项目筹备期间，招商宣传工作有如图 6-13 所示的 3 个要点。

图 6-13　招商宣传的 3 个要点

要点 1．制作、刊登本项目的宣传介绍广告

在这个环节里，具体的做法可以是如下四点：

第一，聘请专业形象设计公司或广告公司对本项目进行包装，制作出形式新颖、突出本项目特色和优势的广告；

第二，在有一定影响的报纸、杂志上刊登，或是在收听率和收视率高的广播和电视频道里播出；

第三，制作成醒目的广告牌竖立在公共场所；

第四，经常邀请知名记者到本项目进行专访，写出专题报道或连续报道在传媒上频频"曝光"，以引起人们的关注。

要点 2．制造新闻报道事件

制造新闻报道事件是利用传媒进行宣传最有效形式之一。可以定期举办新闻发布会，举办引进项目的签约仪式、建设动工典礼、投产庆典、新产品介绍会、本项目的周年庆典以及有本地特色的社会、文化、体育活动、节目等，邀请传媒参加、采访、报道。

制造新闻报道事件应该成为一件经常性的、常抓不懈的工作，也是保持本项目具有一定的传媒"曝光率"的关键。一个项目每年总会有一些上述活动，这是利用传媒宣传本项目的大好时机。所以，一定要抓住机遇邀请传媒参与。只有经常见诸各新闻媒介，一个项目的知名度才能逐步提高，其形象才会逐步深入人心。

要点3. 与传媒保持定期、良好的工作交流

除举行各类活动邀请传媒参加以外,平时应经常性地与传媒保持联络,相互交流信息,交换思想,以利于以后工作的进一步开展。

利用传媒宣传,应注意以下两点,才能收到预期的效果:

一是在传媒选择方面,要选择发行量大、收视率高,以及中外工商界的中、高层管理人员爱看的报刊或电视频道,使之有的放矢,避免找错宣传对象,浪费人力、财力,徒劳无用。

二是要保持一定的传媒宣传"曝光率"和周期率。那种"三年不鸣,一鸣惊人"之后又长期沉默不鸣的情况,难以吸引广泛注意,很快就会被人遗忘。

三、大型招商活动策划

从程序上说,大型活动策划和实施,要完全按照公关四步工作法的要求执行(图6-14)。

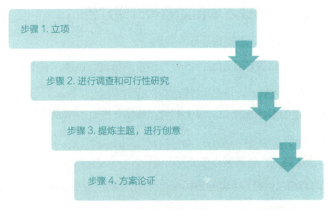

图6-14 大型招商活动策划的4个步骤

步骤1. 立项

就是要把活动作为一个项目确定下来,这个活动"要不要做?为什么做?"。

步骤2. 进行调查和可行性研究

大型活动策划调查有其特殊性。做可行性调研要包括的项目如图6-15所示。

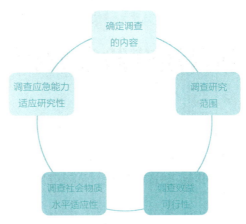

图 6-15　可行性调研包括的项目

确定调查的内容：国家关于大型活动方面的政策和法规、公众关注的热点、历史上同类个案的资讯、场地状况和时间的选择性等。

调查研究范围包括四类：大型活动的社会适应性，社会环境和目标公众的适应性，财力适应性，效益的可行性。

调查效益可行性，即回答做这样的活动是否有利于节省宣传费用。如果投放媒介做广告比做大型活动更有效，则大型活动就不一定要做了。

调查社会物质水平适应性，即大型活动需要动用许多社会物质，许多创意也需要物质的支持，因而需要策划人员把握现代科研成果。

调查应急能力适应研究性，即需要哪些应变措施，如户外活动要考虑天气的情况，野外活动考虑更多的是安全设施问题等。

步骤3．提炼主题，进行创意

除了个人创意外，要特别强调集体创意的概念。集体创意的过程也始终贯穿着个人的创意过程。现代策划需要的是多个学科的综合和集体的智慧，而不是某个大师的杰作。

步骤4．方案论证

方案不仅要有论证，还要有科学的论证。方案论证通常使用定位式优选法、轮转式优选法和优点移植法。

操作程序

第三节 项目运营阶段营销推广

购物中心开业后，营销活动是促使大型购物中心旺场的最主要手段。购物中心进入运营期，商业推广思路不仅是促进销售，更重要的是培养消费者购物习惯和忠诚度。购物中心运营期间的推广应组合多种有效手段进行商业营销，包括明星秀、产品发布会、广告、商业环境营造等。

一、项目运营推广的 5 个要点

项目运营推广有如图 6-16 所示的 5 个要点。

图 6-16　项目运营推广的 5 个要点

1. 将购物中心的会员变成购物中心的粉丝

每个购物中心都有会员卡，会员卡只是约定消费者和购物中心的交易关系。每个购物中心的门店都聚集了很多潮流品牌。购物中心运营推广的目的有两个：

第一，将会员卡赋予更多的内容，变会员为粉丝；

第二，将潮流品牌实现联动，整合营销资源，进行主题性营销，将这些品牌甚至门店的粉丝变成购物中心的粉丝。

06　购物中心营销推广

> **案例**
>
> 　　香港海港城 2012 年举行的哆啦 A 梦 100 周年诞辰展，全球首度展出 100 个不同的哆啦 A 梦、手持 100 件不同的神奇法宝，整齐排列于海港城海运大厦露天广场。参加者还可体验到《哆啦 A 梦》中描绘的梦幻世界，可以穿越到各地，可以乘时光机穿梭过去未来进行冒险，可以在电话亭打电话，制造出一个魔法世界，成功将哆啦 A 梦的粉丝群聚集过来，引发消费者在社交媒体的分享。

2. 注重文化娱乐体验的融合

在同一个城市，购物中心竞争激烈，单纯靠地理区域界定消费群的购物中心很难吸引到足够多的消费者。一个购物中心必须思考文化主题，构建新的文化、潮流、时尚、休闲娱乐的氛围和地标。

> **案例**
>
> 　　上海 K11 定位为"艺术·人文·自然"，最大的互动艺术乐园、最具舞台感的购物体验、最潮的多元文化社区枢纽，365 天的不间断互动活动。K11 将旋转木马、有机农场、小猪、艺术电影、互动雕塑等不同类型的元素结合在一起，让消费者可以感知到都市农庄的气息，还设有可经常举办各种主题性的艺术画展等活动的艺术空间，把购物中心变成了文化和艺术潮流的聚集地。

3. 与移动互联网建立链接

移动支付的成熟让实时化消费和交易行为加速，二维码、微信等新技术和新平台都在改变品牌和消费者的关系，购物中心需要为移动互联网的消费者建立通道，与他们链接起来，通过垂直 WiFi 的铺设来提升用户体验。

> **案例**
>
> 　　朝阳大悦城其近 20 万的微信会员和 12 万实体会员将同时拥有实体会员卡和微信会员卡，微信会员卡不仅能享受到和实体会员卡一样的特权，还将可以通过扫描会员条形码进行消费积分，并实现积分提醒、积分查询、购物中心信息浏览、互动活动等。这次打通，不仅将为 30 万会员提供便利和优惠，更蕴藏着 O2O 的更多可能，代表着实体商业和社交媒体合作共赢的趋势。

4. 借助社交媒体营销

购物中心借助微博微信等社交媒体进行营销，不是靠促销活动的不断累积，而是要思考如何输出引领消费者生活方式的内容。对于社交媒体内容的创造和开发，可以将促销信息的传播转化为融入感情、回忆、期待等形式的互动，把与粉丝从单一的线性关系转换成牢固的网络关系。

> **案例**
>
> 欧美汇购物中心利用"微博千里眼"活动，提前设定好几个关键词，只要微博里提到这些关键词，欧美汇就会发私信邀请对方到店领取礼物。

5. 将大数据变成营销的生产力

大数据是消费者的数据化，传统零售业本身就是大数据的平台，但今天需要思考如何将大数据变成营销生产力。

> **案例**
>
> 梅西百货利用先进的消费习惯跟踪技术观察顾客的个人购买行为，在一年内推出了十几万份产品手册，而每一位消费者都会收到最适合自己的那一份。而在未来，对于购物中心而言，还需要思考如何能够感知到更多的消费者动向和情绪，以更好地与消费者进行情感沟通和关系营销。

二、项目运营期活动推广

购物中心进入运营期，应有效利用多种业态组合，策划节庆促销活动、日常主题活动、演艺选秀活动等，结合多项媒体资源实现业绩增长，扩大项目的美誉度与知名度（图6-17）。

图6-17 项目运营期两种活动推广

06 购物中心营销推广

活动 1. 节假日促销推广

节假日是消费的井喷期,做好节假日促销活动要做到诚信、可信。促销活动重点在于突破消费者的心理屏障,吸引关注,并积极参与,还要造好"势"。这个"势"是指要善于借势和造势(促销氛围、货品组织、媒体利用等)。

促销活动设计要新鲜有趣。消费本身是一件让人觉得开心的事情,如果能在消费的过程中更好的体现这一点,无疑能够达到很好的促销效果。节假日促销是为了最大限度地在短时间内促进销量,为了达到这个目的,适当地给予实惠是必要的。优惠的设计应该与最终的销售紧密相连,只要设计合理,就能够达到促销的目的。

购物中心举办促销活动有如图 6-18 所示的 13 种形式。

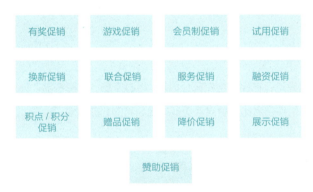

图 6-18 购物中心举办促销活动的 13 种形式

(1)有奖促销

通过有奖征答、有奖问卷、抽奖(即开式,递进式,组合式)、大奖赛等手段吸引消费者购买商品。

(2)游戏促销

设计一些构思奇巧、妙趣横生的游戏或竞赛让消费者参与,同时把企业信息、商品信息传达给消费者。既然是游戏,以趣味、游戏、娱乐为主,比赛尚在其次。

(3)会员制促销

利用人作为社会人在心理上的团体归属感,以制度的形式成立一个正式或非正式组织,由组织向会员承诺一个或多个利益点,从而实现组织与个人利益最大化。

开展会员促销事先须有严谨的组织筹划、清晰的目标,否则,极易导致计划流产或成立的组织骑虎难下。商业领域铁的法则便是企业及个人都追求利益最大化,一旦会员认为自身利益受了欺骗或行业内出现比自身组织更物美价廉的商品,会员就很容易"身在曹营心在汉"。

（4）试用促销

把一定数量的商品样品，免费赠送给目标消费者试用。目的是使消费者在试用后切身体验到该商品的质量和功效，进而从小量尝试到长期固定消费。

（5）换新促销

对于一些大件耐用消费品（如家电），商家为了扩大其消费，免除消费者"旧的不去，新的不来"的心理，采取按一定的金额回收处理旧品，消费者按旧品折扣金额来购买新品。

（6）联合促销

在双赢的基础上，联合多种业态，共同面对消费者促销。参加联合促销的各方只有具备相同或相近的目标市场，才能用较小的成本获得较大的效果。参加联合促销的各方应能充分发挥各自的优势，形成优势互补。通过优势互补，使促销费用由各家承担，从而降低了促销成本。

（7）服务促销

根据经典营销理论，产品包含三部分内容：核心产品、有形产品、外延产品。在产品外延部分即服务上，给消费者比竞争对手更多或更独特的利益承诺。

（8）融资促销

对金额较大的大件商品实行分期付款的优惠促销行为。如现在消费者购买商品房或私家车时，开发商或厂商一般均采用此促销方式。

（9）积点/积分促销

消费者短期内通过多次购买，累积积分券、贴花、换物票等，享受促销政策，从而培养顾客认知度及忠诚度。

在实施积点促销的时候，应注意如图 6-19 所示的三个问题。

图 6-19　积点促销的三个注意事项

一是促销的赠品要有吸引力，否则消费者会失去参与的积极性；

二是积点促销赠送品的数量难以估算，所以要充分估算赠品数量；

三是促销时间不能太长，太长的促销周期给消费者及厂商均带来不便。

（10）赠品促销

在一定时期内扩大销量，向购买商品的消费者实施馈赠。过多的买赠行为会伤及品牌建设，因此，在考虑买赠促销时，应尽可能考虑竞争对手及消费者实际情况。

（11）降价促销

在一定时期内为扩大销量，利用商品降价快速占领市场，提升市场占有率。

（12）展示促销

根据商家新品上市、店庆、节假日促销需要，在广场、商场利用产品展示、道具、有奖问答、游戏、演出等手段向目标受众传达产品利益点或促销信息。

（13）赞助促销

出资赞助如体育赛事、文艺活动、公益活动，以冠名、现场媒介及信息免费发布、转播及后续新闻效应等手段提升企业品牌及产品销量。

活动2．日常主题推广

购物中心主题活动营销策略的核心就在于如何有效地"借势营销"达到营销推广工作的总体目的。

以购物中心为载体的知名品牌商业活动及社团、媒体等社会活动，使活动组织者及购物中心实现了双赢。但在知名品牌商家、社会团体、媒体等为购物中心主题活动营销提供了主要资源支持的情况下，购物中心营销推广部门应采取积极手段强化购物中心在整体主题营销活动的影响份额，避免购物中心在主题活动过程中被舞台化。

购物中心日常主题活动推广有如图6-20所示的5个要点。

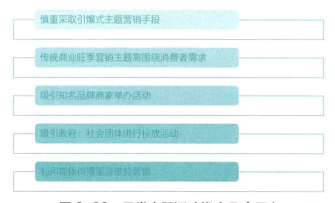

图6-20　日常主题活动推广5个要点

(1) 慎重采取引爆式主题营销手段

需要大资金投入的引爆式主题营销，在购物中心营销推广中，应十分慎重。以邀请明星、或出资赞助大型活动为主要方式的引爆式主题营销手段，其主要价值在于通过各类媒体的相关信息发布，提升购物中心品牌效应，明确购物中心的品牌定位，及在活动期间带动人流量。因此，在购物中心营销推广的长期过程中，特别是开业旺场、重大节日等时段，引爆式营销是整体营销推广的必要组成部分。

使用引爆式营销的弊端有如图 6-21 所示的三点。

图 6-21　引爆式营销的三个弊端

第一，营销成本过高。

购物中心运营管理中的营销推广费用都是由业主单位在租金中按适当比例进行提取，其费用使用需要覆盖到年度周期内。在目前明星出场费高企的情况下，频繁使用引爆式营销，将在成本支出方面难以为继。因此，在实际应用中需要十分慎重，应该更多地采取借势营销手段。

第二，引爆式活动吸引青少年云集易发生安全事故。在明星活动营销中，明星出场时间都十分短，往往吸引都是以青少年为主的群体，易出现安全事故。

第三，引爆式活动吸引的青少年人群，也不是购物中心所需要的优质客户。

(2) 传统商业旺季营销主题需围绕消费者需求

传统商业旺季是购物中心主题活动营销手段的重要开展时段，也是购物中心营销推广对购物中心租户经营最直接的支持管理。

在节日、大假期间等传统商业旺季中，消费者都具有明确的消费需求，在此期间内，购物中心的营销推广工作有两个要点：

第一，宜于采取主题活动营销手段，主题无须发散，只需要围绕着消费者需求，以提

06 购物中心营销推广

供商品（服务）为核心，依靠购物中心作为提供各类商品（服务）的集合体，体现为消费者提供一站式消费需求的整体优势。

第二，集中包装购物中心商户促销资源，并投入适当资金，提炼出紧扣消费者消费需求的整体旺季营销推广主题，如应季服装购物节、长假合家欢等形式，实现对商户经营活动的推波助澜。

（3）吸引知名品牌商家举办活动

通过对购物中心自身品牌的塑造及持续推广，吸引知名品牌商家成为商家主题品牌活动的载体，利用知名品牌的营销渠道，宣传购物中心品牌，是购物中心主题活动营销的重要模式。

一线品牌商家，都具有年度营销推广计划，主题活动路演是重要商业推广手段，路演整体过程也具有较高品质形象；而购物中心坐拥大量人流，也是商家乐于选择的路演场地，如果可以有效会聚商户资源，就能实现主题活动不断、购物中心精品活动连台的营销效果。要保证对品牌商家的吸引力，最重要的是购物中心整体必须体现出清晰的品质定位。通常定义中，购物中心的定位一般按商品品类或地域进行，如城市级商业中心与社区市民中心的区分，奢侈品中心与时尚中心、社区服务型中心的区分等，与之对应的商户必然会将购物中心纳入整体路演计划中。

> **链接**
>
> 上海恒隆广场常作为国际一线品牌新品发布的中国首选地，与恒隆广场自身的品牌定位完全相符。成都万达广场承办百事可乐川人助威奥运（四川区）首发式，就将万达与百事可乐名牌相联系。

（4）吸引政府、社会团体进行投放活动

利用购物中心所拥有的人流量及商业活动场地，辅以少量资金支持，吸引政府、社会团体等社会资源的活动在购物中心投放，是购物中心主题活动营销的另一模式。政府、社会团体所组织的主题活动，一般都有固定的受众群及信息发布渠道，并可以保持媒体曝光率，完全可以起到借势营销及拉动消费人流的作用。

> **链接**
>
> 上海万达广场仅以数万元费用，就承办了上海国际拳王争霸赛，通过体育传播成功地进行了品牌推广。

（5）利用媒体传播渠道借势营销

媒体是购物中心营销推广部门可以借助的重要活动资源。在目前强调娱乐性的时代，媒体、特别是电视等强势媒体一般都会设计大量活动节目。承办或合办媒体的主题活动，利用媒体传播渠道，对购物中心的品牌推广最为快捷有效。但媒体活动多数要求提供不菲的赞助费用，有关成本与效果需要进行认真评估。

> **链接**
>
> 上海万达广场、成都万达广场都仅以数万元费用，承办了由东方卫视进行现场直播的"非常有戏"明星汇演活动及亚洲小姐四川赛区决赛巡列活动。这是成功、有效进行成本控制的媒体借势营销范例。

三、项目推广周期及时间节点

进入平稳运营期以后，每年设定一个年度"推广年"主题，围绕主题完善推广。推广计划根据一年当中的 12 个月为时间节点，每月推出一个中心主题。

1. 推广年主题

购物中心的主题设计可以按照成立年限做不同的安排。

运营第 1 年的主题设置

借助人文时尚，提高形象，举办各种社区及公益活动，提高与社区的互动，体现社会责任。

运营第 2 年的主题设置

提升商家对消费者服务水平、提升商场对商家的服务水平，创新体验式购物服务、体验式经营服务。

运营第 3 年的主题设置

打造"时尚人文体验式购物天堂"的品牌，提升购物中心自身的品牌知名度，成为消费者必经之地。

2. 年度内 4 个推广阶段

针对购物中心的行业特点，按春夏秋冬划分为 4 个推广阶段（图 6-22），全年规划设计四套视觉系统。

图 6-22　购物中心年度推广的 4 个阶段

（1）春季：以春装时尚发布为主

春季为销售淡季，以春装时尚发布为主，联合部分商家操作各种活动，策划亮点活动烘托卖场气氛。

（2）夏季：举办各种夏日广场纳凉活动

夏季与啤酒商、餐饮商合作，利用双休假日，举办各种夏日广场纳凉活动，突出购物中心的文化气息。充分利用好五一、五月母亲节、六一儿童节、六月父亲节、七月店庆日、九月教师节，做好节日营销策划。

（3）秋季：做好秋季时尚新品上市推广计划

秋季为销售旺季，在做好秋季时尚新品上市推广计划的同时，紧扣中秋、国庆黄金周，策划执行上规模、有档次的促销活动，将卖场人流和购买力提升到一个新的高度。

（4）冬季：营造浓郁的新年气氛

冬季主要抓好圣诞、元旦、周年庆、新年活动规划，营造浓郁的新年气氛，将卖场销售进一步提升。努力介入各大媒体和相关政府部门组织的地面活动，全面展示和推广购物中心的时尚中心地位。

四、项目运营吸引顾客的推广策略

购物中心项目运营期间，采取以顾客为导向的手段，推广产品和服务：

首先，发现商圈内的目标客群，调查分析各项需要；其次，依各种需要比较市场上的供应量，确定业种；最后，精心研究采用哪种有效的方法，把规划业种所提供的商品或服务分配出去。

吸引顾客有如图 6-23 所示的 3 个策略。

图 6-23　吸引顾客的 3 个策略

策略 1．提高商品满意度

顾客进入卖场后，可能从购物中心的介绍说明书、面对面的询问台或电子查询，取得商品资讯，顾客亦可能采取逛街的方式获得一些购买想法。

大部分顾客一次或逐步获取商品资讯后，他们的感觉如何，会产生哪些具体的反应，这些是形成商品满意度的重要指标。

决定商品满意度有如图 6-24 所示的 2 个指标。

图 6-24　决定商品满意度的 2 个指标

（1）商品的多样化

消费行为产生的前一步动作为消费者的选择，其基本理念为消费者固然有购买欲望，由于受个人可用所得限制的基本事实，他们必须以选择性消费来达成心理上的最大满足。因此为使顾客在消费行为之后心理上有成就感，购物中心的行销推广策略应安排适当的选择机会，提供顾客消费心理的满足。而由于选择具有可比较的功能，因此商品多样化才能提供商品比较的执行过程。多样化由于受业种配比及全方位功能的必要限制不应过度，过度的选择也可能使顾客失去决定购买的抉择能力。

（2）服务人员的亲切及热忱

服务人员是购物中心的触角，直接深入顾客群，因此他们是行销推广的重要人物。他们多一分亲切的招呼与热忱的服务，将使顾客满意度大幅提升，并因此呈现优良的经营绩效。

服务人员亲切、热忱的指标绝不是挂在墙上的信条，或用在聚会后的结束口号，而是行销推广的战略。服务人员应建立根深蒂固的信念，只有顾客的认同才足以证实服务人员具有服务品质，特别是顾客是业绩达成的支持者。

> **链接**
>
> 在行销推广范畴中，服务人员应接受下列销售技巧的教育训练：
>
> **服务人员销售技巧** 表6-10
>
> | 销售技巧 | 具体做法 |
> | --- | --- |
> | 招呼顾客 | 使顾客驻足，以便取得推荐商品并进而解说商品的机会，使商机得以形成 |
> | 充分了解商品 | 服务人员对于商品的特性与功能应充分了解，以便在顾客初步形成购买欲时，能给予详细解说 |
> | 让顾客接触商品 | 服务人员可接着采取试用、试穿、试吃的方式，尽量让顾客接触商品，产生直接感受 |
> | 使顾客产生好感 | 掌握顾客的特性与条件，给予适当的建议及适度的赞美。服务人员应尽量使顾客产生好感，才能增进信心，采取购买行动，进而购买关联性产品，例如购买皮鞋之后，推荐优质的袜子、鞋油等 |
> | 积累经验 | 在购买结束前，利用简短的对话，对顾客稍做了解，并分析这次成功的交易，建立可用模式与资讯，以便积累更多的经验 |

策略2．适应消费者节约的特质

泡沫经济末期的消费者已觉醒，不再一味地追求名牌去消耗手中富裕的购买力、满足虚荣心。特别是通过国民旅游，已经对国际价格做过比较比对，超高价位已无法拉动消费者的需求，于是产生录入巨大整体性的破坏价格，品牌忠诚度亦受重大的打击。消费者逐渐产生的自我约束式消费趋势，促使购物中心行销推广也改以节约为主，跟在破坏价格之后，着手策划新的行销推广策略。其要点如图6-25所示。

（1）靠物美价廉的商品形成吸引力

购物中心中每个商店所贩售的商品，都需要有相当的产品知名度，并提供稳定的产品品质及合理的价格。购物中心所销售的商品中，具有物美价廉条件的商品越多，自然能形成一股强大的吸引力，达到行销推广的最佳效果。

图 6-25　适应消费者节约特质的 3 个要点

物美价廉的本质在于能发生流通的革命。即缩短商品流通管道，从制造、批发、零售的整合，创造消费者的外部经济利益，内部则采取高产品周转率，与大规模经济的内部经济利益结合，使革命性的购物中心与消费者因为流通改变而获得双赢。

（2）提供充分的消费资讯

购物中心采取定期或不定期提供商品资讯的行销推广策略，与商圈内的消费者保持畅通的沟通管道，消费者亦取得资讯提升消费水准，同时购物中心也把他们的各项活动告知商圈内消费者。在传统零售市场，消费者不易有计划地取得消费资讯，仅能利用口传或零星的媒体资讯。

（3）提供新产品满足消费需求

追求时髦是人的天性，购物中心提供新产品满足消费需求，但应着重于具有较佳功能、流行的有个性化的有品味商品。这些条件将使消费者获得较高程度的满足。

策略 3. 整合性行销锁定目标客层

借助媒体广告把商品消息传送给消费群，这种方式不但效果极差、花费极大，且提高成本，行销推广效果将大打折扣。整合性行销是一种先确定目标客群，再根据他们的需要传送必要资讯，广告效果佳且成本低。购物中心行销推广策略采取锁定目标客群的整合行销模式，由于目标客群明确，熟知其特性，故易于快速有效传递行销推广的商品资讯。

购物中心运营管理

操作程序

第一节　购物中心招商管理
第二节　购物中心租售管理
第三节　购物中心开业运营管理

本章使用指南

购物中心运营管理就是要把松散的经营单位和多样的消费形态，统一到一个经营主题和信息平台上。不能统一运营管理的购物中心，会逐渐从"商业管理"蜕变成"物业管理"，直至最终完全丧失自己的核心商业竞争力。

第一节 购物中心招商管理

招商管理是指购物中心所有者按照事先制定的招商准则，按照科学的招商程序，对外统一招租入驻店铺，并对入租商户进行管理的活动。通过统一招商可以与入驻商户建立并保持一种既互利互惠又融洽和谐的合作关系，是购物中心成功运营的保证。从某种程度上说，招商工作的好坏直接关系到购物中心的成败。

一、购物中心统一招商的5个原则

按照制定的招商准则，购物中心的商业管理公司严格审核、统一招商，并对所有招来的商户进行统一管理。其实，统一招商并不难，难的是如何招商以及对商户如何管理。所以，设计一个合理的、符合实际的招商管理基本原则，是"统一招商"成功与否的关键（图7-1）。

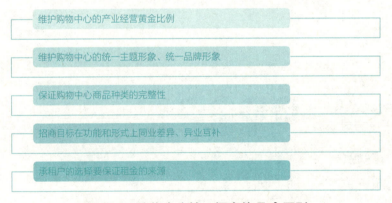

图7-1 购物中心统一招商的5个原则

原则1. 维护购物中心的产业经营黄金比例

购物中心产业经营的黄金比例，零售：餐饮：娱乐为52：18：30（图7-2）。招商要注意维护和管理好这个经营比例。广州天河的正佳广场和上海的虹桥购物乐园的招商标准就是参照这个比例。当然，任何经营比例都不是绝对的。

07 购物中心运营管理

图 7-2 购物中心产业经营的黄金比例

原则 2. 维护购物中心的统一主题形象和品牌形象

购物中心是一种多业态组合的商业组织模式,购物中心必须是一个拥有明确经营主题和巨大创造力的品牌形象企业,而绝不是一个无序的大杂烩。招商要始终注意维护和管理好已确定的经营主题和品牌形象。

原则 3. 保证购物中心商品种类的完整性

购物者对购物中心中只有一家商店出售某种商品不会感到满意,他们希望能够像在城市商业区购物一样,方便地进行款式、质量和价格的比较。开发商在招商时应当考虑选择对一类承租户的集中布置,扩大某类商品的覆盖范围,方便购物者比较,提供与城市商业区一样的竞争性和便利性,创造"购物气氛"。

原则 4. 招商目标在功能和形式上同业差异、异业互补

同业差异简单地说,就是一个市场会对某类产品有一定的承受力,不能盲目地招同一品类的店。譬如,零售业态的核心主力店招商,就不要同时招来两家基本上都是经营食品和日用品的大型超市;一个购物中心中的核心主力店同质化无差异更是不能想象的。

异业互补就是要满足顾客消费的选择权,并能让顾客心身体验变化,提高其消费兴趣。譬如百货、超市因为经营品项不同,可以互补;让顾客逛、购疲劳的零售店与让顾客休息放松的餐饮店可以互补等。在这方面做得比较成功的购物中心有香港太古广场、北京西单大悦城等。

购物中心招商目标分布　　　　　　　　　　　　　　　　　　　　表 7-1

类别	核心主力店	辅助主力店	配套辅助店
零售设施	百货、综合超市等	时装、电器、家居、书店、音像店等各类专业店	不同地区商品特色店
文化娱乐设施	动感影院、科技展览等	儿童乐园等	艺术摄影、旅行社、网吧等
餐饮设施	中餐、咖啡西餐、美食广场、酒吧等	快餐类、风味小吃类等	——
配套服务设施	宾馆、写字楼、银行、邮局、诊所、美容美发、停车场等		

原则 5. 选择承租户要保证租金来源

购物中心的店面出租和租金关系密切。在招商过程中，有必要对每一个承租户做评价，预测它们的经营前景，作为店面出租的指导。开发商的目标是选择合适的零售商，获得足够的租金，最大限度地出租营业面积，获得最大的利润来源。

以往的经验并没有给选择承租户和预测未来收入提供可靠的指导，问题在于获得长期稳定的租户和短期高回报之间有矛盾，在某些情况下难以两全其美。开发商把面积大量出租给信誉好的零售商，可以保证租金来源的稳定性，但这些承租户可能达不到预期的销售额，所以难以让业主和金融投资机构满意。开发商由此面临一个协调长期收益和迅速收回投资的问题。反映在承租户方面就是选择高信誉度的知名商店和全国性连锁店，还是选择本地的愿意支付较高租金的普通零售商。购物中心在做承租户选择时，需要在利润和稳定性之间做出选择。

在一些地方，购物者对某些承租户有很高的接受程度。虽然信誉一般，但它们商品销售量大，所以购物中心中一些非常好的位置，常常被这些购物者接受程度高但企业信誉一般的小规模承租户占据。知名全国性连锁店虽然经营能力很强，有时却只能得到较低租金的位置。

二、购物中心招商的 5 个特点

购物中心招商是购物中心收益的实现形式，一个购物中心项目运作成功与否，主要看是否能按计划成功招商。因而，对购物中心来说，掌握购物中心的招商特点有利于项目运作成功。

与传统商业地产相比，购物中心招商具有如图 7-3 所示的 5 个特点。

07 购物中心运营管理

图 7-3　购物中心招商的 5 个特点

特点 1. 目标客户主次分明

购物中心的目标客户可以划分成两个梯队,一个是主力店,另外一个是半主力店及其他店铺。

(1) 主:主力店

主力店的主要作用有以下 4 点:

第一,有助于稳定整个项目的经营,主力店一般占有整个项目一半左右的营业面积,其影响之大可想而知。知名度较高、有良好业绩记录的主力店可使项目更加稳定,且有利于项目的可持续发展;

第二,知名主力店的入驻能够吸引投资客的眼球,刺激铺位的销售,以及带动其他店铺的招商;

第三,主力店拥有一定忠诚度的消费群体,这一优点可以帮助项目在日后的运营中在保持一定量的基础上发挥更大的效用;

第四,主力店的进驻能够影响中小店铺的租金水平,提高项目整体租金收入。

(2) 次:半主力店及其他店铺

半主力店及其他店铺的主要作用有以下 2 点:

第一,按业态组合设计招入半主力店及其他商家,以满足项目商圈内不同层次、不同需求的消费群的购物或消费需求;

第二,中小店的铺位租金往往是主力店的 4~10 倍,有的甚至更多,其租金总和是项目收入的主要来源。

特点2. 租金高低悬殊，租期长短不一

主力店投资大，投资回收期长，其租期要求一般为8年、10年，有的长达15年、20年。同时，其租金相对便宜得多，一般从第4年起，租金开始递增，递增在3%～10%。由于开发商考虑了多种因素，成功经营的主力店有利于项目的可持续发展。

中小店的租期一般为3年左右，租金较高。

特点3. 招商时间长

购物中心的招商时间较长，从业态组合确定开始至项目全面营业，可分为主力店招商和中小商家招商两个阶段。主力店的招商集中在项目业态组合之后、规划之前。而中小商家的招商则分散于整个项目的建设期间。

由于主力店决定项目的形式，在产品形成之前，开发商需确定主力店，并按其要求设计、建造相适应的产品及商业设施，而中小商家则对形成后的商业设施改造要求不大，因而中小商家的招商可在主力店确定后才正式进行。项目建设期间可进行各类中小商家的招商咨询登记工作。

特点4. 招商难度大

招商难度大的主要原因在于如下四个方面：

第一，项目建设期较长，主力店对项目业态化趋势把握不住，不容易与开发商结成合作联盟。

第二，装修进度影响中小店入驻。虽然有项目装修效果图，但中小店主的担忧是有一定道理的，毕竟他们也需要在适合的场地发展新的分店。

第三，功能分区的招商进度影响了各类店的进驻决策。按照合理的功能分区计划，顺利入驻相应商店或服务机构可使各类店的经营互动起来，对于项目和各店经营有很大的帮助。而一旦某一类商店或服务机构招不进来，则整个项目的服务功能可能不尽理想，特别是能够吸引人的各主力店或同类店中知名店（特色店）没法进来时，更是影响了整体的经营。

第四，营运团队知名度不高、缺乏管理实战经验，使招商难度进一步提高。购物中心在我国兴起的时间不长，绝大多数的开发商或营运商并不具备丰富的商业地产营运经验。

特点5. 招商技术要求高

购物中心招商技术，对开发商、运营商及招商人员提出了如图7-4所示的4个高要求：

07 购物中心运营管理

```
┌─────────────────────────────┐
│  丰富的零售服务知识           │
└─────────────────────────────┘

┌─────────────────────────────┐
│  较强的招商技巧和谈判能力     │
└─────────────────────────────┘

┌─────────────────────────────┐
│  较强的评估能力               │
└─────────────────────────────┘

┌─────────────────────────────┐
│  合理的招商推广策略           │
└─────────────────────────────┘
```

图 7-4　购物中心招商技术的 4 个高要求

要求 1. 丰富的零售服务知识

招商人员必须熟悉商品或服务的类别及特点、商品或服务组合原理、价格面、产品线、房地产开发、物业管理等相关的基本知识,掌握市场学、经济学、管理学中的一些基本原理,了解租赁、消费、产品、销售等相关法律法规(图 7-5)。

基本知识	基本原理	相关法律法规
• 商品或服务的类别及特点 • 商品或服务组合原理 • 价格面 • 产品线 • 房地产开发 • 物业管理	• 市场学 • 经济学 • 管理学	• 租赁 • 消费 • 产品 • 销售

图 7-5　零售服务知识

要求 2. 较强的招商技巧和谈判能力

由于招商难度大,这要求在招商过程中使用一些技巧。第一,制造某些位置有多家入驻的抢手局势等;第二,在了解竞争对手之后制定出吸引人的条件和优惠策略。招商前期的主力店招商工作异常艰难,知名度较高的主力店一般受众多购物中心项目的欢迎,他们在某一区域内选址的机会也较多,一定要提前制定出更适合主力店发展的优惠策略。第三,争取分别与不同的多家主力店同时洽谈入驻意向及条件。

要求 3. 较强的评估能力

在租户表达了入驻意向之后,招商小组应派有关人员考察租户的经营情况,特别是对主力店的调查和评估，其评估的内容包括资金实力、经营业绩、经营特色、注册资本金、管理层的管理能力、营业额及其增长率、财务状况、合作意愿程度等项目，并按一定标准进行量化评估，为选择租户决策提供科学的数据及报告（图7-6）。

图 7-6　主力店评估的内容

要求 4. 合理的招商推广策略

招商推广的好坏将影响到资金预算和招商效果，招商推广策略应符合策划内容的要求，并围绕项目的市场定位、功能定位和亮点设计等内容进行招商推广策略的制定和实施，以保证招商工作投资少、效率高。

三、购物中心招商工作的 3 个步骤

购物中心招商工作有如图 7-7 所示的 3 个步骤。

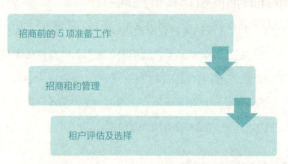

图 7-7　购物中心招商工作的 3 个步骤

步骤 1. 招商前的 5 项准备工作

购物中心招商前的准备工作可以委托专业公司或专业人士以及自有的招商团队同时进行参与,并聘请专家、行业机构反复论证。具体来说,准备工作主要包括如图 7-8 所示的 5 项。

图 7-8　招商前的 5 项准备工作

项目 1. 制定租金计划

租金计划制定是一个渐进的过程。开业初期并不是主要目标,养商期的租金不做太高要求,但一定要有长远的计划和目标。购物中心所有的费用,包括广告费、停车费等,也要有一个计划,需要计算投入和产出。

项目 2. 了解各类主要租户的经营需求

作为购物中心营运者必须要满足两个要求:

第一要满足消费者消费的需求,消费者有很多消费的特征,有边际消费的倾向,有不同消费的弹性,要认真研究这些内容;第二要满足租户的经营需求,但这一点往往被忽略。运营者要及时地为租户解决困难,满足租户机电、营销等方方面面的经营需求,同时租户也要配合发挥自己的专业能力,这样整个购物中心才会提供给消费者更符合其需求的服务。

项目 3. 制定招商计划

招商计划对应的是一个开业计划,要达到预期的时间进度,招商人员一定要了解清楚租户的经营特点,每个租户审批和决策效率不一样,有快有慢。招商计划对应开业计划,要有不同的进场时间。

项目4. 分类确定交场标准

各类商户的交场标准要根据既定约束、预算约束和硬件条件来确定。各个业态业种的品牌,不只是对场地要求不同,根据不同的经营需求、风火水电、交通都有不同要求。比如,电影院有夜场甚至通宵的放映,就要求有客流专用疏散通道。

项目5. 确定重要参数

重要参数包括总建筑面积、可出租建筑面积、可出租使用面积、使用率、按照可出租建筑面积计算的租金单价、按照使用面积计算的租金单价、静态出租率、动态出租率等。这些参数的确定,有利于将来基础数据的核算,进而对经营管理诊断进行分析。

图7-9 重要参数

> **链接**
>
> 使用率是把双刃剑。使用率高意味着公共面积、配套面积小,商户分布太密了,购物中心环境可能不够好,配套功能可能不够全。另一方面,使用率不高,公共环境做得很好,又出现了租金收入水平不达标的问题。

步骤2. 招商租约管理

租约管理最需要注意的问题就是对那些租期超过五年的租户,要慎之又慎。购物中心要通过经营提升这类租户的商业价值,然后在资本市场上变现。一旦签约年限过长,面积过大,很难在今后的经营管理中进一步随市场变化而调整,进而无法实现物业增值。

（1）采取联合代理的方式进行招商

现实中真正招商做得好的代理行屈指可数。建议新建购物中心采取联合代理的方式。这个建议主要是考虑到了以下两方面原因：

第一，品牌资源有区域化特征，即同样的品牌，广东总代理不能够到北京来经营，品牌区域分割非常严重。

第二，招商周期太长。要先跟租户谈完，接着跟业主谈，跟业主谈完又跟品牌商谈。从成本和收益来讲，最多两个半月已经是极值，一般一个月或一个半月比较多见。这种状态，让专业做招商的公司，十之八九都会亏损，难以为继。所以，租赁代理只委托给一家招商行做的话，一定会出现问题。

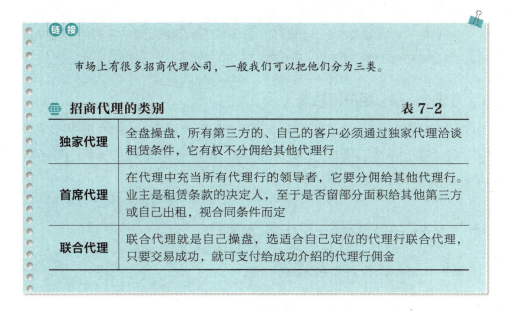

链接

市场上有很多招商代理公司，一般我们可以把他们分为三类。

招商代理的类别　　　　　　　　　　　　　表 7-2

类别	说明
独家代理	全盘操盘，所有第三方的、自己的客户必须通过独家代理洽谈租赁条件，它有权不分佣给其他代理行
首席代理	在代理中充当所有代理行的领导者，它要分佣给其他代理行。业主是租赁条款的决定人，至于是否留部分面积给其他第三方或自己出租，视合同条件而定
联合代理	联合代理就是自己操盘，选适合自己定位的代理行联合代理，只要交易成功，就可支付给成功介绍的代理行佣金

（2）租赁代理要充分利用社会资源

首先，要培养自己的团队，找一个懂得租赁的人带领这个团队；其次，发挥一些品牌商、行业专家或招商资深人士的优势。

招商之前先对要招商商家列表，自己有能力招的先行填空，然后进行多家代理，包括个人的、公司的。这个代价在开业前一定要付出。所以，租赁代理要自主招商和代理招商两条腿走路，以充分利用社会资源。

步骤 3. 租户评估及选择

新建购物中心在项目确认后，要组建自己的专业招商队伍和外部的招商代理一起开展前期招商工作，要充分沟通、了解主力商户对购物中心提出的各种需求，并在建筑方案中进行考虑和修改。

租户评估的两种基本方法：静态租户评估法和动态租户评估法（图 7-10）。

图 7-10　租户评估的两种基本方法

方法 1. 静态租户评估法

传统的租户评估标准基本是一组可以量化的静态数据：品牌、租金、承租面积、租赁期限。这些数据的特点基本是历史的，静态的。

方法 2. 动态租户评估法

即对租户的选择和评估将不仅参照传统的评估标准，更重要的是要结合购物中心初期目标和中长期目标定位以及营销、管理方式和策略，综合评估租户和购物中心的互动性和共同成长性，是着眼于将来的，动态的。

四、购物中心招商的 6 个策略

购物中心招商有如图 7-11 所示的 6 个策略。

策略1	遵循购物中心的招商顺序
策略2	精挑细选各种商户组合
策略3	核心主力店带动整体招商与管理
策略4	邀请特殊商户增强文化氛围
策略5	专注熟悉的领域使运营效率最大化
策略6	建立完善的信息系统

图 7-11　购物中心招商的 6 个策略

策略 1. 遵循购物中心的招商顺序

购物中心开发必须招商先行、建设在后。有些购物中心的开发商采取了先开工后招商的程序，建到一半再招商。这些开发商在建设过程中根本没有去了解主力店的要求，而是按普通公建标准建设，比如每层荷载统一 500 公斤，层高也全部一样。问题出来了：超市至少要 1 吨承重，建材店要 4 吨，图书店要 2 吨，怎么改？目标主力店看完，只能回一句话：不去！

购物中心各商户的招商，一定要遵循"核心主力店先行，辅助店随后；零售购物项目优先，辅助项目配套"的顺序。

> **案例**
>
> 大连有家运营非常成功的购物中心，其在招商手册中规定：在项目正式开工前必须签订 60% 的可租赁购物中心面积，以确保在购物中心开业后的第三个完整财政年度能实现公司的投资回报率要求。这个规定看似简单，却体现出这家购物中心拥有非常丰富的招商经验。签订了 60% 的租约意向书大大降低了购物中心建成后招商的风险。

在前期招商阶段，需要确定主力店与次主力店的选择问题。

（1）敲定主力店

选什么样的主力店、选择多少主力店入驻购物中心有讲究。

一个大型区域型的购物中心最好拥有 3～5 个主力商户。如果超出了这个数字，必然加剧了同类型主力商户之间的竞争，不能发挥最佳的零售集聚效应，反而可能因为出现恶性竞争而拼命降低零售价格，这对购物中心的长期发展很不利。

如果在一个大型购物中心里有十个主力店，则完全没有必要这样操作。原因很简单，并不会因为增加一两个主力店，人流就会产生显著增加。且主力店一定要跟购物中心的地点结合起来选定：在城市商业区做购物中心，最好是百货、电影城、数码城都有；如果地点差一点，可以做超市；如果地点再远一点，已经到了郊区，才可以做家居、建材等品类业态。

案例

曾经有购物中心在最黄金地段做了两个建材超市，租给国际顶尖企业，但效益明显不如郊区店。

购物中心到底选什么具体的主力店？最好是不同业态的主力店配合，百货、超市、数码城、电影城每样一个，搭配在一起，吸引不同层次的消费者，增加主力店的比较效益。最好不要在一个购物中心里做两个同样的主力店。

当然也有极少数情况，比如，美国有一个购物中心里做了五个百货店，而且生意都很好。

（2）选择次主力店

主力店能迅速消化购物中心的可出租面积，吸引客流。可是，另一方面主力店租约期限要求比较长，能接受的租金水平较低，影响购物中心的整体回报。

在英国、美国等发达国家，有 30 万种商品可以选择，目前在中国，只有 10 万种商品。中国目前最缺的不是主力店，也不是小店铺，最缺的就是有特色的经营面积在 500 平方米到 1000 平方米的次主力店。

次主力店，一般是指对于整个购物中心或者商业物业而言，具有品牌号召力，比专卖店大，比主力店小的店铺。涉及的业种也十分广泛，次主力店不是超市、百货，可以是电器、玩具、建材、家具家居等，也可以是运动类、休闲类。对于不同的购物中心项目，它可能会是连锁品牌，如快餐店、个人用品店、数码城、运动城、书店、服装店、电游中心、家电等。

次主力店在购物中心中的地位越来越高，原因有两个：一是次主力店自身的迅速发展；二是它们给开发商带来了实实在在的利益。

次主力店的特点可以具体可概括为五点：

第一，门槛相对较低，但品质不低；第二，面积不是最大，但价值较大；第三，涉及面较广，含金量较高；第四，次主力店短小精悍，渗透性强；第五，品质感强，内涵丰富（图 7-12）。

次主力店改变了主力店一统江湖的态势，由单边走向多边，由单一走向丰富；由阵地战走向运动战，由强攻改为穿插，化整为零提高了招商的纵深层次，有利于广泛吸纳创新业态。

图 7-12 次主力店的五个特点

策略 2. 精挑细选各种商户组合

新建购物中心需要精心地挑选能够吸引消费者的国内外商户组合，来满足消费者的购物需求，并给所有零售伙伴带来客流和商机。联合商圈内优势企业和项目，集中整合内部各种资源，进行差异化营销推广，以吸引广泛的国内外优势商业和服务品牌。通过商圈和项目品牌群效应，带动其他目标资源，实现购物中心招商的整体成功。

购物中心挑选各种商户组合有如图 7-13 所示的 4 个要点。

图 7-13 购物中心挑选各种商户组合的 4 个要点

要点 1. 与本商圈企业形成差异化竞争

精心挑选出要合作的租户，运用差异化策略与本商圈企业形成互补和错位。项目开始之初就与主要租户洽谈，针对租户商业要求在建筑设计阶段予以考虑；将购物中心中的业态分为大类、小类，对每类中的领导商户进行分析，并针对其相应的顾客群进行分析，在不同租户之间进行位置协调，综合构建。

要点 2. 与优势品牌先行确立合作关系

各业态的招商同目标主力店、优势品牌先行确立合作关系,先行规划,并以此形成各业态的品牌群,带动每一业态和区域招商的整体成功。在本项目形成品牌效应和集群效应之前,针对有影响力的资源采用灵活的合作方式和充分的优惠条件,以此带动招商的整体成功。

要点 3. 为休闲娱乐设施提供相应的场地但不参与经营

对于已成为现代大型购物中心内标准配备的电影院,新建购物中心应在项目设计阶段,选择与国内优秀的院线公司签订租赁协议,根据其需要进行设计建造。项目建成后由电影公司负责影院运营;对于其他休闲娱乐设施,如溜冰场和练歌房等,均参照电影院的建设经营模式,仅提供相应的场地给优秀的公司去经营,购物中心不宜参与日后的经营。

要点 4. 加大体验式服务需求业态的比重

电子商务技术运用的不断成熟,网络购物跨越时空地域的便捷性,四通八达的物流速递网络高效运转性,以及零售商品售价大大低于实体店的价格优势,使得越来越多的消费者选择网上购物,这对购物中心的发展无疑是极大的挑战。

要解决这个问题,必须在制定招商组合策略中,加大提供消费者体验式服务需求的承租商比重,才可以应对这一网上购物的快速发展趋势。所谓的体验式服务需求指的是消费者必须到购物中心内才能体验到的服务,这些服务具体包括餐饮服务、美容美发服务、电影院、体育运动、各种技能培训服务等,这些服务消费者在家中无法完成(图 7-14)。

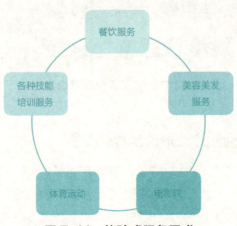

图 7-14 体验式服务需求

策略3. 核心主力店带动整体招商与管理

核心主力店的招商对整个购物中心的运营成败以及购物中心辅助和配套店的引进都有重大影响。一个超级连锁店或超级百货公司的入驻，常常能带动整个购物中心的顺利招商与管理。

另外，核心主力店对于人流也起着关键的作用，其布局直接影响到购物中心的形态。特别是大型购物中心的核心主力店适合放在经营轴线（或线性步行街）的端点，不宜集中放置在中间，这样才能达到组织人流的效果。

策略4. 邀请特殊商户增强文化氛围

"以点代面，特色经营"是购物中心的经营特点。特殊商户是指具有较高文化、艺术、科技含量的经营单位。对他们给予优惠政策，邀请其入场，能够起到增强文化氛围、活跃购物中心气氛之作用。另外，特殊商户的经营范围要与购物中心的经营主题及品牌形象相吻合。

策略5. 专注熟悉的领域使运营效率最大化

世界上很多知名购物中心的业务模式非常单一，只做房产出租的业务，即项目全部收入来自承租商户支付的固定租金，浮动租金以及各种购物中心的运行费用。只专注于长期地经营好自己的购物中心，不参与商户的任何经营活动，以帮助商户提升自身的经营业绩，从而巩固其对商户的吸引力，并持续在购物中心经营管理中处于领先地位。从运营的角度来看，这样的设计安排是效率最大化的一种选择。

相对而言，国内部分开发商为了让自身更具灵活性，同时申请了零售资质，代理一些还没有进入国内的欧洲品牌，甚至集中化管理整个购物中心的收银系统，控制商户的现金收入。零售行业不同于商业地产行业，如果贸然进入完全不熟悉的领域，势必在运营效率和成本控制方面竞争不过专业的零售商户，长此以往，势必削弱自身在购物中心领域的竞争力。

策略6. 建立完善的信息系统

购物中心招商不是一个开业前就完结的工作，而是贯穿于购物中心运营中的一个无限循环的工作，这需要信息系统的分析支持。

购物中心具备完善的信息系统，在招商时才能为顾客与商户提供信息技术支持服务，最终为顾客与商户都能够提供便利。这种便利包括管理便利、财务核算便利、营销便利、经营决策便利、结算便利、消费便利等（图7-15）。

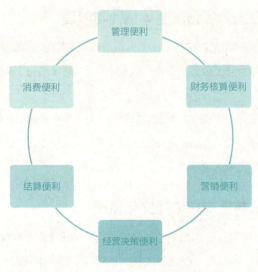

图 7-15　购物中心为顾客与商户提供的便利

建立统一的信息平台进行精细化管理，对于顾客，能够提供统一收银、消费一卡通等便利的服务；

对于广大签约商户，能提供丰富准确的顾客信息和市场信息，甚至是更详细的经营信息，譬如零售商品单品进销存信息等；

对于购物中心自身，能提供布局疏密度、品项搭配、人员配置、场地坪效、商户业绩等经营信息，便于购物中心分析后对经营场地（稀缺资源）进行无限再分配（图7-16）。

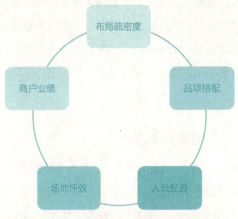

图 7-16　购物中心提供的经营信息

五、购物中心主力店招商要点

主力店招商一般会从众多的主力商家中筛选出 2～3 批主力商家,按照其自身经营规模、了解程度等因素,排出一线、二线、三线主力商家,每批 3～4 家主力商家;在谈判开始进行后,将重点与一线主力商家谈判,二线和三线主力商家作为后备谈判对象,保持谈判工作的连续和不间断。

要点 1. 主力店品牌选择

由于主力店是购物中心的主力业态,主力店招商的品牌和档次,直接决定着开发商投资回报的实现。为保证开发商开发目标的顺利实现,必须在主力店招商之前很好的确定主力店的招商目标及品牌,同时必须根据品牌主力店的发展战略及购物中心的实际情况确定主力店招商目标品牌。

在执行的过程中,将尽一切可能招进品牌影响力大、号召力强、"磁场"效应明显的强势品牌,最大限度地提升购物中心整体商业价值、品牌价值,推动主力店的整体招商工作。

● 主力店各品牌对比分析　　　　　　　　　　　　　　　　　表 7-3

类别	一线品牌	二线品牌	三线品牌
品牌影响力	强	较强	较强
招商地位	首选	备选	替代品牌
对整体商业价值和知名度提升效果	极大	较好	较好
对商铺销售工作推动作用	极大	较大	较大
案例	国际知名品牌沃尔玛、家乐福、麦德龙、百安居、时代华纳等	好又多、大润发、乐购、太平洋、新世界等	国内品牌上海联华、华联、北京华联、王府井、国美、苏宁、东方家园、红星美凯龙等

要点 2. 主力店招商谈判的 4 个技巧

在确定了主力商家的进驻意向之后,我方确定谈判人员,在与主力商家联系确定谈判时间和谈判地点之后,开始第一轮的谈判。

在谈判的过程中应注意如图 7-17 所示的 4 个技巧。

- 同时与多个主力商家谈判
- 尽量让客户出具意向书
- 争取与商家同车进行现场考察
- 与商家保持定期的沟通与交流

图 7-17　主力店招商谈判的 4 个技巧

技巧 1. 同时与多个主力商家谈判

争取与 3～4 家主力商家同时进行洽谈，以品牌、主要条件、意向程度作为主要参考指标。在同期洽谈的过程中，将其他在谈主力商家的谈判进度及谈判情况不时进行通报，激发主力商家竞争意识，增加商户之间的紧迫感，加快谈判进度，以实现最好的出租条件和最好的品牌商家进驻为目标。

技巧 2. 尽量让客户出具意向书

在合同谈判阶段，尽量让客户先出具"意向书"，努力促成长期洽谈的目的。在过程中应合理控制节奏，不能过快过急，不能让商家产生畏难、退缩的情绪，以免丧失机会。

技巧 3. 争取与商家同车进行现场考察

在确定看现场以后，一定要安排好现场接待，尽量争取与商家同车考察，在考察现场的同时对项目进行全力推介，细心观察客户反应，把握其兴趣较强的优势方面进行强力推介，同时打消其顾虑，起到"一锤定音"的强势作用。

技巧 4. 与商家保持定期的沟通与交流

根据行业经验，主力店商家谈判具有较多不确定性。因此，与其沟通、协商一定要长期坚持，并保持定期的沟通与交流。

07 购物中心运营管理

第二节 购物中心租售管理

商业地产开发及经营管理中流传一个"真理",购物中心采用只租不售的开发模式才可能成功。但购物中心采用只租不售模式,资金回笼周期很长,这对于一些资金实力不雄厚的开发商来说是一个严峻的考验。

购物中心的租售模式各有利弊,能否盈利关键在于租售比例的控制。

一、纯销售模式分析

纯销售模式即出售商场的产权和经营权,业内人士称之为"产权式商铺"。它出现在国内购物中心刚刚兴起时,曾经是商业地产商们手中屡试不爽的"法宝"。以广州为例,就有新中国大厦、名汇商业大厦、康王商业城、蓝色快线等均采用此种模式。

图 7-18 纯销售模式分析

1. 优势是迅速回笼资金

商业地产商在资金实力不足和追求短期利益的背景下,为迅速回笼资金,通常采取这种纯销售的模式,将商铺拆零、分割成诸多小产权卖给小业主,而商场后期管理缺乏统一的规划,导致了"先期销售火爆,后期经营惨败"的现象。由于卖散了业权,经营权无法集中,购物中心成了一盘散沙式的小商品市场,商场经营境况相当难看。结果,一种全新的业态就成了比传统业态还传统的小商铺集成。

2. 劣势是失去更有利的物业收益

纯销售模式这种追求快速套现而忽视项目长远持续经营的收益模式,仅在销售过程中获取一次性收益,属于静态收益。这种经营模式,失去了潜在并且更为有利的物业收益,显然是商业地产在极不成熟阶段的产物。

3. 纯销售的两种形式

纯销售模式分整售和零售两种形式。

（1）整售商铺

整售对很多开发商来讲都是可遇而不可求的，商业行业整体利润较低，注重资产的良好流动性，一般不会采取直接购买的方式取得经营权。但对于总面积较小，总值相对较低而增值潜力较大的物业，仍可尝试接触部分资金实力雄厚的投资性公司，购买方式可以整体（部分）股权转让等形式进行合理避税。

（2）零售商铺

零售是指将商业物业规划分隔成几平方米至上百平方米的独立商铺直接销售。业主购买后拥有产权和经营权，既可以投资出租收益又可自己经营，产权明晰容易变现。

优点	缺点
• 适合临街裙楼和商业步行街的项目 • 滞销商铺开发商可作为自有物业出租 • 投资回报又无发展上限 • 能够吸引众多投资者和经营者	• 各铺位对经营商业业态不加确定 • 经营业态没有统一性和协调性 • 不利于整体统一定位 • 规划的项目后续经营管理 • 难以成行成市 • 消费者购买的目的性不强 • 消费的比例及含金量不高 • 铺位的投资升值潜力降低 • 后期销售压力大 • 高层销售难以保证

图 7-19　零售商铺的优缺点

此模式适合临街裙楼和商业步行街的项目，滞销商铺开发商则可作为自有物业进行出租。由于所售铺位未来随着社区成型、道路改造、居住人口增多、商业规划具有前瞻性等各项外部经营环境的改善，收益会逐渐上涨，投资回报又无发展上限，因而能够吸引众多投资者和经营者。

由于商铺产权、经营权分散到客户，各个铺位对经营商业业态不加确定，会造成经营业态没有统一性和协调性，不利于整体统一定位、规划的项目后续经营管理，因此难以成行成市，造成消费者购买的目的性不强，消费的比例及含金量不高，自然商铺经营成功的可能性也随之降低,铺位的投资升值潜力降低。对于销售未能完全消化的项目,其后期销售压力也将加大。

如果商业物业楼层较高,上行人流量少,则高层销售难以保证,早期封闭式商业裙楼采取此方式销售,导致除了商业旺区黄金地段及少量一二层铺位外,大部分冷冷清清,经营难以为继。

二、租售并举模式分析

租售并举模式指购物中心以出租为主,销售为辅,通过对招商权的多数控制,来达到控制进场业态、业种,形成自己的经营定位。它是一些购物中心在认识到纯销售模式的种种弊端后采取的一种经营模式。

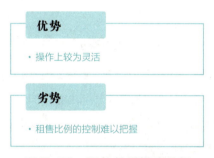

图7-20　租售并举模式分析

1. 优势是操作上较为灵活

在此模式中,经营者根据前期制定的销售比例和招商情况进行二度调控,在资金回收相对平衡的情况下,以出租为主,出售为辅,从而保持物业的持续经营,并通过产权出售和租金收益来获取双重利润。应当说,在现阶段的经济环境中,租售并举这种模式在操作上较为灵活。

2. 劣势是租售比例的控制难以把握

这种模式不可避免地存在一些弊端。如经营权统一性仍不完全,租售比例的控制难以把握等。通常来说,租售比例应该控制在7∶3之内才能较好地维持资金回笼和持续物业经营,如果出售的比例太高,业主很可能一次次地转让出售,这将会造成商业形态无法协调,不仅使业主产业无力增值,同时也使出租能力下降,项目难以稳定经营。

目前的很多购物中心在招商过程中往往把握不好这一点,无疑增大了经营管理的风险。

三、租售并举 3 种常见模式分析

租售并举模式介于纯销售模式和纯物业经营模式之间,应当是一种过渡模式。国内不少购物中心,在经历了纯销售模式的种种失败后,已经意识到出租商铺是物业增值的重要手段,但碍于经济实力的局限,现阶段大多采用此种模式。

购物中心租售并举有如图 7-21 所示的 3 种模式。

图 7-21 租售并举的 3 种模式

模式 1. 产权式长期性返租销售模式

产权式长期性返租销售模式也称整租零售,此模式是开发商将大型商业物业整层划分为几平方米至二十几平方米左右的小面积铺位进行销售以回笼资金,再通过返租方式从投资者手中获得该商业铺位的经营权,而投资者仍保留产权,然后开发商再委托专业的管理公司进行物业管理和经营,获取租金,回报投资者。

产权式返租销售模式其返租利率一般定在 8% ～ 10%(高于银行贷款利率),期限长达 10 ～ 15 年。适用于大型商业面积,它所划分的铺位是一种虚铺形式而非经营实铺,是高收益高风险的运作模式。

(1)特点是三权分立

其特点为所有权、管理权、经营权三权分立(图 7-22):

所有权属于投资者、管理权由专业商业管理公司统一掌控、经营权属于入场商家。在统一管理的背景下,最大程度实现整个商业物业的经营价值,获取最大的资金回报与租金增长空间。

图 7-22 三权分立

最大限度实现销售的前提是：

第一，主力商家在市场上是具有知名度、美誉度的品牌；

第二，设置具有相当吸引力的返租利率和回报年限；

第三，强有力的营销推广。

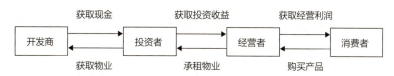

图 7-23　整租零售模式各方的利益

（2）优势是解决前期运营难题

返租销售解决了大多数没有足够资金实力和不具备商业经营管理能力的开发商短期内实现物业价值、利润最大化和商场正常营运的难题。

相对早期直接销售的封闭式大型商业物业后续无法经营的情况，通过将经营权以固定分红回报的形式从产权所有者手中收回，交给有真正经营实力的大商家，实现统一定位规划经营管理，既吸引了投资者和消费者，盘活了楼盘，又带旺了商业，达到整个楼盘升值的目的。而商铺管理权交给了专业商业管理公司后，能保证其科学的规划运营、完善的经营管理及长期的发展理念得以贯彻，对商铺价值、租金回报起到重要的作用。

（3）经营要点

通过将经营权以返租形式从产权所有者手中收回，交给真正有经营实力的大商家经营。在实际操作过程中应注意以下 5 个要点：

第一，合同期不可能很长（如长达 15 年以上，大多数购房者取回商铺的经营权时已进入老年）；

第二，返租方绝不可为开发商，最好为与开发商毫无关系的第三方，避免日后的法律纠纷；

第三，销售、租赁、合作自营多种方式进行，筹备各类人才、商业经营和营运资金；

第四，找有知名度的经营商作为领头羊，增强购产权者信心，并有利于商场经营的成功。如万达购物广场引进沃尔玛，成都商业大世界引进家乐福，广州天河城引进日本吉之岛，成都蜀城假日广场引进好又多旗舰店等；

第五，返租利率不可定死，在合同中应约束返租利率随国家中央银行利率变化而浮动。商场经营一般有 3～5 年的培养期，基本无盈利，因此返租利率应低开高走。

模式 2. 一次性返租销售模式

一次性返租销售模式也称零售零租，此模式由开发商自己成立或委托商业管理公司与商铺投资者签订租赁合同取得 X 年的经营权，然后一次性将 X 年、每年 Y%（大多为 3 年、每年 8%）的红利以租金形式返还给投资者，返租年限到期后业主直接向商家收取租金。这里投资者购买的是实际可独立经营的铺位而不是虚拟的铺位。

一次性返租销售模式有如图 7-24 所示的 3 个特点。

图 7-24　一次性返租销售模式的 3 个特点

特点 1. 快速回笼资金

此种销售模式中一次性返还的红利可以冲抵在首期款里。作为一种营销手段能够减少投资者首期款的支付额度，降低投资门槛使投资客户的范围大大增加，使铺位得以快速销售，最终实现资金回笼的目的。同时也将投资者和经营客难以掌控的"放水养鱼期"——市场培育期交给开发商来营运，避免了长期以来由于商铺直接销售、销售进度不一而导致的开业期不能统一、不能成行成市、商业氛围冷淡、后续发展艰难的尴尬局面。

特点 2. 综合保障开发商各方面利益需求

一次性返租销售模式所返还的红利是"羊毛出在羊身上"：

一方面包含在提高的商铺售价上；另一方面体现在出租商铺所获的租金收益上。开发商无须承担返租的财务压力和后期经营的风险。

此种销售模式糅合了产权式商铺和经营式商铺的优点，不仅通过返租实现铺位销售，还能够在返租期内按照商业经营规划要求和商家实际情况实施招商，综合保障开发商各方面利益需求。同时开发商一次性将商场经营前若干年的收益支付给购买者，可大大增强投资者对物业的投资信心。

特点 3. 适合楼层较低的项目

一次性返租销售模式不利于扩大企业资产规模和统一经营定位。因为产权分散，难以统一经营管理，如果楼层较高，则极易出现一楼经营火爆，二楼以上冷冷清清的局面。如楼层不高则风险较低，特别适于商业步行街。

> **案例**
>
> 成都罗马假日广场为商业步行街＋大型超市，依靠着著名大型超市旗舰店吸聚人气，商业步行街仅为 2～3 层，全部分割成 20～30 平方米的单元商铺，总价较低，吸引了众多中小投资者，项目周期仅一年左右，赢得了回报。

模式 3. 带租约销售模式

带租约销售模式又称零租零售，此模式"先租后卖"，即招商先行、销售在后，通过招商锁定经营商户，优点是使投资客户可以在明确铺位的经营范围、功能档次、租金价格水平、需要多少年限可以收回全部投资、甚至赢利幅度等的情况下，再购买商铺，满足了商家经营、投资者无须招租、开发商减少空置等各方面的利益和要求。

这里投资者购买的是实际可独立经营的铺位而不是虚拟的铺位。

带租约销售模式有如图 7-25 所示的 4 个特点：

图 7-25　带租约销售模式的 4 个特点

特点 1. 适合地段商业环境好的项目

带租约销售模式适合那些地理位置较好、商业市场繁荣或前景发展乐观、承租力强、租金价格较高的项目，在投资者收铺时，商铺经营良好、租金有保证，前期投资可获得满意回报，和无租约的商铺相比，销售效果较好。

特点 2. 项目经营范围变化空间不大

商业环境良好的铺位即便不带租约也能够实现销售，出租或招商也不成问题。但已经出租的商铺局限了项目的经营范围，项目一旦被定型，在其受控制的范围内发展变化空间不大，如果经营业态方向错误的话，市场投资前景暗淡，对于投资客户不具吸引力，销售就无从谈起。

特点 3. 销售过程较为复杂

在销售中，因为按实际经营划分的铺位面积较大、总价较高，相应投资门槛也会提高，对于中小型投资客户增加了难度，缩小了客户范围。如果经营商家需要租赁较大面积铺位，则可能涉及多个出售的商铺和多个小业主，经营商家的签约、变更和租赁合同的内容会涉及所有业主的利益，牵一发而动全身，这样销售过程会变得十分烦琐复杂，大型商家也可能知难而退。

特点 4. 商铺的增值空间较大

生铺在开业之初租金水平较低，投资回报不能达到预期，带租约销售的最大卖点就是在未来发展的过程中，大环境逐步变好，商场经营收益逐年递增，商铺增值空间无限。在商场经营内外部利好信息较多的情况下，客户在价格低谷期买入，未来再在经营火爆的价格高峰期抛售，项目增值空间较大。

四、纯物业经营模式分析

纯物业经营模式是目前国际上通行的正规购物中心经营模式，也是最被看好的经营模式，其特点是只租不售，以实现良好的整体管理和整体营销。当今欧美国家采用较多，国内部分有实力、有远见的购物中心也正陆续采用此模式。

纯物业经营模式分为整租和零租两种类型（图 7-26）。

图 7-26 纯物业经营模式的两种形式

1. 整租

整租不牵涉产权转让，将数层甚至项目整体租赁给商业经营商。资金实力比较雄厚、看好物业升值的开发商往往这样执行。

优点：

整租给一家具备成功经验的商业经营公司，便于经营定位和统一经营管理，商业经营易于成功，物业租金逐年递增，形成稳定的利润源泉，而且可将物业抵押融资，等待增值。

缺点：

经营方进行商业选址时选择面广，谈判实力强，开发商租金菲薄，初期资金压力较大。

2. 零租

零租同样为资金实力比较雄厚的开发商所青睐。

优点：

商业经营成功除了带动了自身物业，还使周边土地、物业的迅速增殖，形成了良好的社会效益和经济效益。

缺点：

要求开发商具备出色的招商能力和商业物业管理能力，或者有优秀的专业公司作为长期合作伙伴。

操作程序

第三节 购物中心开业运营管理

作为一个复合型商业业种，购物中心相对于其他业态具有更高的管理要求。购物中心的运营管理主要目的在于追求整合性需求以达到最高的经营效益。统一的运营管理是购物中心运营的核心，是购物中心收益和物业价值提升的源泉。

一、购物中心统一经营管理

购物中心统一经营一般包含统一招商管理、统一营销、统一服务监督和统一物管四方面的内容。

"统一招商管理"是后面三个"统一"工作的基础和起源。这项工作的成败得失不仅决定了开发商前期的规划是否成功,还决定着后期购物中心商业运营的管理能否成功。

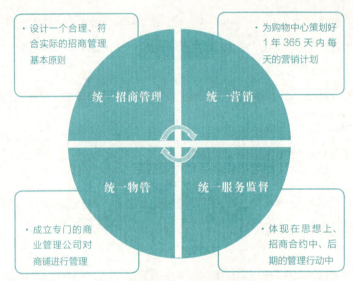

图 7-27　购物中心统一经营管理的 4 项内容

1. 统一招商管理

统一招商管理,简单而言即按照制定的招商准则,购物中心的商业管理公司严格审核、统一招商,并对所有招来的商户统一管理。统一招商并不难,难的是如何招商以及对商户如何管理。设计一个合理、符合实际的招商管理基本原则,是"统一招商管理"成功与否的关键。

2. 统一营销

由于目前购物中心竞争激烈,为吸引购物者光顾,打折降价的促销竞争手段日益水涨船高。管理公司必须提前为购物中心策划好 1 年 365 天内每天的营销计划,组织策划相关的促销活动,所发生的费用预先与业主沟通,经业主同意后,对实际发生的费用按照承租户销售额的一定比例进行分摊。统一收银管理,较好地执行按销售额分摊费用。

3. 统一服务监督

购物中心都设立有由开发商领导、商业专家组成的管理委员会,指导、协调、服务、监督承租户的经营活动,保证购物中心的高效运转。常见的工作有四类:

第一,指导项目即培训售货员、卖场布置指导、促销活动安排;

第二,协调项目即协调经营者之间的紧张关系,增进经营者之间合作;

第三，服务项目即行政事务管理；

第四，监督项目即维护购物中心的纪律、信誉,协助工商、税务、卫生、消防等部门的管理。

统一服务包含统一的商户结算、统一的营销服务、统一的信息系统支持服务、统一的培训服务、统一的卖场布置指导服务、统一的行政事务管理服务、统一的物业管理服务等。"统一服务"不但要体现在思想上、在招商合约中，更要体现到后期的管理行动中。"统一服务"就是要求"服务"出购物中心的品牌与特色来。

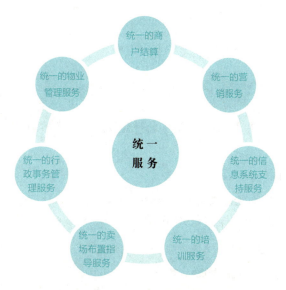

图 7-28　统一服务包含的内容

4. 统一物管

购物中心统一物管即成立专门的商业管理公司对商铺进行管理，管理内容包括：养护建筑、维护设备、保证水、电、气、热正常供应、公用面积的保洁、保安防盗、车辆管理、绿化养护、意外事故处理等。

二、购物中心开业筹备的 4 个要点

购物中心开业几周之前要充分利用各种媒体积极宣传。如果宣传不够，知道开业信息的人太少，来的人较少，不仅使乘兴而来的购物者感到冷清和失望，也使承租户失望。

开业庆典活动可能很简单，也可能很隆重，它们都是表明同一个意思，即开发建设过程已经告一段落，项目已经进入了运营阶段。

对于项目，虽然会随着潮流变化需要，适当改变外观形象或增加一些新用途，随时改变营销策略或类型以提高竞争力，并进一步完善。但是，开业意味着到此时为止，主要的开发工作已经完成。

购物中心开业筹备的 4 个要点如图 7-29 所示。

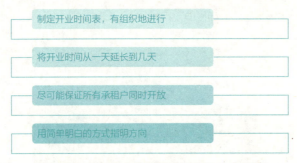

图 7-29 购物中心开业筹备的 4 个要点

1. 制定开业时间表，有组织地进行

购物中心开业日可能会涌来大量购物者和参观者，造成各种设施不够用，而且由于对新环境不熟悉，可能会出现各种意想不到的情况。比如购物者迷路，找不到停车位，停车排队等候；商店、庭院和中庭空间人满为患；餐饮设施供不应求；购物排队等。因此，为了让开业有序进行，可以制定开业时间表，有组织地进行。

2. 将开业时间从一天延长到几天

大型区域购物中心的开业可能会影响整个城市甚至这个城市的一带地区。因此，最好把开业时间从一天延长到几天。可以做类似安排：

开业第一天，由承租户携带家庭成员来熟悉环境，如果发现问题，可以及时补救；

开业第二天，作为媒体接待日，邀请新闻传媒参观；

开业第三天，作为社区日，通过地方报纸或者邮件邀请附近社区居民光临；

开业第四天，正式向全体公众开放。

3. 尽可能保证所有承租户同时开放

购物中心要求统一管理，应当尽可能保证所有承租户同时开放（至少保证在 75% 以上），不同时开业可能会使一些购物者感到失望，而且购物人流也不能按照规划的线路运动，未完工部分的噪声也会造成一定程度的混乱和干扰。因此，为避免出现这种情况，应当尽早控制工程和装修进度，制定严格的开业计划和时间表，并在招商谈判时和承租户协商解决。即使不可能同时开业，未完成部分也需遮挡，并最好标明预定开业日期。

4. 用简单明白的方式指明方向

在开业的最初几周，可能有成千上万的购物者前来参观购物，因为他们还不熟悉环境，商场应当用简单明白的方式为其指明方向，配合发放一些宣传和线路指导图，在开业之前，所有交通符号、停车标志灯必须齐备。

三、购物中心经营方式选择

购物中心的经营方式基本有三种：自营、联营和租赁。

其中，租赁的经方式适合经营初期；联营的方式适用于购物中心进入成熟期；自营的方式多用于核心主力店。而对于非主力零售店，可以对以上三种基本方式进行自由组合，采用"联营为主，租赁为辅"的经营方式。

图 7-30　购物中心常见的经营方式

方式 1. 租赁

购物中心租赁经营必须遵循放水养鱼的原则，可以理解为"先做人气，再做生意"。

购物中心经营具有长期性特点，必须采用合理租金与优质服务，才能将整个购物中心作热，而后根据运营状态，适当稳步地调整租金；这样，也能够使得开发商与商户一同成长。但如果在购物中心运营的前期就向入驻商户收取过高的租金，结果无异于杀鸡取卵。

店面租金与购物中心规模有关，一般大型购物中心租金高，小型购物中心租金相对低一些。如果规模相同但位置不同，租金也有差别；即使在同一购物中心，付出较多的租金则能够得到较好的店面位置。

由于经营商品的种类和利润不同,并非每个承租户都能够交纳同样的租金。收取的租金一般分为两部分,一部分是按面积收取基本租金,称为抵押保证金或抵押租金,另一部分按销售额以一定的比例抽取,称为百分比租金。

图 7-31 是 8 种租户的租金收取情况。

图 7-31 8 种租户的租金收取情况

租金 1. 百货商店:收取租金较低

百货商店是购物中心的核心,常常能够获得较低租金,特殊情况还能够有所增加,并随着面积增加而递减。小型百货商店常常作为大型购物中心的次级核心承租户,在中型购物中心中可能成为核心承租户,它介于传统百货商店和综合商店之间,其商品经营范围和百货商店大致相同。

小型百货商店对购物中心也很重要,所以它可以通过谈判获得较低租金,但不会低于百货商店。

租金 2. 超级市场:收取租金更低

超级市场是购物中心的重要补充,这些店多数情况下是全国性或区域竞争力很强的连锁店,有良好的信誉,能够缴纳足够的租金。

超级市场对中型购物中心和邻里中心来说,地位更重要,所以租金也更低。超级市场提供的是方便购物,特别对于区域中心的消费者,购物者兴趣不在于比较型购物方面,但研究表明,超级市场对于吸引人流的作用非常大。所以,在大型购物中心中,超级市场必不可少。除了超级市场之外,还有风味食品、糖果店、面包店、熟食店、肉店、鱼店等食品商店,面积从 50～200 平方米不等,并能有较好的销售额。

租金3. 综合商店：收取租金较低

综合商店一般占整个区域购物中心营业面积的4～9%，单位面积销售额非常低，它们常常是全国性的连锁店，具有良好信誉。但它是购物中心必不可少的组成，对小型购物中心非常重要，因此收取的租金较低。

租金4. 服装店：租金价格视规模而定

商店规模是影响租金的另一个因素。一般来说，小商店支付的租金高，全国性连锁店支付的租金低。

服装店要尽量创造比较购物环境。大的女装店和男装店是购物中心的重要成员。具有地方特色的服装商店数量很少，而且多数对购物中心不感兴趣，因此它们在谈判中占据主动，能够获得比小服装店更低的租金，虽然它们不是全国性连锁店，但多数信誉很好。

租金5. 家具店：租金价格视位置而定

家具店对位置要求不高，但是由于这种商店要求仓库和展示空间面积大，主要位于地下室，在主要营业层只需要小面积展示空间。家具店的租金收取视其所在位置而定。

租金6. 餐饮设施：租金价格制定视类型而定

购物中心的餐饮设施分为三类，即快餐、自助餐厅和高级餐厅（图7-32）。

图7-32　购物中心餐饮设施的类别

快餐和自助餐为员工和购物者提供餐饮。高级餐厅对购物中心来说非常重要，它能够吸引汽车交通，所以最好放在靠近停车场和道路的独立建筑中，同时又不能脱离主要步行人流。餐饮设施的租金收取视具体的店铺类型而定。

租金7. 零售商店：租金相对较高

礼品店、珠宝店、收藏品商店、运动用品商店、箱包店、音像制品商店和照相机商店通常由地方承租户经营，也可能包括一些信誉好的全国性珠宝连锁店。它们能够有效地增加购物中心的吸引力，其销售收入也很高，收取的租金也相对高一些。

租金 8. 服务设施：租金价格视面积而定

服务设施包括理发店、美容店、减肥沙龙、修鞋和修理店等，在购物中心中占的比例很小，不超过 2%，但却是购物中心的必备成员。由于面积小，故抵押保证金比较低，租金收取则视面积而定。

方式 2. 联营

购物中心在步入成熟期，最好选择联营的经营形式。购物中心的黄金时期一般持续 3～5 年，如果此时还采取租赁的经营形式，那么在没有很好地确定租金价位的前提下，将会流失掉利润。

联营是指企业之间或企业、事业单位之间，组成新的经济实体，独立承担民事责任，具备法人条件的，经主管部门核准，取得法人资格。该新的经济实体就是联营企业。

购物中心联营经营有如图 7-33 所示的 3 种基本的操作形式。

图 7-33　购物中心联营经营的 3 种基本操作形式

（1）统计销售价格并按比例收取租金

购物中心给生产厂商或经营者提供经营场所仅在生产厂商或经营者将商品入店时进行核查和登记数量，其他诸如统计其销售价格、销售量和收款等经营活动都由生产厂商自己负责。生产厂商或经营者的商品销售结束后，购物中心按一定的比例计算收取经营场所的租金。

（2）先收取一定数额的租金

双方的业务运行流程与上述相同，但在租金收取上，购物中心实行"保底定额加扣点（返点）"或"定额与扣点高者确定租金"的形式。

"保底定额加扣点（返点）"的方式是购物中心出租经营场所时，先收取一定数额的租金，租期结束再根据厂商或经营者的销售额计算收取一定的租金。

"定额与扣点高者确定租金"方式是先行确定一个定额基数，如果租期结束按销售额乘以一个商定的比例（扣点）计算出来的结果小于先行确定的基数，厂商或经营者则按先行确定的基数向零售店支付租金；如果根据扣点计算的结果高于基数，厂商或经营者则按扣点计算的结果支付租金。

（3）统一管理并按比例收取租金

购物中心给生产厂商或经营者提供经营场所，在生产厂商或经营者将商品入店时不核查和登记数量，生产厂商或经营者派人参与商品的销售，但销售活动由购物中心统一管理，商品销售的款项也由购物中心统一收取，生产厂商或经营者商品销售结束后（或双方约定一个结算期间），购物中心按一定比例计算收取经营场所的租金。

方式3．自营

购物中心采用自营经营方式的商户一般是购物中心的核心主力零售店。

自营经营有三个好处（图7-34）。

第一，加强经营控制力度，有利于购物中心长期经营；

第二，增强其他商户与之合作的信心；

第三，提高非主力零售店的提成或租金收入。

加强经营控制力度，有利于购物中心长期经营

增强其他商户与之合作的信心

提高非主力零售店的提成或租金收入

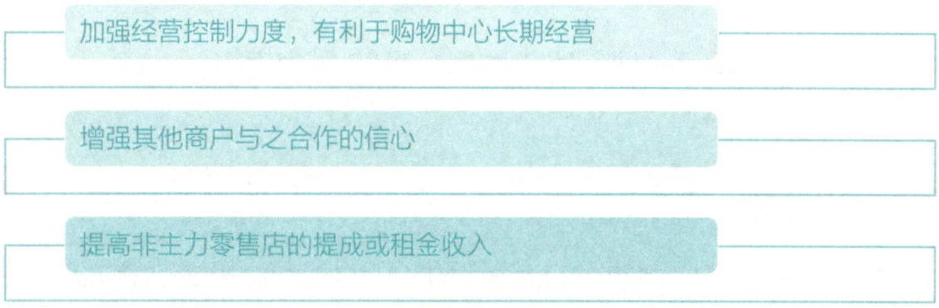

图7-34 购物中心自营的三个好处

购物中心是一个以零售为主的商业组织形式，在零售业精细化管理的市场状况下，商户加强对经营的控制力度，是零售业核心主力店主要靠自营经营的主要原因。购物中心核心主力零售店尽量自营一部分或全部。

方式4．联营为主，租赁为辅

"联营为主，租赁为辅"是购物中心针对非主力零售商招商的对策。这样做的好处是：第一，可以提高购物中心的提成与租金收入；第二，有利于购物中心对商户的整体控制力度；第三，购物中心与商户联营，能帮助小商户发展壮大，对创造购物中心未来的特色品牌有很大的帮助。

四、购物中心经营分析

做购物中心经营分析,要先建立一个精细化管理的数据采集体系。

数据的主体是各种销售数据。有了销售数据、客流数据,就能更了解自己的顾客、了解自己的租户、了解业态组合的合理性等,有了数据可以与租户分享固定租金基础外的、因销售增长而获得的超额收益,有了数据就能知道租户的合理租金标准是什么,哪些品牌是带来客流的、哪些品牌是带来利润的等等。

1. 客流数据分析

客流数据分析主要有如图 7-35 所示的 3 个指标。

图 7-35 客流数据分析的 3 个指标

指标 1. 提袋率

提袋率指期间内来客人数与有消费行为发生的顾客间的比率,体现将客流带动到消费的能力。通过来客数与消费笔数可计算出提袋率。提袋率越高,代表越能吸引购买者落实他们的购买行为,也有利于集客力的增强;如提袋率偏低或下降,应立即采取促销策略予以有效提升。

指标 2. 客单价

客单价指来客人数中在卖场内发生交易的人数,与交易总额之间计算出来的平均每人购买额度。在购物中心规划之初所执行的财务计划,即依竞争者的客单价,结合本中心条件所做的客单价预估。购物中心开始经营后即可统计客单价,经营管理者一方面必须稽核比较计划目标,探视商品配置的接受程度,以提供给商店经营顾问,提出具体策略辅导商店调整经营方式,再追踪其效果。

指标 3. 来客数

来客数的统计主要靠客流监控系统。以前上线客流监控系统还是一件奢侈的事情,而

07 购物中心运营管理

且系统提供的数据准确性不高,如今商场成本的问题、客流数据准确性的问题都通过技术进步得到解决。行业内众多的百货、购物中心、超市,乃至专卖店都在使用客流监控系统,它可以根据投资级别得到相应级别的数据。

客流监控系统的 5 类统计方案 表 7-4

方案	布设点	低端方案	高端方案
1	商场内外间的进出口	分时段统计出入商场人数	增加年龄、性别统计
2	楼间通道出入口	统计进出各楼层、各时段的人数	
3	动线或动线转折点	监控动线的客流引导效果	
4	款台	不同时段平均统计款台的排队长度	
5	商铺门口	统计不同时段出入商铺的人数	

低端客流监控系统是指仅限于统计不同时间段的人头数,而不对来客的性别、年龄进行统计。现在通过视频识别技术的客流监控系统都有很高的进出人数识别率。

视频监控头的视野是两米宽,平均价格在 1 万元 / 点左右。视频监控摄像头可以与购物中心视频监控系统共享。

通常购物中心会选择方案一或方案二,后面三种方案可视需要而选择。

2. 销售数据获取

销售数据获取具体上讲是购物中心的收银模式问题。主要有如图 7-36 所示的 3 种形式。

图 7-36　销售数据获取的 3 种形式

形式 1. 要求商户定期上报销售数字

早期进入内地的购物中心基本上是采用租户自我收银的方式,不布设统一的收款机、不贷款。因此在此情形下,购物中心会要求商户向租赁部定期上报销售数字,以让其了解商场的销售情况。比如北京的东方广场、国贸中心、广州的天河城等。

还有一些购物中心，比如万达，在许多城市的购物中心，以大店出租为主，小店铺一部分出售由业主自己经营，一部分招租经营。因面对的中小商户少，所以选择物业管理的模式为租户服务，商业运营的元素较少，因而不用考虑收银系统的配置问题。

形式 2. 对租户使用统一收银系统

随着内地经济的发展，商业密集布点，百货店间、百货店和购物中心之间、购物中心间的竞争日益激烈。虽然连锁专业店、专卖店的成熟为购物中心提供了不断的、新的优质商户或品牌资源，但这些品牌对购物中心的运营要求也越来越高，使得"坐地收租"的日子很难持久。购物中心的运营只能在商业的精细化管理上求突破求差异，主要体现在对租户销售数据的获取上产生一些变化。在一些行业标杆性的购物中心如正大广场、华润万象城等，租户使用统一收银系统或收银接口的比例达到 80%～90%。

形式 3. 用会员卡和储值卡抓住有价值的团购顾客

会员卡和储值卡日益为购物中心所重视，管理者们会投入人力和资金改善相关的服务水平。在二三线城市，一些购物中心利用本地资源售卖储值卡，储值卡消费占比甚至超过了本地传统百货或超市的比例，从而抓住了一批批有价值的团购顾客。

五、购物中心运营管理要点

购物中心运营管理有如图 7-37 所示的 4 个要点。

图 7-37　购物中心运营管理的 4 个要点

要点 1. 营造舒适的购物环境

这里的购物环境是指最基本的硬件维护及管理。购物中心管理团队必须为顾客缔造一个安全、卫生、照明度适中，兼顾空气流通的购物环境，让顾客尽享购物之乐。

要点 2. 加强业主及商户之间的沟通

作为业主和商户之间的主要桥梁,购物中心管理团队应定期向商户搜集对购物中心的意见,深入了解他们的需求。这些意见可能属于硬件方面,如照明不足、购物中心温度过高或过低等;又或是购物中心整体人流不足,希望可借推广来吸引消费者前来等。

管理团队在整合各商户的反馈并加以分析后,便可向业主提出改善方案,并贯彻执行,务求为商户提供一个有利的营商环境。

要点 3. 定期检讨商户组合及物业档次定位

购物中心管理团队应密切留意市场变化,掌握商户营销状况,增加受消费者欢迎的店铺,以提升购物中心的市场价值。

(1)评估商户业绩的好坏及受欢迎程度

要衡量商户业绩的好坏及受欢迎程度,管理团队先需为各行业类别制定一个参考基准。该基准可以参考商户前一年的营业额或其他类似档次的购物中心。根据该基准作分析比较,各商户营业状况便能一目了然。对于业绩有所改善或较同业理想的商户,管理团队可进一步探讨其成功之道,作为借鉴;对于营业额不甚理想的商户,则有需要探讨其中原因,并提出改善建议。

在商户续租或商铺招租时,这些业绩评核资料也极为重要。对一些营业额长期低于标准的商户,购物中心管理团队有必要研究是否让该商户续租。被潮流或消费者品味改变等市场因素而拖垮的商户,管理团队有责任为业主物色较有号召力的行业或品牌取而代之,为购物中心注入新动力,为整个购物环境增添朝气。

(2)定期比较购物中心整体的营业额

管理团队需要定期比较购物中心整体的营业额,并因应消费潮流的改变而考虑是否需要重新厘定比对基准。必要时,更可向业主提出提升购物中心档次及定位的建议,务求提高其竞争力。

> 随着访港旅客人数上升,零售市道蓬勃发展,九龙尖沙咀广东道被重新定位为高档购物地段,大业主九龙仓集团展开扩阔行人路、加建树木等工程,积极引入名牌商户,包括连卡佛及HERMES等。这样的大变身,需要长时间的策划,而在招揽租户时,商户的品牌档次能否配合整个地段的高档形象,比其付租能力更为重要。

要点 4. 保持稳健的财务预算管理

稳健的财务管理及预算是购物中心营运的基础。对以营业额来定租金的购物中心而言，团队在制定财务预算时，除了包含水电、保安、日常维护等经常开支外，还需把各大小型推广活动所涉及的特别开支计算在内，并按不同推广活动的规模及预计人流而计算出不同时期的租金收入，评估该次活动是否为购物中心带来正面效益。

（1）精确的财务预算为未来营运策略提供参考

购物中心必须具备一定的流动现金，方可确保日常运作及所有推广活动能畅顺进行，而精确的财务预算亦可作为购物中心未来的营运策略的参考（图7-38）。

（2）营运财务预算是业主决策的基础

为了维持购物中心的市场价值和营运性，管理团队有必要以市场走势及消费者需求和品味为基础，为业主提供各种改善购物中心营运效益的方案。相关的财务预算，包括租金回报及开支等，会成为业主决策的基础。

六、购物中心运营管理体系

购物中心的运营管理的内容主要包括巡场管理、开闭店管理、例会管理、现场管理、物价签管理、商户出入货管理、特种行业管理、客流导向管理、经营环境管理、客户关系管理、消费者关系管理、多种经营管理、优质顾客服务管理、商户与品牌分析等（图7-38）。

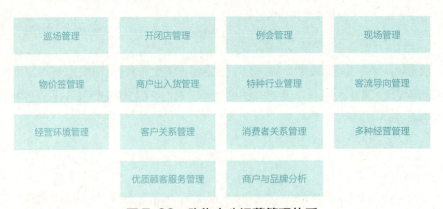

图 7-38　购物中心运营管理体系

内容 1. 巡场管理

制定巡场路线、巡场管理制度，每周组织各部门负责人进行集体巡场：

第一，巡场中发现的问题须立即解决。无法立即解决的，由营运部发《整改通知单》并跟踪《整改通知单》的落实情况。

第二，对于超时限未解决事项及时上报主管领导处理；

第三，营运部须每周对本周内的《日常运营巡视记录表》中记录的问题进行跟进解决并汇总分析，并将每月汇总分析报告抄报总经理。

《日常运营巡视记录表》是巡场的现场记录，该表单由营运中心存档。

内容2. 开闭店管理

制定标准营业时间，严格执行统一的开、闭店管理方式，包括员工进场、开店前准备、迎宾、闭店前准备、送宾、闭店管理等程序及要求。

内容3. 例会管理

开业后营运部须每日每周组织商户营业员、各店负责人开会。会议内容包括：通报最新指示与要求、营运状况、注意事项、营销企划活动信息、问题通报及培训等（图7-39）。

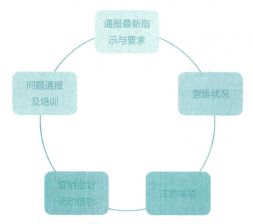

图7-39　每日每周商户营业员、各店负责人开会内容

内容4. 现场管理

包括广播、背景音乐时段播放、橱窗、环境设施、货品的品质、上货补货时段、店招设计等，均须严格规范，营业期间巡视卖场，应确保各经营商户店招明亮，不可因省电而关闭店招电源；

检查橱窗是否保持整洁、橱窗布置是否体现品牌风格和商品特色、是否能渲染店铺商业氛围等。

内容 5. 物价签管理

遵守本地物价部门的法律、法规；检查各商户是否明码实价，严禁讨价还价或欺诈顾客的行为。

内容 6. 商户出入货管理

明确规定广场内货物运出的审批流程，必须持《放行证》等相关证件才能出货；明确规定各商户垃圾倾倒的详细要求，并做好监督检查。

内容 7. 特种行业管理

对于涉及餐饮、食品及食品加工、药品、烟酒、珠宝、化妆品等行业的商户，营运部须严格进行资质审核和备案，同时注意资质的年检更新。

内容 8. 客流导向管理

科学的人流导向设计会延长或增加顾客的驻留时间，提高各楼层商户的营业额与提升商铺的价值，是开业后运营/二次招商需要重点解决的问题。

内容 9. 经营环境管理

依据季节性或日照时间确定各公共区域开关灯时间（工程部/营运部制订），营运部在日常巡场中须关注照明的开启状况；

夜景照明管理：保证夜景照明达到设计效果，且开启夜景照明时间不得晚于当地路灯开启时间，遇节假日关闭时间延长 30 分钟；

空调温湿度管理：内场环境温度冬天为 18～20 摄氏度，夏季 22～26 摄氏度。

图 7-40　经营环境管理的内容

内容 10. 客户关系管理

租户与购物中心是唇齿相依、互为依存的利益共同体，开业后加强与商户的沟通，与各商户建立良好的关系,留住好的商户,对经营困难的商户在经营方面给予专业指导与支持。

客户关系管理方法与措施有五类:

第一,建立与主力店的月沟通会议机制,并形成完整的会议纪要;

第二,每月召开商户店长座谈会,并形成会议纪要抄送总经理;

第三,对商户营业员的考勤进行管理,每月汇总反馈给各商户;

第四,每年至少组织一次"优秀商户"评选,并进行公示;

第五,每月定期向各进驻商户提供员工培训及地方政府协调等服务。

内容 11. 消费者关系管理

设立总经理信箱,接受消费者的意见与建议。总服务台人员须详细记录消费者提出的投诉及意见;每月对投诉情况进行一次汇总分析,形成分析报告,次月 5 日前上报营运中心。

内容 12. 多种经营管理

多种经营主要指在商户租赁区域以外的所有公共区域所从事的经营活动,旨在塑造购物中心品牌、带动人气,促进商户销售。

多种经营点位设置区域包括室内步行街、室外广场、广场出入口、通道、楼顶、墙体、停车场、仓库、电梯间等区域(图 7-41)。

图 7-41 多种经营点位设置区域

内容 13. 优质顾客服务管理

对新录用的商户营业员进行不少于 1 天的营业员进场培训。培训结束后经考核合格方能上岗。

培训内容须包括××广场经营简介、商户手册、服务标准和行为规范、营运管理标准等（图7-42）。

图7-42　新录用商户营业员的培训内容

优质的服务管理还包括：第一，营运部每月须组织1次商户营业员的素质与业务培训；第二，营运部门每半年进行1次"优秀营业员"评选活动，并予以通报表扬奖励。

内容14．商户与品牌分析

按月度、季度对各商户和品牌进行分析，包括品牌定位、品牌贡献度、盈利能力、品牌发展趋势、经营风险等。对不符合广场定位、经营有风险的商户，建立退、掉铺预警机制，进行备选品牌和商户的储备。

特色购物中心开发借鉴

操作程序

案例1. 北京金融街购物中心——最具时尚品位的购物场所
案例2. 上海K11购物艺术中心——最大的艺术互动乐园
案例3. 广州太古汇——国际一线精品购物中心
案例4. 深圳益田假日广场——国际化体验式购物中心

操作程序

案例1. 北京金融街购物中心——最具时尚品位的购物场所

（一）

（二）

图 8-1　北京金融街购物中心外观

08 特色购物中心开发借鉴

一、项目概况

金融街购物中心项目概况　　表 8-1

项目名称	北京金融街购物中心
地址	北京市西城区金城坊街 2 号
所属商圈	金融街商圈（直辖市市级商圈）
商业建筑面积	8.9 万 m²
楼层	B3～5F
开发商 / 运营商	北京金融街控股股份有限公司
设计单位	美国 SOM 公司
物业管理公司	仲量联行
停车位数量	961 个
开业时间	2007 年 9 月 16 日

二、项目区位

1. 区域特征

西城区位于北京市中心城区西北部，是当今中国真正的"政经核心"，中国的政治中心——中南海，以及全中国资产最集中的一条街——金融街皆坐落于此。

地理位置

辖区面积 50.7 公顷，东与东城区相连，西与海淀区、丰台区接壤，北与海淀区、朝阳区毗邻，南与丰台区相连。

区域特点

人口密集，2013 年末，全区户籍人口 1402995 人，比 2012 年增长 1.7%；交通发达，拥有完善的交通体系；驻区中央单位众多，中央机构及所属事业单位 835 家；对外交往频繁，有 12 个密切交往国际友好城市；有 18 个历史文化保护区，占地 9.5 平方公里；环境优美，拥有多处大型绿地及 28 个公园。

综合经济

经济结构合理,第三产业发达。2013 年西城区实现地区生产总值 2825.7 亿元,比 2012 年增长 9.0%。其中,第二产业实现增加值 275.5 亿元,比 2012 年增长 4.8%;第三产业实现增加值 2550.1 亿元,比 2012 年增长 9.4%,占地区生产总值的比重达到 90.2%。

2. 商业分布

西单商圈南起西绒线胡同,北至灵境胡同西口,南北长 1600 米,与王府井大街、前门大栅栏并称为三大传统商业区。

西单商圈以经营中高档商品为主,基本形成了集购物、餐饮、休闲、娱乐、健身、文化、办公、旅游、会展等功能于一体的国际水准现代化商业区,日客流量达 30 万人次。

西直门外大街为区域性商业中心,利用两大商圈——中关村和金融街的交汇价值,形成极优越的发展前景;

西直门商务、商业消费力十分强劲,拥有十几个大型高档社区。这里是北京服装最大批发集散地,也集聚了大量的休闲娱乐场所,形成北京西部地区独有的商业文化中心。

3. 所属商圈

金融街作为中国的金融管理中心,被誉为中国的"华尔街",是我国最具影响力的经济核心区域,云集了众多金融机构和企业集团总部,为国际级购物中心的培育创造了丰沃的土壤。经济最发达的金融街商业区给金融街购物中心提供了得天独厚的生长土壤,决定了坐落此处的购物中心的档次。

金融街商圈分析 表 8-2

区域位置	金融街南起复兴门内大街,北至阜成门内大街,西抵西二环路,东临太平桥大街;占地 1.18 平方公里
商业状况	国家最高金融监管机构"一行三会"、三大国有商业银行总行、两大中央结算中心均入驻金融街区域;中国电信、中国移动、中国网通等三大通讯公司总部,及中国交通银行、中信实业银行、中国人民保险集团、中国平安保险公司等 30 余家金融保险机构和 650 多家国内外企业在金融街落户
建设目标	建成北京地区资金最密集、市场最活跃、资讯最发达、设施最完善、环境最优美的国际化金融服务中心
主要客源	西城区、海淀区和丰台区,三者合计超过 70%

08 特色购物中心开发借鉴

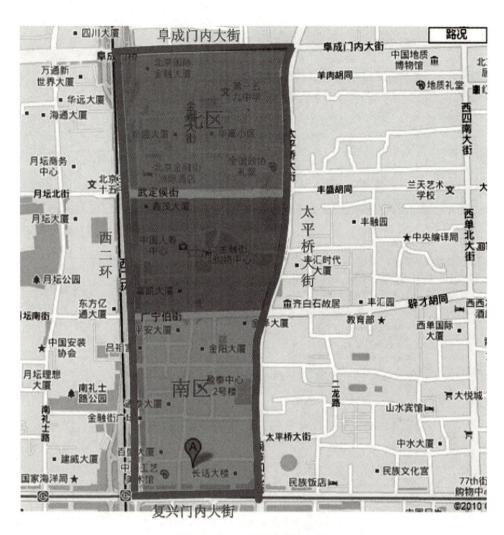

图 8-2 金融街商圈区位

4. 区域交通概况

金融街商圈交通概况 表 8-3

轨道交通	地铁1号线	客运量最大的地铁线，大部分线路与长安街重合，穿过古城、军事博物馆、西单、天安门、王府井、国贸等客流量大的站点
	地铁2号线	环线，东段、北段、西段走向与北京二环路重叠，承担了北京市11%以上的公交客运量

续表

地面交通	城市快速路	阜成门南大街、复兴门北大街
	主干道	阜成门内大街、复兴门内大街、太平桥大街
	次干道	金融大街、武定侯街、广宁伯街
	公交站点	区域内共有公交站点12个，复兴门内、太平桥、辟才胡同、辟才胡同西口、北京儿童医院、月坛体育场等站
	公交线路	区域内共有公交线路34条，有1路、15、37、52、205、337、728、802、7、38、特4、44内、50、387、456、691、743、46、68、209、423等

图8-3 金融街商圈交通

08 特色购物中心开发借鉴

5. 项目道路四至

主干道:太平桥大街;

次干道:金融大街;

支马路:金城坊街、金城坊东街、金城坊北街。

图 8-4 金融街购物中心项目区位

三、项目定位

1. 总体定位

打造北京乃至国内最具时尚品位购物场所的购物中心,为消费者提供高雅时尚购物新体验。

客群:金融街及周边地区白领阶层及高端消费者。

档次:高档。

形象:休闲、高雅、顶级。

定位表现:金融街购物中心在空间设计、硬件设施、品牌组合、服务理念等方面都开创了国际级购物中心的先河,为消费者带来购物之外更多的附加价值和愉悦体验。

2. 主题氛围

（1）品牌组合

全球名牌商品聚集地，货品丰富，品牌齐全，从地下一层到地上四层，汇聚了超过300多家国际知名品牌，除了路易威登（LV）等国际一线品牌外，亚洲首席时装名店也落户于此。同时引进年轻白领喜欢的ESPRIT等中等价位品牌。

（2）服务理念

金融街购物中心以心对心服务为原则，设计无障碍电梯、给行动不方便的客人提供轮椅、给带孩子的客人提供婴儿车、设置购物休息区等人性化服务，让顾客体验到项目无微不至的关怀。

（3）空间设计

无论是门前3万平方米的绿地公园、建筑300米长的巨大采光天穹，还是采取街道式店铺布局，都强调公共空间、人与自然的和谐相处，在这里随时随地可以体验到疏阔的空间、充足的阳光和内心的舒适惬意。

四、规划设计

1. 建筑特色

（1）外部设计

金融街购物中心以"回归自然"为设计主题，购物中心外观如同一弯明月，典雅而现代；门前大型绿地公园构建了宽阔的公共活动空间，使顾客对购物中心产生天然的亲近感。

图8-5　金融街购物中心建筑外观

08 特色购物中心开发借鉴

图 8-6　金融街购物中心建筑外水景

（2）内部空间

300 米长采光天穹，使整个商场通透、明亮，不仅节能，而且与其"接近自然"的设计理念相吻合，给消费者带来愉悦、欢快的心情。

图 8-7　通透、退让、富于变化的中庭

图 8-8　长达 300 米的采光苍穹

图 8-9　玻璃连廊

2. 动线分析

（1）外部动线

人流入口分析

08 特色购物中心开发借鉴

图 8-10 金融街购物中心人流入口示意

①号入口人流来源于金融大街；

②号入口人流来自于酒吧街，直接将人流导入地下一层；

③为主入口，面向酒吧街，接近主干道与多只干道交汇处；

⑤、⑥号主要为员工运货出入口，⑦号口面向金城坊东街；

⑧、⑨号位于支路金城坊南街上，此道通向金融街公寓，连接广宁伯街。

车流人口分析

  金融街购物中心首创地下三层立体交通系统，961个车位为顾客提供充足的停车空间。地下一层为人行系统，缓解地面人车交叉的矛盾；地下二层为车行通道，连接中心区所有项目地下停车场，大大提高交通效率；设有4处红绿灯以及一些常规交通指示牌。

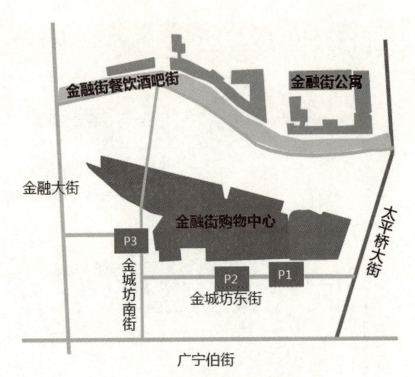

图 8-11 金融街购物中心车流入口示意

(2)内部动线

主动线简单清晰；

死角处安排扶梯，引导人流循环；

保证每个店面都有展示面在主次动线上；

面积较大的店铺安排主力店。

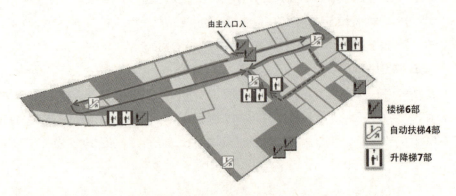

图 8-12 金融街购物中心内部动线

08 特色购物中心开发借鉴

3. 各楼层业态分布

从数量上来看,金融街购物中心以零售为主导。占82%。其中又以时尚服装所占据的比重最大;其次是餐饮,仅10家,占9%;服务和休闲娱乐均衡,分别占4%和5%;

从面积上看,零售占据比例最大;由于金融家俱乐部的加入,使休闲娱乐的面积占到次主导地位,达到17%;

● 金融街购物中心整体业态布局(按面积计算)　　　　表8-4

楼层	业态分布			
	零售	餐饮	娱乐	服务
B1	78%	22%	0%	0%
1F	100%	0%	0%	0%
2F	97%	0%	0%	3%
3F	99%	1%	0%	0%
4F	26%	30%	27%	17%
5F	0%	0%	100%	0%

从品牌上看,金融街购物中心以国际品牌为主导。其中国际一线品牌最多,占38%,国际二线占32%;国内一线品牌占24%,而国内二线和非品牌占5%和1%。

● 金融街购物中心楼层分布　　　　表8-5

楼层	主题	业态分布
B3F~B2F	地下停车场	—
B1F	休闲天地	精品服饰、生活居家、精致美食
1F	国际精品	精品服饰、生活居家、精致美食
2F	时尚荟萃	百货公司、精品服饰、名表珠宝、雪茄烟斗
3F	都会经典	百货公司、流行服饰、首饰珠宝、美发护理
4F	雅致生活	百货公司、潮流服饰、时尚配饰、精致美食、美容护理
5F	金融家俱乐部	生活居家、美容美发、精致美食、金融家俱乐部

B1

B1只有两大类业态:零售和餐饮,无论从数量,还是从面积上看,零售都占有绝对的比重;

B1零售包括了时尚服装、包袋皮具、家具用品、超市、精品店、首饰珠宝、眼镜钟表等;餐饮以休闲餐饮和健康食品为主;

B1的主力店为华润超市和福将坊餐厅。

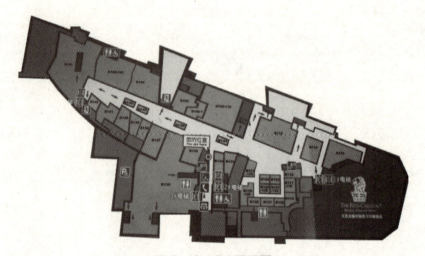

图 8-13　B1 平面图

◆ B1 业态分布　　　　　　　　　　　　　　　　表 8-6

类别	数量(家)	面积(m²)
时尚服装	3	1263
包袋皮具	1	732
家具用品	2	668
精品店	1	889
电子电器	1	116
眼镜钟表	1	106
超市	3	3257
珠宝首饰	1	66
休闲餐饮	2	1752
健康食品	3	103
饮品	1	111
合计	19	9063

08 特色购物中心开发借鉴

🌐 B1 经营业态业种分布　　　　　　　　　　　　　表 8-7

位置	业种	品牌	档次	面积（m²）
B101	休闲餐饮	Food Junction 福将坊	国际二线	1295
B102-103	时尚服装	F.F Bouti	国际二线	571
B104	时尚服装	名品特卖区	国际二线	485
B105-1	饮品	Cellar 成尔酒行	国际一线	111
B105	时尚服装	Gucci	国际一线	207
B106-112	包袋皮具	Piquadro	国际二线	732
B113	家居用品	Harbor House	国际二线	564
B116-132	精品店	Suning Elite	国内一线	889
B133	电子电器	SonyDWS	国际一线	116
B134	眼镜钟表	Alexis	国际一线	106
B135	超市	屈臣氏	国内一线	224
B136-137	超市	华润 Ole 超市	国内一线	2998
B138	家居用品	German Town	国际一线	104
B140-141	休闲餐饮	Chamate 一茶一座	国内一线	457
B142	珠宝首饰	Fabi 饰品	国际一线	66
B1-02	健康食品	上品堂	国内一线	36
B1-03	健康食品	德齐氏	国际二线	33
B1-04	超市	HP	国际一线	35
B1-06	健康食品	有机厨房	国内一线	34

1F

1F 为零售专卖区；

1F 零售以眼镜钟表和时尚服装为主，国际一线品牌 IWC、Dior、Guccl 等都在此层设店；除此之外还有包袋皮具店、雪茄烟斗、百货；

1F 主力店为连卡佛百货。

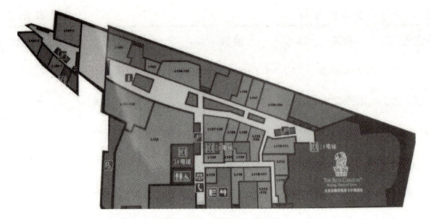

图 8-14　1F 平面图

● **1F 业态分布**　　　　　　　　　　　　　　　　　　　　　　表 8-8

类别	数量（家）	面积（m²）
眼镜钟表	7	1549
时尚服装	9	1683
包袋皮具	2	676
百货	1	2120
雪茄烟斗	1	8
总计	20	6036

● **1F 经营业态业种分布**　　　　　　　　　　　　　　　　　表 8-9

位置	业态品种	品牌	档次	面积（m²）
L101-1	眼镜钟表	GIRARD-PERREGAUX	国际一线	78
L101-2	眼镜钟表	Jaeger-LeCoultre 积家	国际一线	112
L101-3	眼镜钟表	Omega	国际一线	240
L102	时尚服装	Dior	国际一线	212
L103	时尚服装	Dior Homme	国际一线	62
L104-105	时尚服装	Gucci	国际一线	345
L106	时尚服装	Max Mara	国际二线	118
L107	时尚服装	Brioni	国际一线	132

08 特色购物中心开发借鉴

续表

位置	业态品种	品牌	档次	面积（m²）
L108-109	时尚服装	ErmenegildoZegna	国际一线	365
L110-118	眼镜钟表	亨吉利名表中心	国内一线	868
L119	眼镜钟表	IWC 万国表	国际一线	61
L120	眼镜钟表	亨吉利名表中心	国内一线	82
L121-122	眼镜钟表	Normana	国际一线	108
L123-124	时尚服装	Chloe 克洛伊	国际一线	148
L125	包袋皮具	Loewe	国际一线	76
L126	时尚服装	Givenchy	国际一线	89
L127-129	时尚服装	Salvatore Ferragamo	国际一线	213
L130	百货	Lane Crawford	国内一线	2120
L131-132	包袋皮具	Louis Vuitton	国际一线	600
L1-01	雪茄烟斗	Ligero	国际二线	8

2F

2F 包括两大类业态：零售和服务，零售在数量和面积上都占绝对比重，其中零售有 24 家，服务仅 1 家；

2F 零售以时尚服装为主，有 16 家，包括 I.T、Y-3、Max Mara 等品牌；另外还有 4 家珠宝店、两家包袋皮具店和 1 家百货；服务类设有一家美发店；

2F 主力店为连卡佛百货。

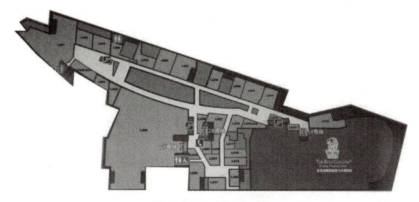

图 8-15　2F 平面图

2F 业态分布　　　　　　　　　　　　　　　　表 8-10

类别	数量（家）	面积（m²）
时尚服装	17	3279
珠宝首饰	4	629
包袋皮具	2	165
百货	1	3270
美发	1	218
合计	25	7561

2F 经营业态业种分布　　　　　　　　　　　表 8-11

位置	业态品种	品牌	档次	面积（m²）
L201-202	时尚服装	I.T	国际二线	1100
L203	时尚服装	Agnes.b	国际二线	151
L204	时尚服装	Y-3	国际二线	90
L205	时尚服装	Joseph Abboud	国际一线	141
L206	时尚服装	Juicy Couture	国际一线	210
L207	时尚服装	Giada	国际一线	240
L208	时尚服装	M.Missoni	国际一线	114
L209	时尚服装	Max Mara	国际二线	120
L210	时尚服装	Ports 1961	国内一线	203
L211	时尚服装	O'2nd	国际二线	150
L212	美发	朴承喆	国际二线	218
L213	时尚服装	Eurkea	国际二线	24
L214-215	时尚服装	Theory	国际二线	80
L216	包袋皮具	Normana	国际一线	103
L217-218	珠宝首饰	Moneta	国际一线	160
L219	珠宝首饰	Lilyrose	国际一线	94
L221	珠宝首饰	Lord Spek	国际二线	111
L222-223	珠宝首饰	中艺珠宝	国内一线	264

08 特色购物中心开发借鉴

续表

位置	业态品种	品牌	档次	面积（m²）
L224-226	时尚服装	1436	国内一线	223
L227	时尚服装	St.John	国际二线	143
L228	包袋皮具	Lottusse	国际一线	62
L229	百货	Lane Crawford	国内一线	3270
L230	时尚服装	Verri	国际二线	91
L231	时尚服装	Fengfeiz	国内一线	69
L232-233	时尚服装	Autason	国际二线	130

3F

3F 只有两大类业态：零售和餐饮。无论从数量上，还是从面积上看，零售都占有绝对的比重；其中，零售有 25 家，餐饮仅 1 家；

3F 零售包括了时尚服装、珠宝首饰、包袋皮具、内衣、化妆品、饰品手机等，餐饮为一家咖啡茶吧；

3F 的主力店仍为连卡佛百货。

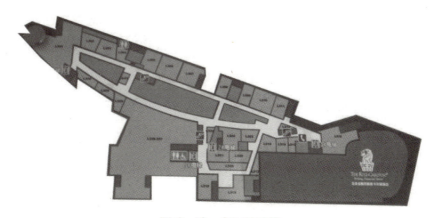

图 8-16　3F 平面图

● 3F 业态分布　　　　　　　　　　　　　　　　　　表 8-12

类别	数量（家）	面积（m²）
时尚服装	16	2724
珠宝首饰	2	182

续表

类别	数量（家）	面积（m²）
包袋皮具	2	164
内衣	2	152
化妆品	1	385
饰品手机	1	142
百货	1	2768
咖啡茶吧	1	40
合计	26	6557

● 3F 经营业态业种分布　　　　　　　　　　表 8-13

位置	业态品种	品牌	档次	面积（m²）
L301-1	时尚服装	Trands	国际一线	444
L301-2	时尚服装	Vasto	国际一线	174
L302	时尚服装	Diligence Lucky	国际二线	123
L303	时尚服装	FrognieZila	国际二线	135
L304	时尚服装	Gardeur	国际二线	70
L305	珠宝首饰	Tinpo	国内二线	156
L306	时尚服装	Siu	国际二线	211
L307	时尚服装	Diamond Dazzle	国际二线	193
L308	时尚服装	Mondial Atelier	国际一线	117
L309	时尚服装	Bypac	国内一线	108
L310	时尚服装	Elegant Prosper	国内一线	220
L311	时尚服装	Rebecca	国际二线	127
L312	化妆品	Herborist 佰草集	国内一线	385
L313	珠宝首饰	Nomination	国际一线	26
L314-315	饰品手机	Veva	国内一线	142
L316	包袋皮具	Power Land	国际二线	120

续表

位置	业态品种	品牌	档次	面积（m²）
L318	时尚服装	Trands	国内一线	245
L319	时尚服装	Egake Fur	非品牌	188
L323	时尚服装	Aylanbna	国内二线	94
L324	时尚服装	On&On/W·Doubleudot	国际二线	196
L325	包袋皮具	UgoVasare	国际二线	44
L326-327	百货	Lane Crawford	国内一线	2768
L328	内衣	Ck Underwear	国际二线	81
L329	内衣	Private Shop	国际二线	71
L330	时尚服装	Christian Audigier	国际二线	79
L3-01	咖啡茶吧	雕刻时光	国内一线	40

4F

4F 业态较为齐全，包含了零售、餐饮、服务、休闲娱乐四大类业态，数量和面积比例相对较为均衡。数量上，零售占比例最大，其次为休闲娱乐，占 24%；面积上，餐饮占据了主导比例 33%，其次是零售 29%，娱乐和服务均衡 19%；

4F 的主力店为俏江南餐厅。

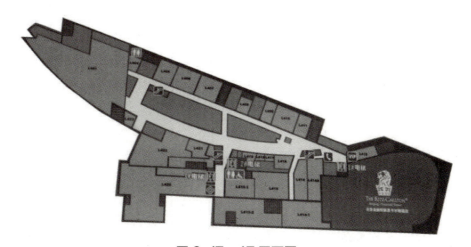

图 8-17　4F 平面图

4F 业态分布

表 8-14

类别	数量（家）	面积（m²）
电子电器	1	229
家具用品	8	2167
美发	4	1559
美容 SPA	4	1561
正餐	1	2607
健康食品	1	34
甜品	1	75
俱乐部	1	909
总计	21	9140

4F 经营业态业种分布

表 8-15

位置	业态品种	品牌	档次	面积（m²）
L401	正餐	Subu 俏江南	国内一线	2607
L404	美发	Toni&Guy	国际一线	85
L405	电子电器	Bose	国际一线	229
L406	家居用品	Blue morning	国内二线	295
L407	家居用品	Duxiana	国际一线	273
L408	家居用品	Life Menu	国内一线	111
L409	家居用品	Hanguang China	国内一线	136
L410	家居用品	Kuan's Living	国际一线	275
L414-A	美容 Spa	玛花纤体	国际一线	294
L414-B	美发	史云逊	国际二线	329
L414-1	美发	漂亮宝贝	国内一线	626
L415-1	美容 Spa	海洋洋	国内二线	310
L415-2	美容 Spa	美丽田园	国际一线	820
L415	美发	漂亮宝贝	国内一线	519
L416	美容 Spa	Hom&spa	国际二线	136
L417	家居用品	The IQ Air Store	国际二线	29

续表

位置	业态品种	品牌	档次	面积（m²）
L418	健康食品	Res House	国际二线	34
L420	俱乐部	金融家俱乐部	国内一线	909
L421	家具用品	WMF	国际一线	171
L422	家具用品	嘉艺廊	国际二线	877
L423	甜品	黛堡嘉莱巧克力	国际一线	75

金融家俱乐部经营范围为健身、游泳、网球、桑拿、蒸气浴、漩流裕等。

● **4F 金融家俱乐部经营内容**　　　　　　　　　　　　　　　表 8-16

类别	面积（m²）	经营概要
健身房	405	配备全球顶级的健身设备，满足顾客身体锻炼的各项需求
体操房	148	配备专业音响，包括普拉提、健身球、瑜伽、杠铃操、有氧搏击、拉丁、爵士、太极、跆拳道等
高温瑜伽房	40	35℃高温环境下进行瑜伽训练
动感单车房	36	12 台动感单车，配备 spinning 专业训练课程
男女更衣室	140×2	更衣区、淋浴区宽敞舒适，更衣柜、淋浴间数量充足

5F

5F 为金融家俱乐部专层，共 5091 平方米。

● **5F 金融家俱乐部经营内容**　　　　　　　　　　　　　　　表 8-17

类别	经营概要
可开启天幕式阳光游泳池	长 25m，宽 12m，深 1.6～2.0m，水温 28℃恒定
热带雨林休闲池、温泉漩流池	抽取地下 3700m 温泉水，配备水力按摩椅
桑拿房	游泳池内配置男女桑拿房，另有淋浴间、洗手间
多功能阳光露天平台	面积 220m²，配备专业音响、灯光、舞台等设施
阳光水吧	面积 200m²，落地玻璃窗，提供健康饮料、果盘及咖啡等饮品和食品
室内网球馆	完全按照国际网球场馆设计并建造

操作程序

案例2. 上海K11购物艺术中心——最大的艺术互动乐园

（一）

（二）

图 8-18　上海 K11 购物艺术中心外观

08 特色购物中心开发借鉴

一、项目概况

● K11购物艺术中心项目概况 表8-18

项目名称	K11购物艺术中心
地址	上海黄浦区淮海中路300号
所属商圈	淮海路商圈（市级商圈）
商业建筑面积	35500平方米
楼层	B3～6F
开发商/运营商	香港新世界集团
设计单位	Kokaistudios
物业管理公司	香港新世界集团
停车位数量	270个
开业时间	2013年5月

二、项目区位

1. 区域特征

淮海路位于上海市中心，是上海以高雅浪漫著称的百年老路，上海最繁华的商业街区之一。淮海路上女性用品闻名遐迩，诸如上海市妇女用品商店，国际顶级品牌云集的"美美"、"连卡佛"、"巴黎春天"、"华亭伊势丹"等，是著名的女性购物天堂。

这里时尚名品荟萃，紧随世界潮流。不同档次的宾馆群，吃、住、行、游、购、娱设施齐备。良好的购物环境、众多的餐饮娱乐名店，以及优越的酒店服务为淮海路商圈增色不少。

淮海路上著名的商店有上海国际购物中心、上海二百永新有限公司、上海第一百货公司淮海店、上海香港三联书店有限公司、新华联商厦淮海店、上海市妇女用品商店、上海钟表商店、全国土特产食品商店、上海真丝商厦新淮海店、世界鞋帽商店等。

商圈内购物商场有太平洋百货、百盛购物中心、大上海时代广场、伊势丹百货、东方美莎、新华联商厦、锦江购物总汇、黄金世界商厦、中环广场、上海市妇女用品商店、二百永新、第一百货淮海店、龙凤金银珠宝店；还有相当多的品牌专卖店，如芭比娃娃、古今内衣等等众多品牌专卖店。

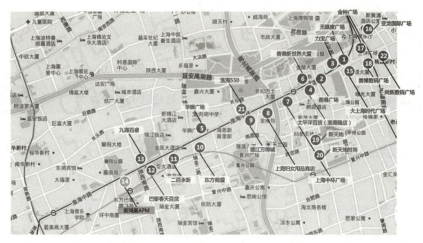

图 8-19 淮海路商圈商业分布

2. 商业分布

东段之高级商务圈

（西藏南路—重庆南路）为高级商务圈，云集了诸如香港广场、上海广场等高档写字楼和百脑汇、赛博等电脑广场。在这一段规模较大的商厦有太平洋百货淮海店和全新开业的大上海时代广场。

中段之高档商业圈

（陕西南路—重庆南路）是高档商业圈，两侧的商店装潢讲究、陈设高雅。百盛、巴黎春天、二百永新、华亭伊势丹等时尚百货供应高档流行商品和品牌服饰，质优价昂。此外，还有上海市妇女用品商店、古今胸罩公司、全国土特产食品公司等名特商店。

西段之时尚购物圈

（陕西南路—常熟路）是时尚购物圈，有专营高档女式服饰精品的美美百货和以服饰为主、兼营工艺礼品的襄阳服饰礼品市场。以上所言的"西段"划分是指属于商业购物的西段，真正地理意义上的西段实际上从陕西南路一直到华山路。但从常熟路往西开始，到华山路截止的区域中，原本浓厚的商业氛围已基本消失了，取而代之的则是许多高档住宅区和一些上海著名的人文景观。

纵观整条淮海路，其中最繁华的依旧莫过于那条西自陕西南路、东至西藏南路由东段和中段两段所组成的长达 2 公里的区间段。

3. 所属商圈

地理位置得天独厚，是淮海路商圈地标建筑；

08 特色购物中心开发借鉴

项目地处淮海路黄金商务区，中环广场、瑞安广场、香港广场等高楼大厦毗邻而居，周围有超过 15 家甲级写字楼及数十家五星级酒店。

4. 区域交通概况

K11 为地铁上盖商业，周边共有城市公交线路（23 条）集中在此；

K11 地下二层直接与轨道交通一号线黄陂南路站地下通道相连。

图 8-20　项目区域交通

5. 项目道路四至

城市主干道：金陵路、黄陂南路、淮海中路；

城市次干道：马当路。

图 8-21　项目道路四至

三、项目定位

商业定位：高档购物中心。

品牌定位：围绕"艺术、人文、自然"之间的关系，将艺术欣赏、人文体验、自然观光融合在一起，K11将自己定位为购物艺术中心和艺术舞台。

客群定位：25～50岁追求现代生活的社会消费群体

四、规划设计

1. 建筑特色

（1）外部设计

立面完美地将新旧结合，守旧与创新，创造了出奇的效果。

图8-22　上海K11艺术购物广场外景

位于外中庭的高九层的人造瀑布（背面是垂直电梯），看上去大气磅礴。透过自动电感随着气候条件优化系统调节水量，是亚洲最高的户外水幕瀑布，超过2000平方米的垂直绿化墙可将收集的雨水作为建筑物冷却系统使用。

08 特色购物中心开发借鉴

图 8-23 上海 K11 外中庭 9 层楼高的瀑布

(2)内部空间

K11 内部设计充满了艺术氛围,为都市生活创造了崭新的空间。

钢管、不锈钢、三角玻璃打造的大树完美地将屋顶玻璃幕墙延伸至室内圆形休息椅处,不仅增加了休憩处的美感,还完美地融进自然元素,令整棵现代材质打造的大树在 B1 楼的中庭上空不显突兀。

如此设计的好处在于三点：首先，具有采光、遮阳、避雨的功能；其次，能便捷快速地到达 B1 楼，从而增加 B1 楼的人流；最后，这种类似于美术馆的现代设计风格增加了购物中心高端奢华的感受。

图 8-24　B1 楼中庭上的大树

2. 动线分析

(1) 外部动线

商场主入口

商场主入口位于淮海中路,两个柱子之间放了一个大面积的透明广告牌,K11昭示性非常好,特别是晚上灯亮的时候。但是这个设计也遮挡了向内看的视线,使得原本就不宽的入口感觉更为狭窄,有压迫感。整体建筑沿地块四周退界,布置了矮小的绿化带,但有些杂乱不美观。

内广场入口

多维阳光顶棚,除了地下采光的功能性还充满了艺术气息。扶梯通地下一层。高九层的人造瀑布(背面是垂直电梯),看上去大气磅礴。墙面多采用垂直绿化,体现"自然"理念。

停车场入口

入口高2.2米,位于商场后方写字楼下,不好找。停车位需要盘旋上6-9楼,不方便还考验技术。

地面地铁口

地铁与商业接口处非常豪华,让人忍不住要进去看看。

(2) 内部动线

B2层与地铁衔接处,人流量大,因而布局了一个大P-Plus名品集合店和几个大的服装配饰店,来吸引顾客进入项目。主动线呈"回"字形,可见性较好,基本无视觉死角,而且店铺展示性较好。在项目另一端布局了美妆零售和美食小吃,能把顾客向里层引导。

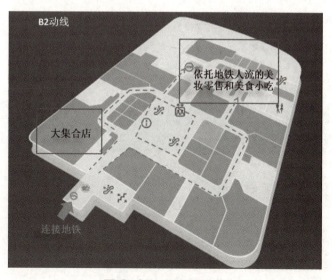

图 8-25　B2 层动线

首层主动线呈"一"字体，稍微有一点儿曲折。这样的视觉引导使顾客在购物中心里面没有视觉疲劳，没有让消费者处于其中不知该往哪边走，又能增加美感，不会像方框看起来那么死板。

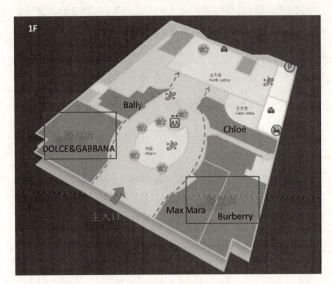

图 8-26　1层动线

3. 各楼层业态分布

业态占比：时装配饰 54%、餐饮 31%、生活配套服务 15%；

上海 K11 在业态组合上以服装零售为主，符合淮海路商圈女性购物天堂的定位，同时大量引入餐饮，满足购物人群及周边商务办公人群的饮食需求；

缺乏娱乐型业态，但本案"艺术"的引入能弥补此缺憾。

K11购物艺术中心整体业态布局（按数量计算）　　　　表 8-19

楼层	业态			
	时装配饰	餐饮	生活	美容护理
B2	49%	32%	11%	8%
B1	60%	13%	7%	20%
1F	71%	29%	0%	0%
2F	100%	0%	0%	0%
3F	17%	67%	17%	0%
4F	29%	71%	0%	0%

08 特色购物中心开发借鉴

K11 购物艺术中心楼层分布

表 8-20

楼层	业态	代表商家
B2	时装配饰/餐饮/生活/美容护理	Collect Point、giordano/ladies、Eplaza 创 e 品味、ELECOM 宜丽宠、Neroly 莱薏、ABC Cooking Studio ABC 料理工作客、Costa coffee 咖世家咖啡、Secret Recipe 食之秘、Watsons 屈臣氏
B1	时装配饰/餐饮/生活/美容护理	BELFE 贝丽飞、P-Plus、L.J Nail Salon 刘娟美甲沙龙、FRANCK PROVOST PARIS 梵珀巴黎法式发艺、托尼诺·兰博基尼、YAANG life
L1	时装配饰/餐饮	Bally 巴利、Burberry 博柏利、Max Mara 麦克斯·马勒、DOLCE&GABBANA 杜嘉班纳、Chloé 蔻伊、Simply Life Bakery Café 简单生活、Musk Cat Coffee 麝香猫·咖啡
L2	时装配饰	Burberry 博柏利、Max Mara 麦克斯·马勒、DOLCE & GABBANA 杜嘉班纳、O-O Shop 零一零眼镜店、EMPORIO ARMANI WATCH & JEWELRY、Vivienne Westwood 薇薇安·威斯特伍德
L3	时装配饰/餐饮	港丽餐厅、g+The Urban Harvest 极食餐厅、GATTEN SUSHI 合点寿司、Green Massage 青籁养身
L4/L5	时装配饰/餐饮	Agora.Japanese Restaurant（阿吾罗日本料理）、鸿星荟海鲜酒家、Pizza Marzano（比萨马上诺）、HOME THAI RESTAURANT

B2

图 8-27　B2 平面图

● B2 业态分布　　　　　　　　　　　　　　　　　　　表 8-21

类别	数量（家）
生活	4
时装配饰	18
餐饮	12
美容护理	3
合计	37

● B2 经营业态业种分布　　　　　　　　　　　　　　表 8-22

位置	品牌名称	分类
B201	Collect Point	时装配饰
B202	axes femme	时装配饰
B203	retrogallery	时装配饰
B204	Ecco 爱步	时装配饰
B205	on&on/W.doubleudot/lapalette	时装配饰
B207	Cheky	生活
B208/B209	giordano/ladies 佐丹奴高级女装	时装配饰
B210	d'zzit	时装配饰
B211	ABC Cooking Studio ABC 料理工作室	餐饮
B213/B246	Tuttimelon 特迪莓仑	餐饮
B214	美思嘉	时装配饰
B215	rosebullet	时装配饰
B216	mrkt 马克兔	时装配饰
B217	Be in Lover	时装配饰
B218	Eplaza 创 e 品味	时装配饰
B219/B221	havaianas/totes 哈瓦那 / 都达斯	时装配饰
B220	ELECOM 宜丽客	生活
B222	Sanrio	时装配饰
B223/B225	Costa coffee 咖世家咖啡	餐饮
B224/B226	TKF SPASSO 斯帕颂	时装配饰
B227	Solvil Titus 铁达时	时装配饰

08 特色购物中心开发借鉴

续表

位置	品牌名称	分类
B228/B229a	JINS 睛姿	时装配饰
B229	Morellato	时装配饰
B230	Watsons 屈臣氏	美容护理
B231	Organic+ 有机家	美容护理
B232	SKINFOOD 思亲肤	美容护理
B233	Neroly 莱薏	生活
B234	Blink 琳	餐饮
B235	CHAME 茶米	餐饮
B236	Bojoo Dessert 宝珠奶酪	餐饮
B237	Mvuke Tokyo 布歌东京	餐饮
B238/B237a	Fresh Everyday 每日新鲜水果吧	餐饮
B239	TsukijiGindaco 筑地银章鱼	餐饮
B240	chez choux/LORRAINE 西树泡芙/洛林挞屋	餐饮
B241	Lina's 蛋糕和甜点	餐饮
B242	Secret Recipe 食之秘	餐饮
B243	The Graces Floral 婷意花宇	生活

B1

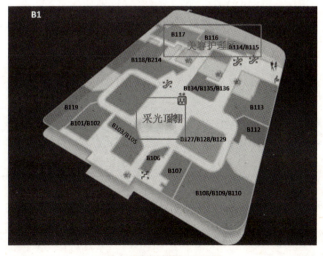

图 8-28　B1 平面图

B1 业态分布　　　　　　　　　　　　　　　　　表 8-23

类别	数量（家）
生活	1
时装配饰	9
餐饮	2
美容护理	3
合计	15

B1 经营业态业种分布　　　　　　　　　　　　　表 8-24

位置	品牌名称	分类
B101/B102	LOVE MOSCHINO	时装配饰
B103/B105	RED Valentino	时装配饰
B106	Wolford	时装配饰
B107	iBLUES 意布鲁斯	时装配饰
B108/B109/B110	P-Plus	时装配饰
B112	YAANG life	生活
B113	COCCINELLE 可奇奈尔	时装配饰
B114/B115	L.J Nail Salon 刘娟美甲沙龙	美容护理
B116	FRANCK PROVOST PARIS 梵珀巴黎法式发艺	美容护理
B117	CellCare 抗衰中心	美容护理
B118/B214	MiXTRA 美思嘉	时装配饰
B119	BELFE 贝丽飞	时装配饰
B120	托尼诺·兰博基尼	餐饮
B127/B128/B129	BAKER & SPICE	餐饮
B134/B135/B136	PAULE KA	时装配饰

L1

L1 层共 7 家店铺，其中 5 家为国际品牌一线品牌时装配饰店，而且都是大面积店铺，其中 3 家为两层的跨层店。另一端为 2 家休闲咖啡店。

08 特色购物中心开发借鉴

在一层主入口安排了品牌效应极强的国际一线品牌,提升购物中心档次的同时又能吸引顾客。且这些品牌店都沿街,同时又靠近中庭,产生了一个很好的展示效果,起到了宣传作用。另一端则配有两家小的特色咖啡店,便于顾客休息。

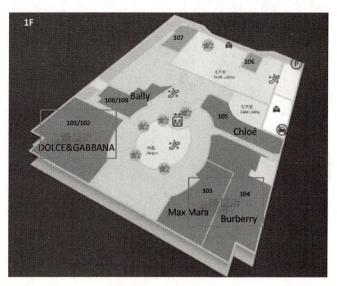

图 8-29　L1 平面图

L1 业态分布

表 8-25

类别	数量(家)
时装配饰	5
餐饮	2
合计	7

L1 经营业态业种分布

表 8-26

位置	品牌名称	分类
101/102/201/202	DOLCE&GABBANA 杜嘉班纳	时装配饰
103/203	Max Mara 麦克斯·马勒	时装配饰
104/204	Burberry 博柏利	时装配饰
105	Chloé 蔻伊	时装配饰
106	Musk Cat Coffee 麝香猫咖啡	餐饮
107	Simply Life Bakery Café 简单生活	餐饮
108/109	Bally 巴利	时装配饰

L2

图 8-30　L2 平面图

● L2 业态分布　　　　　　　　　　　　　　　　　　　表 8-27

类别	数量（家）
时装配饰	8
合计	8

● L2 经营业态业种分布　　　　　　　　　　　　　　　表 8-28

位置	品牌名称	分类
101/102/201/202	DOLCE&GABBANA 杜嘉班纳	时装配饰
103/203	Max Mara 麦克斯·马勒	时装配饰
104/204	Burberry 博柏利	时装配饰
205	Bruno Magli	时装配饰
206	EMPORIO ARMANI WATCH & JEWELRY	时装配饰
207	O-O Shop 零一零眼镜店	时装配饰
208/209	Vivienne Westwood 薇薇安·威斯特伍德	时装配饰
210	COVA	时装配饰

L3

以中高档家庭餐饮为主。

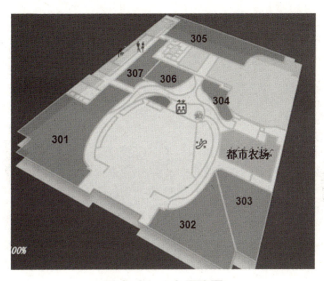

图 8-31　L3 平面图

● L3 业态分布　　　　　　　　　　　　　　　　　　　　表 8-29

类别	数量（家）
餐饮	4
生活	1
时装配饰	6
合计	11

● L3 经营业态业种分布　　　　　　　　　　　　　　　表 8-30

位置	品牌名称	分类
301/307	港丽餐厅	餐饮
302	GATTEN SUSHI 合点寿司	餐饮
303	g+The Urban Harvest 极食餐厅	餐饮
304	HANAMARUUDON 花丸乌冬面	餐饮
305	Green Massage 青籁养身	生活
306	Ninethirty by awfullychocolate 九点半	时装配饰

L4、L5

4、5层合并为一层,业态为高端及商务餐饮。

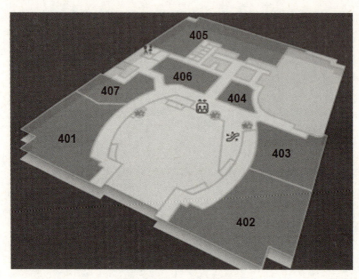

图 8-32　L4 平面图

● L4 业态分布　　　　　　　　　　　　　　　　　　　　　表 8-31

类别	数量（家）
餐饮	5
时装配饰	2
合计	7

● L4 经营业态业种分布　　　　　　　　　　　　　　　　　表 8-32

位置	品牌名称	分类
401	HOME THAI RESTAURANT	餐饮
402	Element Fresh 新元素	时装配饰
403	Pizza Marzano 比萨马上诺	餐饮
404	Azul Urban	时装配饰
405	鸿星荟海鲜酒家	餐饮
406	Céléb de TOMATO 铭品番茄	餐饮
407	Agora.Japanese Restaurant 阿吾罗日本料理	餐饮

案例3. 广州太古汇——国际一线精品购物中心

（一）

（二）

图 8-33　广州太古汇外观

一、项目概况

太古汇项目概况　　　　　　　　　　　　　　　表 8-33

项目名称	广州太古汇
地址	广州市天河区天河路
所属商圈	天河商圈
商业建筑面积	13.8 万 m²
楼层	5 层（地下 2 层，地上 3 层）
开发商 / 运营商	太古地产有限公司（97%）、广州日报报业集团（3%）
设计单位	Arquitectonica（美国 ARQ）
物业管理公司	太古地产
停车位数量	718 个
开业时间	2011 年 9 月

二、项目区位

1. 区域特征

天河商圈西起广州购书中心，东至岗顶，南到黄埔大道一侧，北到火车东站，已经聚集了超过 150 万平方米的商业面积，是全国面积最大的商圈，是广州、华南乃至中国的第一商圈。

天河商圈最繁华的地方集中在天河立交至石牌这段不足 3 公里的天河路两侧，天河路以北依次有广州购书中心、维多利广场、天河体育中心和太古汇等；天河路以南分别有中怡时尚、天河城、正佳广场、万菱汇等；往东延伸有广州电脑城、南方电脑城、颐高数码广场、天河娱乐广场和摩登百货等；地底下还有时尚天河商业广场、天河又一城、东方宝泰等地下商业体。

08 特色购物中心开发借鉴

图 8-34 天河商圈商业分布

2. 商业分布

天河商圈以全长不足 2 公里的天河路为轴线，覆盖天河路、体育东路、体育西路。以天河城广场、正佳广场、万菱汇、太古汇、太平洋电脑城为代表的天河路商圈，被誉为"华南第一商圈"。

商圈年商品销售额超过 2000 亿元，国际一线品牌超过 50 个；

直至 2011 年 9 月太古汇开业，商圈总商业面积超过 150 万平方米，跃居全国面积最大商圈。

3. 所属商圈

太古汇位于广州市天河 CBD 核心位置，天河区位于广州市老城区东部。天河 CBD 是国务院批准的全国三大 CBD 之一，天河商圈是广州市的新兴商圈，其商业发展是广州市潮流发展的领航者。

4. 区域交通概况

宏观交通条件

地铁 3 号线 5 分钟抵达广州东站；

1 公里路程内 1 条 APM 线（广州市珠江新城核心区市政交通项目旅客自动输送系统）经过；

20 分钟抵达广州会展中心；

45 分钟抵达白云机场。

微观交通条件

空调人行通道连接地铁 1 号线体育中心站、地铁 3 号线石牌桥站；

快速公交（BRT）直达；

超过 70 条公交线路行经。

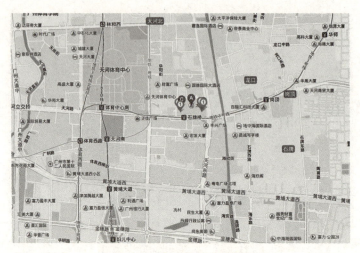

图 8-35　太古汇交通状况

5. 项目道路四至

太古汇四至道路等级较高,位于 2 条城市主干道天河东路及天河路交汇处,典型的金角位置。

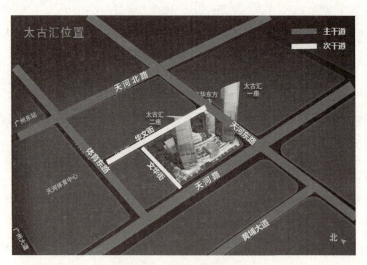

图 8-36　项目四边道路

项目东至:城市主干道天河东路;

项目西至:城市主干道体育东路、城市次干道文华街;

项目南至:城市主干道天河路;

项目北至:城市主干道天河北路、城市次干道华文街。

三、项目定位

客群定位：广州白领、国内外游客。

档次定位：高端、国际一线精品购物。

四、规划设计

1. 建筑特色

（1）外部设计

太古汇商场外立面以玻璃墙面和黄色石面为主，玻璃幕墙和石材的对比体现了现代感；主入口两侧为国际一线奢侈品牌的展示面。商场门前的人行通道的地面辅以白灰色石板，与商场整体外立面形象相匹配，体现购物中心时尚高档的档次。

图 8-37　正门

图 8-38　东次门入口

(2)内部空间

太古汇中庭采用椭圆形设计,各个中庭的椭圆大小不一,由一条自由的曲线连接,形成一条重要的顾客流线;

中庭的顶层采用玻璃顶,中庭见天,天井采光。

图8-39 F2层通向F3层

图8-40 主入口

图8-41 屋顶设计

2. 动线分析

（1）外部动线

太古汇四至都为双向车道，自驾、出租车前往都十分方便。正门主入口面向天河路，另有3个方向的次入口。首层主入口处有BRT站点；B2层有2处地铁、BRT直达通道。

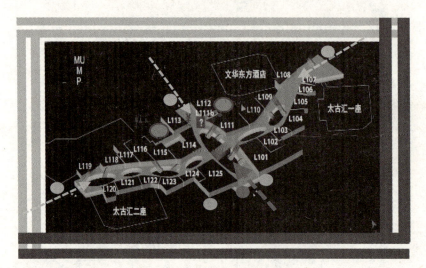

图8-42 太古汇外部动线

（2）内部动线

内部"十字形"动线，以东西走向，和南北走向动线交汇而成；

动线每个端点都与购物中心出入口相对应；主动线可回流，次动线排布目的性消费

中庭镂空处有天桥供顾客通行；

太古汇各功能区内部相互连接，购物中心可直接通往写字楼、酒店、文化中心。

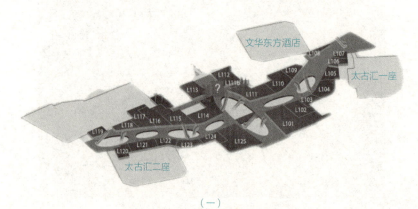

（一）

图8-43 太古汇内部动线（1）

08 特色购物中心开发借鉴

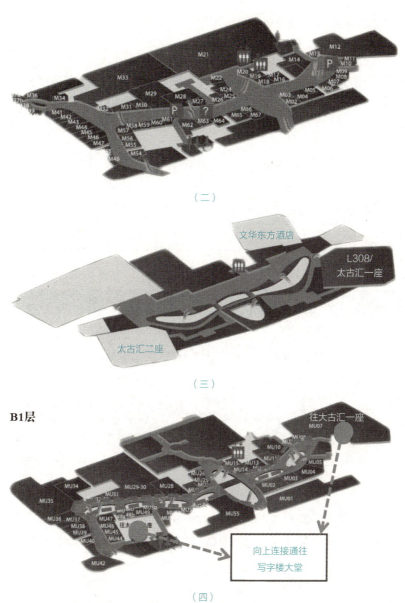

(二)

(三)

(四)

图 8-43 太古汇内部动线（2）

3. 各楼层业态分布

整体上看，太古汇以零售业态为主，数量上占85%；精品店和男女时装为两大主要业种；

餐饮业态在数量上占12%，多休闲类、特色类餐饮；

休闲娱乐业态较少，种类单一，为美容美发的体验式消费；

服务业态数量少，种类单一，为皮具护理；

品牌档次为中高档，奢侈品牌占店铺总数量的 15% 左右。

太古汇整体业态布局（按数量计算） 表 8-34

楼层	业态			
	零售	餐饮	休闲	服务
B2	90%	10%	0	0
B1	78%	20%	2%	0
1F	96%	0	0	4%
2F	88%	0	9%	3%
3F	29%	71%	0	0

太古汇楼层分布 表 8-35

楼层	经营主题	经营业态
B2	时尚品牌	男女服饰、鞋包皮具、童装、餐饮
B1	时尚品牌	男女服饰、鞋包皮具、美容、餐饮
1F	国际一线品牌	男女服饰、鞋包皮具、家居、美容、餐饮
2F	国际和国内一二线品牌	男女服饰、鞋包皮具、珠宝钟表、工艺家居、美容、餐饮
3F	—	餐饮、空中花园

B2

B2 层被购物和餐饮包揽，购物的业种十分丰富，涵盖 20 个细分业种；

B2 层塑造了一条丰富多彩的地下商业街，既体现了家庭式消费的功能又满足了年轻客群的需求。

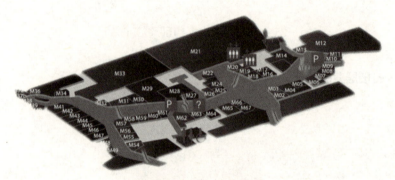

图 8-44　B2 平面图

B2 业态分布

表 8-36

类别	数量（家）
超市	2
男女时装	22
运动休闲	4
童装	4
内衣	2
鞋类	9
珠宝首饰	1
手表	3
饰品	1
配饰	1
礼品	1
眼镜	1
玩具	1
母婴用品	1
保健用品	2
工艺品	1
数码电子	2
家电	1
酒类	1
食品	2
正餐	1
休闲餐饮	2
特色餐饮	3
中西快餐	1
总计	69

B2 经营业态业种分布　　　　　　　表 8-37

位置	品牌	业种	档次
M02	雅天尼	珠宝首饰	国际二线
M03	KOYO	男女时装	国际二线
M04	雅莹	男女时装	国内一线
M05	LAZY SUSAN	礼品	国际二线
M06	作品	男女时装	国内二线
M07	罗兰.伊杜	男女时装	国际二线
M08	迪宝.阿治奥	鞋类	国际二线
M46	Aimer	内衣	国内一线
M54	苹果牌	运动休闲	国际二线
M27	Bauhaus	男女时装	国内一线
M42	芭	内衣	国内二线
M60	播	男女时装	国内一线
M55	CPU	鞋类	国内一线
M58	卡西欧	手表	国际二线
M24	榭飞雍	运动休闲	国际二线
M34	Chickeeduck	童装	国内二线
M50	awfullychocolate	休闲餐饮	国际一线
M53	da dolce 意大利甜品	休闲餐饮	国际二线
M15	WINE SHOP ENOTECA	酒类	国际一线
M59	时间廊	手表	国际一线
M22	华润堂	食品	国内一线
M30	速写	男女时装	国内一线
M16	diva	配饰	国内二线
M49	Dr.Martens	鞋类	国际二线
M64	E-WORLD	男女时装	国内二线
M19	ECCO	鞋类	国际一线
M18	EQ：iQ	男女时装	国内二线
M40	Fiona's princes	鞋类	国际二线

08 特色购物中心开发借鉴

续表

位置	品牌	业种	档次
M28	G2000	男女时装	国内一线
M67	佐丹奴（ladies）	运动休闲	国内二线
M66	GUESS	男女时装	国际二线
M57	initial	男女时装	国内二线
M44	Jack&Jones	男女时装	国际二线
M26	Jassica	男女时装	国际一线
M31	江南布衣	男女时装	国内一线
M68	江南厨子	特色餐饮	国内二线
M23	歌帝梵巧克力	食品	国际一线
M37a	卡米尼童装	童装	国际二线
M37b	Kids land	玩具	国内一线
M56	Le saunda	鞋类	国内一线
M13	徕卡相机	数码电子	国际一线
M38	丽婴房	母婴用品	国内一线
M65	NINE WEST	鞋类	国际一线
M29	Orchirly, fiveplus trendiano	男女时装	国内一线
M21	Ole'超市	超市	国内一线
M45	ONLY	男女时装	国际二线
M20	东方眼镜	眼镜	国内二线
M10	OSIM	保健用品	国际一线
M11	法藤	保健用品	国际一线
M61	娇酷	饰品	国内一线
M33	盛世长运	运动休闲	国内二线
M51	喜记	特色餐饮	国内一线
M01	翠园	正餐	国内一线
M14	万宁	超市	国内一线
M25	Mi-tu	男女时装	国际二线

续表

位置	品牌	业种	档次
M36	Miss Blumarine	鞋类	国际二线
M47	motivi	男女时装	国际二线
M39	Nike kids	童装	国际一线
M48	Steve Madden	鞋类	国际二线
M12	顺电	家电	国内一线
M62	新联	数码电子	国内一线
M63	swatch	手表	国际二线
M41	卡通天地	童装	国内二线
M43	VERO MODA	男女时装	国际二线
M17	维奥娜	男女时装	国际二线
M09	广天藏品	工艺品	国内二线
M32	Shirt stop	男女时装	国内二线
M35	麦当劳	中西快餐	国际一线
M52	新罗宝韩国料理	特色餐饮	国际二线

B1

B1层仍以服饰类购物为主，辅以其他的丰富业种，品牌类型以年轻人喜欢的时尚品牌居多；

B1层主力店较多，购物氛围轻松。

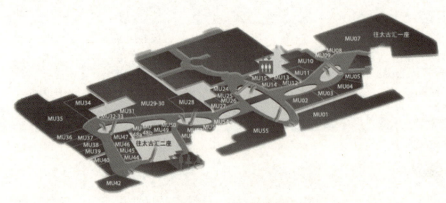

图8-45　B1平面图

B1 业态分布　　　　　　　　　　　　　　　　　　　　　　　表 8-38

类别	数量（家）
超市	1
书店	1
化妆品	2
男女时装	18
运动休闲	6
内衣	1
鞋类	3
珠宝首饰	3
饰品	1
配饰	1
眼镜	2
箱包	1
家饰家居	2
家电	1
食品	1
休闲餐饮	5
特色餐饮	3
中西快餐	3
美容美体	1
总计	56

B1 经营业态业种分布　　　　　　　　　　　　　　　　　　表 8-39

位置	品牌	业种	档次
MU02	CHOCOOLATE	男女时装	国内一线
MU25	艾高	运动休闲	国际二线
MU53	Alexandre zouari paris	饰品	国际二线
MU48b	anagram	男女时装	国际二线

续表

位置	品牌	业种	档次
MU51	Armani exchange	男女时装	国际二线
MU26	雅狮威	运动休闲	国际二线
MU15	博士音响	家电	国际一线
MU12	吉蒂珠宝	珠宝首饰	国际二线
MU01	izzue	男女时装	国内一线
MU29&30	i.t	男女时装	国内一线
MU34	Ingrid millet	美容美体	国际一线
MU31	L'OCCITANE	化妆品	国际一线
MU36	La Feta	男女时装	国际二线
MU14	LACOSTE	运动休闲	国际二线
MU03	CHARLES&KEITH	鞋类	国际二线
MU04	周生生	珠宝首饰	国内一线
MU35	EXCEPTION, EXCEPTIONMEN	男女时装	国内二线
MU24	亮视点眼镜	眼镜	国内一线
MU48a	Michael wyler	男女时装	国际二线
MU10	Miss sexty, Energie	男女时装	国际二线
MU54	木九十	眼镜	国内二线
MU52	MUX	鞋类	国际二线
MU09	欧西亚	家饰家居	国际一线
MU49	新秀丽黑标	箱包	国际一线
MU27	哥伦比亚	运动休闲	国际二线
MU46	Debor	配饰	国际二线
MU38	DIAMOND DAZZLE	男女时装	国际二线
MU05	ENZO	珠宝首饰	国际二线
MU35	方所	书店	国内二线
MU28	SEPHORA	化妆品	国际一线

08 特色购物中心开发借鉴

续表

位置	品牌	业种	档次
MU32&33	STELLA LUNA	鞋类	国内一线
MU47	Frozen, Ein	男女时装	国内一线
MU11	G-STAR RAW	男女时装	国际二线
MU35	Y's for living	家饰家居	国内二线
MU44	Cabbeen CHIC	男女时装	国际二线
MU37	CK jeans	运动休闲	国际二线
MU50	CK underwear	内衣	国际二线
MU39	卡奴迪路假日	男女时装	国内一线
MU45	雅德诺	男女时装	国际二线
MU22	面包新语	食品	国际一线
MU18	汉堡王	中西快餐	国际一线
MU20	翡翠拉面小笼包	特色餐饮	国内一线
MU19	精品大家乐	中西快餐	国内一线
MU16	大食代美食广场	中西快餐	国内一线
MU41	水果物语	休闲餐饮	国内二线
MU55	优衣库	运动休闲	国际二线
MU07	优惟男士生活馆	男女时装	国内一线
MU42	Vivoplus	超市	国内二线
MU08	威利	男女时装	国内二线
MU13	索然	男女时装	国内二线
MU17	元气寿司	特色餐饮	国内二线
MU21	自家乌冬	特色餐饮	国内二线
MU43	雪村串烧	特色餐饮	国内二线
MU43	板长寿司	特色餐饮	国内一线
MU06	太平洋咖啡	休闲餐饮	国内二线
MU23	星巴克	休闲餐饮	国际一线

L1

L1层的主题是精品购物;

L1层以国际一线品牌居多,打造奢侈品、精品店消费聚集地。

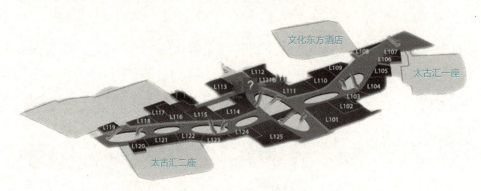

图 8-46　L1平面图

● **L1 业态分布**　　　　　　　　　　　　　　　　　表 8-40

类别	数量(家)
精品店	16
男女时装	4
运动休闲	1
鞋类	3
手表	1
皮具护理	1
总计	26

● **L1 经营业态业种分布**　　　　　　　　　　　　　表 8-41

位置	品牌	业种	档次
L120	雅格狮丹	男女时装	国际二线
L105	BALLY	精品店	国际一线
L109	Brioni	男女时装	国际二线
L117	BURBERRY	精品店	国际一线

08 特色购物中心开发借鉴

续表

位置	品牌	业种	档次
L124	BVLGARI	精品店	国际一线
L114	香奈儿	精品店	国际一线
L103	DAKS	男女时装	国际二线
L112&216	爱马仕	精品店	国际一线
L119	IWC	手表	国际一线
L101&201	路易威登	精品店	国际一线
L121	MAX MARA	男女时装	国际一线
L104	Miu miu	精品店	国际一线
L113&217	万宝龙	精品店	国际一线
L111	迪奥	精品店	国际一线
L123	登喜路	精品店	国际一线
L116	英波里奥·亚曼尼	精品店	国际一线
L115	FENDI	精品店	国际一线
L102	乔治阿玛尼	精品店	国际一线
L111b	革新舍	皮具护理	国内一线
L122	PIAGET	手表	国际一线
L125&233	PRADA	精品店	国际一线
L110	Salvatore Ferragamo	鞋类	国际一线
L107	SANTONI	鞋类	国际一线
L108	SERGIO ROSSI	鞋类	国际二线
L118	Versace Collection	精品店	国际一线
L106	保罗与鲨鱼	运动休闲	国际二线

L2

L2层以精品购物和男女时装为主，辅以其他丰富业种，品牌档次以国际一线、二线为主；L2层拥有美容美发的业种，业态开始丰富。

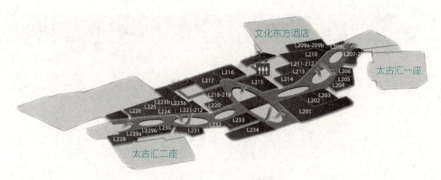

图 8-47　L2 平面图

● L2 业态分布　　　　　　　　　　　　　　　　　　表 8-42

类别	数量（家）
精品店	6
男女时装	12
鞋类	2
珠宝首饰	2
手表	2
钟表	1
眼镜	1
皮具	1
工艺品	1
茶品	1
皮具护理	1
美容美体	1
美发	2
总计	33

● L2 经营业态业种分布　　　　　　　　　　　　　　表 8-43

位置	品牌	业种	档次
L220	Anne Fontaine	男女时装	国际一线
L202	巴吉利.米诗卡	男女时装	国际一线
L210	中艺.香港	工艺品	国内一线
L218&219	COACH	精品店	国际二线

08 特色购物中心开发借鉴

续表

位置	品牌	业种	档次
L230	COCCINELLE	皮具	国际二线
L223a	FERRÉ	男女时装	国际二线
L224	菲尔特名鞋	鞋类	国际二线
L226	MARYLING	精品店	国际一线
L209c	米兰荟	皮具护理	国内一线
L229b	MOISELLE	男女时装	国际二线
L113&217	万宝龙	精品店	国际一线
L207&208	怡夕	男女时装	国内一线
L214	欧米茄	手表	国际一线
L125&233	PRADA	精品店	国际一线
L232	GIADA	男女时装	国际一线
L225	HAIR CORNER	美发	国内一线
L112&216	爱马仕	精品店	国际一线
L213	卓雅	男女时装	国内一线
L205	LONGCHAMP	精品店	国际一线
L101&201	路易威登	精品店	国际一线
L211&212	LU LU CHEUNG	男女时装	国内一线
L234	太子珠宝钟表	钟表	国内一线
L221&222	溥仪眼镜	眼镜	国内一线
L231	派	男女时装	国际一线
L229a	瑞贝卡·塞文	鞋类	国际二线
L203	Sammy COLLECTIONS	男女时装	国际二线
L204	施华洛世奇	珠宝首饰	国际二线
L206	theory	男女时装	国际二线
L209a	玛花纤体	美容美体	国际一线
L209b	史云逊健发中心	美发	国际一线
L228	玛丝菲尔	男女时装	国际二线
L215	Tiffany & Co.	珠宝首饰	国际一线
L227	天英茶	茶品	国内二线

L3

L3 层拥有空中花园,店铺数较少,以餐饮为主。

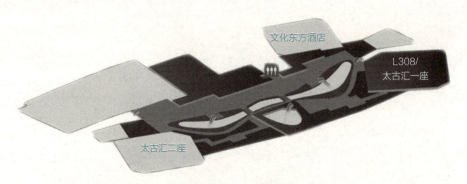

图 8-48　L3 平面图

L3 业态分布　　　　　　　　　　　　　　　　　　　　　　　表 8-44

类别	数量(家)
数码电子	1
酒类	1
休闲餐饮	2
特色餐饮	3
总计	7

L3 经营业态业种分布　　　　　　　　　　　　　　　　　　表 8-45

位置	品牌	业种	档次
L304	AN-TICO ENOTECA·PIZZERIA	特色餐饮	国际二线
L302	新元素	休闲餐饮	国际一线
L306	小山日本料理	特色餐饮	国际一线
L308	SONY STORE	数码电子	国际一线
L303	尚莲.越南泰国料理	特色餐饮	国际二线
L307	宝隆纳德国啤酒坊	酒类	国际二线
L305	星美乐	休闲餐饮	国际二线

案例4. 深圳益田假日广场——国际化体验式购物中心

（一）

（二）

图8-49 深圳益田假日广场

一、项目概况

益田假日广场项目概况　　　　　　表 8-46

项目名称	益田假日广场
地址	深圳市南山区深南大道 9028 号
所属商圈	华侨城商圈
商业建筑面积	13.58 万 ㎡
楼层	B2～L3
开发商/运营商	益田集团
设计单位	美国 LLA、GENSLER 建筑设计事务所
物业管理公司	益田物业管理有限公司
停车位数量	800 个
开业时间	2008 年 8 月 30 日

二、项目区位

1. 区域特征

益田假日广场 2.5 公里半径商圈为深圳的富人区华侨城，6 公里半径商圈包括科技园、竹子林、香蜜湖、红树湾等深圳富庶生活区，汇聚 50 万城市最精英阶层。

华侨城片区是深圳最著名的高尚片区之一，西部通道的开通将促成该片区与港澳间的直接对话；同时宝安大道与深南大道的连通，地铁 1、2 号线的建设，使华侨城片区成为连通深圳东西部的枢纽，其门户作用日益突显。

中国最早主题公园的出现，让华侨城早已成为闻名遐迩的旅游和观光胜地，连续多年，华侨城旅游景区在黄金周的游客流量一直雄居深圳榜首并逐年攀升。

高新科技产业是深圳第一大支柱产业，深圳高新科技产业园即将坐落于益田假日广场西侧。十多年来，科技园培育和涌现出的名牌企业数不胜数：华为、中兴、腾讯……加之大批世界 500 强企业的强力进驻，让拥有了 1200 家优秀企业的科技园更加群星闪耀、后劲十足，更将带来无限不可估量的商机。

华侨城片区东临锦绣中华、园博园，南接世界之窗，西临沙河高尔夫、科技园，北倚欢乐谷，每年吸引旅游人流达 3000 万；项目周边还有波托菲诺、假日湾、东方花园、锦绣花园、京基御景东方、世纪村、红树西岸、中信红树湾等多个高尚住宅，常住居民超过60万；此外，因其地理优势，可成功吸引来自南山区及宝安区的人流。

2. 商业分布

周边紧邻高新科技园区，名企林立，写字楼云集。皇冠假日酒店、华侨城大酒店等星级品牌酒店围绕。旅游资源丰富，拥有世界之窗、欢乐谷、中国民俗文化村、锦绣中华、园博园五大主题公园，邻近沙河、深高、名商和华侨城四大高尔夫球场四大高尔夫球场，何香凝美术馆和华夏艺术中心两大艺术场馆，是深圳旅游文化中心。

3. 所属商圈

华侨城商圈由南山商圈分化而来，形成于21世纪初，将南山、福田两大板块的主流消费力纳入此商圈，并辐射周边各大板块，近年华侨城商业逐渐迈向高端化、个性化、精致化的发展模式。

华侨城商圈以益田假日广场、京基百纳为核心，背靠优越的高尚社区和旅游、休闲四大景区，华侨城每年3000万的客流量为华侨城商圈提供了巨大的消费潜力。该商圈的主题定位有着自己鲜明的特点：以旅游和休闲为特色，更多体现休闲购物、娱乐消费，把购物与度假、购物与旅游娱乐结合在一起。随着益田假日广场的开业，促成了华侨城商圈真正形成，包括沃尔玛、易家侬家居、酒吧一条街等在内，并向外辐射京基百纳新生活广场。

4. 区域交通概况

益田假日广场与深圳地铁1号线与地铁2号线换乘站——世界之窗站无缝连接，是深圳唯一拥有双地铁站厅的地铁上盖物业。新兴的交通运输线将连通整个深圳各区域，日均人流高峰将超过千万人次。

图 8-50 区位交通概况

5. 项目道路四至

东临侨城西街；

南临深南大道；

西临金河路；

北临世界花园小区路。

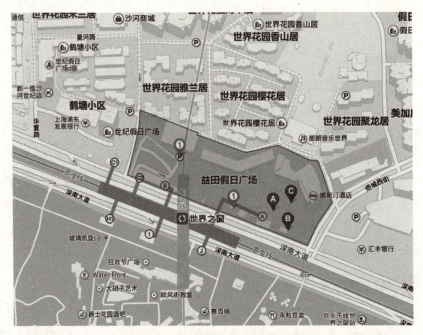

图 8-51 益田假日广场项目四至

三、项目定位

商业定位：高档购物中心。

客群定位：25 岁至 50 岁追求现代生活的社会消费群体。

四、规划设计

1. 建筑特色

（1）外部设计

益田假日广场地块狭长，西高东低，东西跨度约 280 米，设计师因地制宜打造"豪华

08 特色购物中心开发借鉴

游轮",充分利用项目的展示面,有利于增强项目的昭示性。商场外立面的大型LED,画面清晰。

图8-52 益田假日广场外立面

(2)内部空间

整体装修风格以为暖色调为主,营造舒适、大气的购物环境,通过对中庭、电梯、连廊的有机组合,不对称设计,营造开阔、立体的空间感,给人以奢华的感觉,符合其国际精品购物中心的定位,凸显其"城市客厅"的本色。

图8-53 益田假日广场内部装修

内部空间设计采用了大空间的格局，大线条的直线和弧线，结合五个采光中庭，充分利用了自然光线，光与影的投射在不同的时段交汇出不同的光影体验。采用木质扶手设计将内部空间进行划分；邮轮内舱式的内部空间设计，带给消费者不一样的购物体验。

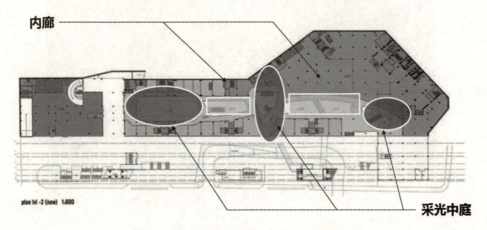

图 8-54　两条内廊连接三个采光中庭

2. 动线分析

（1）外部动线

益田假日广场紧临城市主干道——深南大道，多达 50 条公交线路通达全市，地铁 1、2 号线站厅与项目地下三层零距离直接相连，是深圳唯一拥有双地铁站厅的地铁上盖物业。

整个项目设置有 4 个入口：

商场 B2 层接驳地铁世界之窗站，地铁乘客可由此进入（未来与 B2 层相通的地铁出入口将有 3 个，可全方位引导人流，但目前仍未开通）；

下沉式广场东侧入口连接侨城西街，将前往欢乐谷、华侨城波托菲诺等高尚住宅的人流引到主入口；

连接深南大道和商场的廊桥以及购物中心的东南面主入口可以进入商场 G 层；靠近世界花园、美嘉广场的北面亦设有多个入口；停车场入口设置于项目西侧，驾车前来的顾客可从深南大道的辅道拐入；这种交通动线的设计，充分发挥出聚集人流的功能。

08 特色购物中心开发借鉴

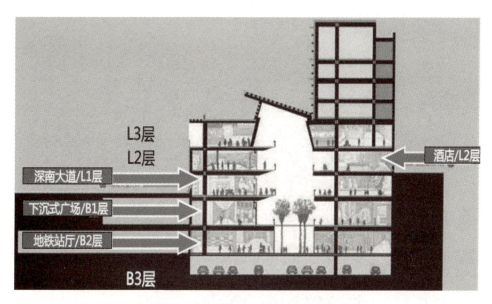

图 8-55 益田假日广场四首层入口示意

B2 层拥有两个主出入口，一个次出入口。主出入口接驳地铁 A3、B3 通道，导入地铁人流，次出入口主要导入停车场人流。

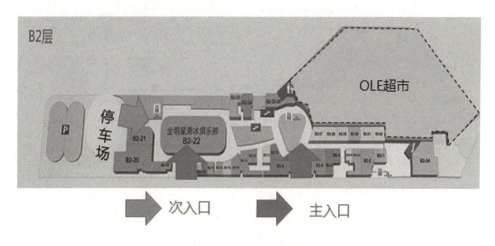

图 8-56 益田假日广场 B2 层外部人流动线

B1 层拥有一个主入口和两个次入口，西侧主入口导入深南大道人流，项目东侧次入口导入下沉式广场处人流。西侧出入口主要承接项目西侧的人流和车流，人车流尚未分开，交通混乱，甚至造成拥堵，不利于顺利导入人车流。

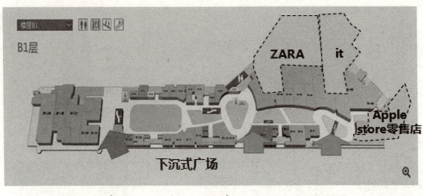

图 8-57 益田假日广场 B1 层外部人流动线

L1 层拥有两个主出入口导入来自深南大道的人流。

图 8-58 益田假日广场 L1 层外部人流动线

L2 层东侧拥有两个次入口,可直接导入酒店客群。

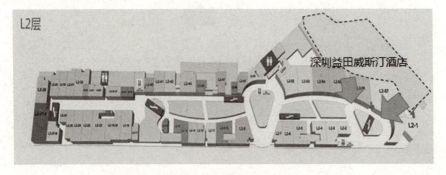

图 8-59 益田假日广场 L2 层外部人流动线

08 特色购物中心开发借鉴

（2）内部动线

益田假日广场采用经典双回环动线模式，清晰明确，同时，在地块凸起处设置主力店或人气商家，打造新的消费节点，带动人流水平运动，同时解决进深过深问题。

平面人流动线为圆弧形，视野宽阔，单店的能见度较高，无死角。主力店分布于两端，带动人流的循环。

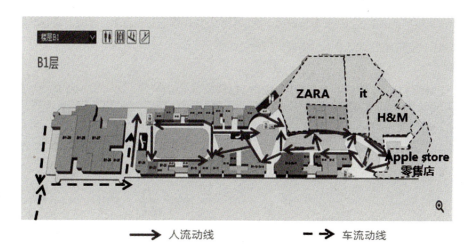

图 8-60　益田假日广场内部水平动线

益田假日广场内部采用多扶梯策略拉动垂直人流，避免出现商业死角和尽头路。垂直动线由扶梯、垂直梯、观光梯、货梯及步行梯构成，不仅安排了垂直电梯达到顶层，亦设置自动扶梯到达购物中心各层，每层有 3～5 组自动扶梯不等；不同主力店分处不同楼层，引导人流的垂直循环；中庭设置于 B1 层，两侧各有 1 组自动扶梯到达。

图 8-61　益田假日广场内部垂直动线

3. 各楼层业态分布

益田假日广场采用"主力店 + 次主力店 + 精品小铺"的驱动模式，合理布置业态，寻找最合适的平衡点：

利用大型主力店提升 MALL 形象、吸引人流；

精品小铺提高商场租金收益；

主力店分层设计，便于引导人流垂直流动。

益田假日广场融国际购物、时尚潮流、环球美食、休闲娱乐等功能和业态为一体，充满鲜明主题和体验特色，致力于打造适合都市人生活的具有国际化的全体验式购物中心。

益田假日广场属于中高档国际化体验式购物中心，所以引进中高档次零售业态，零售业态占比较高。未来适当降低零售占比，增加餐饮及休闲娱乐业态占比，同时实现业态多元化发展，是益田假日广场业态结构优化的发展方向。

益田假日广场整体业态布局（按数量计算） 表 8-47

楼层	业态			
	零售	餐饮	休闲	服务
B2	68%	24%	1%	7%
B1	80%	17%	0%	3%
L1	98%	0	0	2%
L2	72%	16%	0	12%
L3	0	63%	13%	25%

益田假日国际知名品牌商家集中分布在低层，有利于提升项目形象，增加项目租金收益；大型餐饮、休闲娱乐商家集中分布高层或项目东西两侧，促进客群水平流动，降低狭长形地块带来的局限性。

益田假日广场楼层分布 表 8-48

楼层	业态组合
B2	超市、冰场、饰品、儿童服饰、数码电器、家居用品、休闲餐饮、礼品、皮具箱包、鞋等
B1	男女服装、女装、儿童服饰/玩具、化妆品、休闲餐饮、珠宝/钟表/眼镜、皮具/箱包、鞋类等
L1	饰品、男女服装、男装、女装、儿童玩具、美发护理、鞋类、运动用品、珠宝/钟表/眼镜、配套
L2	饰品、男女服装、男装、女装、家居用品、美发护理、珠宝/钟表/眼镜、皮具/箱包、鞋类等
L3	电影院、特色餐饮、益田展示中心

08 特色购物中心开发借鉴

B2

B2 层精品生活超市面积高达 52%，致力于打造精致、品质生活主题。同时 B2 层利用两大主力店 Ole'超市和全明星滑冰俱乐部平衡东西两端人流。还有饰品、数码产品、礼品等品类丰富的店铺。

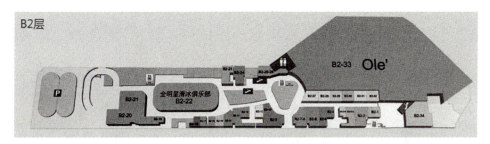

图 8-62　B2 平面图

● B2 业态分布　　　　　　　　　　　　　　　　　　表 8-49

类别	数量（家）
保健品/礼品	4
冰场	1
超市/酒窖	2
儿童服饰/玩具	3
家居用品	8
美发及护理	9
男女服装	6
皮具/箱包	1
饰品	5
数码电器	3
鞋类	1
餐饮	20
银行/服务	6
珠宝/钟表/眼镜	16
合计	85

B2 经营业态业种分布

表 8-50

位置	品牌	业种
B2-1B	甜言物语	休闲餐饮
B2-2	移客数码	数码电器
B2-3-A	许留山	休闲餐饮
B2-3B	糖果生活	家居用品
B2-5	CROCS	鞋类
B2-6	JMMC 集美	超市/酒窖
B2-7-8	周大福	珠宝/钟表/眼镜
B2-8	眼镜88	珠宝/钟表/眼镜
B2-10	Coodoo	数码电器
B2-11	Millennium Star 千禧之星	珠宝/钟表/眼镜
B2-12	琉璃工房	保健品/礼品/珠宝/钟表/眼镜
B2-13	Bang&Olufsen	数码电器
B2-14	osim	家居用品
B2-15	DR.KONG 江博士	儿童服饰/玩具
B2-16	倍轻松	家居用品
B2-17	NICE	儿童服饰/玩具
B2-18	Henry cats & friends	保健品/礼品
B2-19	烘焙达人	休闲餐饮
B2-20	大家乐	休闲餐饮
B2-21	rbt 仙踪林	休闲餐饮
B2-22	全明星滑冰俱乐部	冰场
B2-24	中国联通 WO	银行/服务
B2-25-26	BreadTalk	休闲餐饮
B2-27A	Titus	珠宝/钟表/眼镜
B2-27B	CITY CHAIN 时间廊	珠宝/钟表/眼镜
B2-28	PRESIDENT	珠宝/钟表/眼镜

08 特色购物中心开发借鉴

续表

位置	品牌	业种
B2-29A	ANUBIS 阿努比斯	珠宝/钟表/眼镜
B2-29B	八马茶业	保健品/礼品
B2-30	HausGebrauch	家居用品
B2-32A	宝明堂	保健品/礼品
B2-32B	东方红	保健品/礼品
B2-33	Ole'supermarket	超市/酒窖
B2-33A	自然之宝	美发及护理
B2-34	金牌小龙	休闲餐饮
B2-H1	韩纳斯	饰品
B2-M1	el vivo	美发及护理
B2-M1	Vivo plus	美发及护理
B2-M11-M12	蒂芙丝绸	家居用品
B2-M13-M16	皇家仙香	美发及护理
B2-M17	RE-LUXE	珠宝/钟表/眼镜
B2-M18	天彩祥和	珠宝/钟表/眼镜
B2-M19	PINK WORLD	饰品
B2-M19	英孚教育	银行/服务
B2-M24-M27	HOTWIND	女装
B2-M28-M29	Angel's mirror	饰品
B2-M2-A	极草	美发及护理
B2-M2B-M3	妍丽	美发及护理
B2-M30	家一块寿司	休闲餐饮
B2-M31	摩提工坊	休闲餐饮
B2-M32	大卡司	休闲餐饮
B2-M36A-M36	佰度美	家居用品
B2-M36A-M36	美丽定制	银行/服务
B2-M37	Sheepet	儿童服饰/玩具/保健品/礼品

续表

位置	品牌	业种
B2-M38	天竹健康生活馆	男女服装
B2-M39	招财猫	珠宝/钟表/眼镜
B2-M4	木九十	饰品
B2-M4	BEL-ZIMS	休闲餐饮
B2-M41	美丸美料	休闲餐饮
B2-M42	糖果总动员	休闲餐饮
B2-M46	LIZ PIZZERIA	特色餐饮/休闲餐饮
B2-M47-M48	麦当劳	特色餐饮
B2-M49	千味涮	特色餐饮/休闲餐饮
B2-M5	银百合	珠宝/钟表/眼镜
B2-M50-M55	禾绿回转寿司	休闲餐饮
B2-M58	台鲜屋	特色餐饮
B2-M59	阿里巴巴	银行/服务
B2-M60	谭木匠	珠宝/钟表/眼镜
B2-M62	贡茶	休闲餐饮
B2-M64	米兰尼	饰品
B2-M64	梅杜莎摄影	银行/服务
B2-M65	Nail Salon 欧芳炫	美发及护理
B2-M66-M67	亚洲眼镜	珠宝/钟表/眼镜
B2-M6-M7	玫瑰人生	美发及护理
B2-M70-M71	Yogurt Tyme	特色餐饮
B2-M72	VANGO	家居用品
B2-M73-M76	西遇	男女服装
B2-M77	指典艺术美甲	美发及护理
B2-M78-M79	in the box	男女服装
B2-M8	卡拉猫	皮具/箱包
B2-M80	爱是唯一	珠宝/钟表/眼镜

续表

位置	品牌	业种
B2-M82-M83	茜施尔	女装
B2-M84-M85	古田森	男女服装
B2-M89	万仟堂	家居用品
B2-M90-M91	流行美	珠宝/钟表/眼镜
B2-MH3	朗文国际少儿英语	银行/服务

B1

B1层为年轻购物者的天堂，零售尤其是服饰零装服饰占比最大，拥有H&M的华南首家形象店，还有深受年轻朋友喜爱的Armani Jeans、CK Jeans、Guess、LEVI'S等知名休闲品牌专卖店，时尚休闲的气息浓厚。

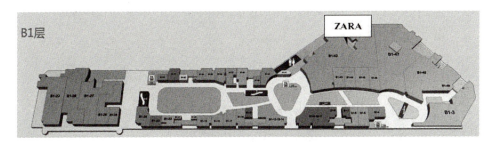

图8-63　B1平面图

B1业态分布　　　　　　　　　　　　　　　　　表8-51

类别	数量（家）
保健品/礼品	1
化妆品	1
美发及护理	2
男女服装	19
饰品	1
鞋类	2
休闲餐饮	6
银行/服务	1
珠宝/钟表/眼镜	2
合计	35

B1 经营业态业种分布

表 8-52

位置	品牌	业种
B1-4	STARBUCKS COFFEE	休闲餐饮
B1-5	Tommy Hilfiger	男女服装
B1-6	Calvin Klein Underwear	男女服装
B1-9-10-11	SEPHORA	化妆品
B1-12-13-14	ARMANI JEANS	男女服装
B1-15	MEPHISTO	鞋类
B1-16	Columbia	男女服装
B1-17	ochirly	女装
B1-18	MUX	鞋类
B1-19	SANSE	男女服装
B1-20	ZIPPO	保健品/礼品
B1-21	OROBLU	珠宝/钟表/眼镜
B1-22	Hey YO！！	休闲餐饮
B1-25	满记甜品	休闲餐饮
B1-26	味千拉面	休闲餐饮
B1-27	KFC 肯德基	休闲餐饮
B1-28	必胜客	休闲餐饮
B1-29	兴业银行	银行/服务
B1-30	water works	美发及护理
B1-32	Rebecca	美发及护理
B1-33	MIHANA	饰品
B1-34-35	Five Plus	女装
B1-34-35	LACOSTE	男女服装
B1-36	Timberland	男女服饰
B1-39-40	MANGO	女装
B1-41	润金店	珠宝/钟表/眼镜

续表

位置	品牌	业种
B1-42	ZARA	男女服装
B1-43	Calvin Klein Jeans	男女服装
B1-44	Calvin Klein Performance	男女服装
B1-45	ENERGIE	男装
B1-45	MISS SIXTY/ENERGIE	男女服装
B1-45	MISS SIXTY	女装
B1-46	Levi's	男女服装
B1-47A	i.t	男女服装
B1-47B-48	H&M	男女服装

L1

L1层以服装服饰、儿童类相关业态为主，本层国际一二线大牌云集，包括珠宝/钟表类的知名品牌以及NIKE、Adidas等运动品牌，从品牌上提升项目整体形象。其中主力店玩具"反"斗城（TOYS"R"US）是合家欢乐的好去处。

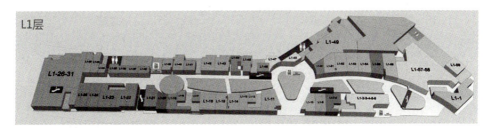

图8-64　L1平面图

● L1业态分布　　　　　　　　　　　　　　　　　　　　　　表8-53

类别	数量（家）
保健品/礼品	1
儿童服饰/玩具	12
儿童摄影	1
男女服饰	18

续表

类别	数量（家）
皮具/箱包	2
饰品	5
鞋类	3
运动休闲	2
珠宝/钟表/眼镜	4
合计	48

L1 经营业态业种分布

表 8-54

位置	品牌	业种
L1-1	BURBERRY	男女服装
L1-7-8	Glasstique	饰品
L1-7-8	MORELLATO	饰品
L1-9-10	PAUL&SHARK	男女服饰
L1-11	Sammy COLLECTIONS	女装
L1-14	FINITY	女装
L1-15	FINCO	女装
L1-16	Marisfrolg	女装
L1-17	GANAELLE	饰品
L1-18	Mabelle	饰品
L1-18	MaBelle 玛贝尔	珠宝/钟表/眼镜
L1-19	MONDIAL ATELIER	女装
L1-20	Samsonite	皮具/箱包
L1-21	La Danum	女装
L1-22	NIKE	运动休闲
L1-23	ADIDAS	运动休闲
L1-24	GOOD BABY	儿童服饰/玩具
L1-24	金色童年	儿童摄影
L1-25	SKECHERS	鞋类/运动休闲

08 特色购物中心开发借鉴

续表

位置	品牌	业种
L1-26-30	玩具反斗城	儿童服饰/玩具
L1-26-31	TOYS "R" US	儿童服饰/玩具
L1-32	CAK	儿童服饰/玩具
L1-33	Kindkow	儿童服饰/玩具
L1-34	King Kow 小笑牛	儿童服饰/玩具
L1-34	LA COMPAGNIE DES Petits	儿童服饰/玩具
L1-34	小毕迪	儿童服饰/玩具
L1-35-36	CHICKEE DUCK	儿童服饰/玩具
L1-37	Eland Kids	儿童服饰/玩具
L1-37-38	Jacadi	儿童服饰/玩具
L1-38	Paw in Paw	儿童服饰/玩具
L1-40	on&on	女装
L1-41	W.DoubleDot	女装
L1-42	KALTENDIN	男装
L1-43	ELEGANT. PROSPER 雅莹	女装
L1-43	EP 雅莹	女装
L1-44	MASAKI MATSUKA	女装
L1-45	INSUN	女装
L1-48	Cherry Chau	饰品
L1-48	DOCTOR 博士眼镜	珠宝/钟表/眼镜
L1-49	MUJI	男女服装/家居用品
L1-50	LOTTUSSE1877	鞋类
L1-51	SWAROVSKI	珠宝/钟表/眼镜
L1-52	KENT & CURWEN	男装
L1-53	a.testoni	鞋类
L1-54	Roberta di Camerino	男装
L1-55	COACH	皮具/箱包
L1-56	万宝龙	保健品/礼品/珠宝/钟表/眼镜
L1-57-58	亨吉利世界名表中心	珠宝/钟表/眼镜

L2

L2 层以零业态为主，餐饮、休闲娱乐为辅，其中零售以服饰零售为主，整体档次偏高，Armani、CK、Verrl、Giada、cerruti1881 等国际一二线品牌云集。

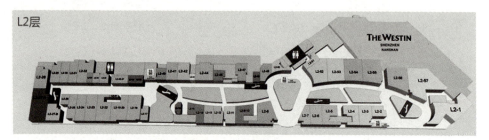

图 8-65　L2 平面图

◆ L2 业态分布

表 8-55

类别	数量（家）
美发及护理	5
男女服装	23
皮具/箱包	2
饰品	2
鞋类	4
特色餐饮	5
休闲餐饮	2
合计	43

◆ L2 经营业态业种分布

表 8-56

位置	品牌	业种
L2-1	BURBERRY	男女服装
L2-2-3	SHIATZY CHEN	女装
L2-4	MAX & Co.	女装
L2-5	CRERRUTI 1881	男装

08 特色购物中心开发借鉴

续表

位置	品牌	业种
L2-7	ALFRED DUHILL	男装
L2-8	CK Calvin Klein	男女服装
L2-9-10	WEEKEND MaxMara	女装
L2-11	PatriziaPePe	女装
L2-12	Kookai	女装
L2-13	RUCO LINE	鞋类
L2-14-15	豪麟名鞋世家	鞋类
L2-16	GODIVA	休闲餐饮
L2-17-18	UM SALON	美发及护理
L2-19-20	美丽田园	美发及护理
L2-21	和风美甲	美发及护理
L2-22	玛花纤体	美发及护理
L2-22-31	翠园	特色餐饮
L2-32-35	上一寿司	休闲餐饮
L2-36-37	Aimer	女装
L2-38-39	BECHIC	女装
L2-39	STACCATO	鞋类
L2-40	Folli Follie	饰品
L2-41	kate spade	女装/皮具/箱包
L2-42	STELLA LUNA	鞋类
L2-43	Alexandre Zouari Paris	饰品
L2-44	Iblues	女装
L2-44	JESSICA，EPISODE	女装
L2-45	MINIMUM	女装

续表

位置	品牌	业种
L2-47	JUICY COUTURE	男女服装
L2-48	CHARRIOL	皮具/箱包
L2-49-50	Alexander Mcqueen	男女服装
L2-49-50	Song of Song	女装
L2-51-52	GIADA	女装
L2-53	ESCADA	女装
L2-54	VERSACE COLLECTION	男女服装
L2-55	ARMANT COLLEZIONI	男女服装
L2-56	BOSS HUGO BOSS	男装
L2-57	JIL SANDER	男女服装
L2-westin	Daily Treats 思悦兹饼屋	特色餐饮/休闲餐饮
L2-westin	FIVE SEN5ES	特色餐饮
L2-westin	Grange Grill 威斯汀扒房	特色餐饮
L2-westin	Heavenly Spa 威斯汀天梦水疗	美发及护理
L2-westin	SEASONAL TASTES	特色餐饮

L3

L3层设置了高人气影院及餐饮业态，包括四海一家、江南厨子、俏江南、王品台塑牛排、大渔铁板烧等特色餐饮，以及中国电影集团公司和益田集团共同打造的中影益田假日影城。主力商家分布东西两侧，带动客群水平流动。

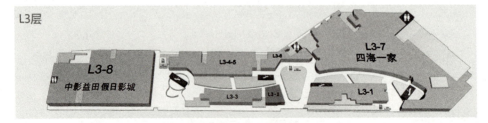

图8-66 L3平面图

08　特色购物中心开发借鉴

● **L3 业态分布**　　　　　　　　　　　　　　　　　　　表 8-57

类别	数量（家）
特色餐饮	5
电影院	1
银行 / 服务	2
合计	8

● **L3 经营业态业种分布**　　　　　　　　　　　　　　表 8-58

位置	品牌	业种
L3-1	王品台塑牛排	特色餐饮
L3-2-3	俏江南	特色餐饮
L3-4-5	江南厨子	特色餐饮
L3-6	大渔铁板烧	特色餐饮
L3-7	四海一家	特色餐饮
L3-8	中影益田假日影城	电影院
L3-9	华尔顿改衣室	银行 / 服务
L3-10	上岛皮具护理	银行 / 服务